Mutige Lebensreisen

Delf Ness

ist Spezialist für Kommunikation/Sponsoring in den Bereichen Sport, Entertainment und Retail. Darüber hinaus nutzt er sein Netzwerk, um Unternehmen und Institutionen in strategischen Partnerschaften zusammenzubringen. Seit einigen Jahren ist er von den Dynamiken des gesellschaftlichen Miteinanders fasziniert und beschäftigt sich intensiv mit der Frage, wie der gesellschaftliche Zusammenhalt verbessert werden kann.

Neben seinem Projekt „Alster Cape Town Hockey Project" in Südafrika (alstercapetown.org), arbeitet er im Bereich Coaching, gerade mit jüngeren Menschen.

Dr. Sabine Tabrizi

ist Publizistin. In ihrer beruflichen Laufbahn widmet sie sich dem Marketing und der Unternehmenskommunikation mit einer Spezialisierung auf Image-Bildung von Organisationen. Seit vielen Jahren arbeitet sie in der Infrastruktur- und Rechenzentrums-Branche.

Neben ihrer Tätigkeit in der Wirtschaft sind das Schreiben sowie die Konzeption kreativer Projekte und Geschichten ihre große Leidenschaft. Die Inspiration für ihre literarischen Projekte schöpft sie aus dem Geschäftsleben und aus der Beobachtung von Menschen im Alltag.

Mutige Lebensreisen

Inspirierende Persönlichkeiten auf ungewöhnlichen Pfaden

Interviews und Gespräche

Delf Ness & Sabine Tabrizi

Impressum

ISBN 978-3-00-078750-8
1. Auflage September 2024

Texte
© Copyright by Delf Ness und Dr. Sabine Tabrizi

Inhalte fremder Webseiten, auf die in diesem Buch hingewiesen wird, machen sich die Autoren nicht zu eigen und übernehmen dafür keine Haftung.

Herausgeber
Delf Ness und Dr. Sabine Tabrizi
Heimhuder Straße 84
20148 Hamburg
info@delf-ness.com

Druck
Flyeralarm, Würzburg

Gestaltung
Gestaltung: Bash Media, Sandra Fuchs
Umschlagmotiv: mikkelwilliam/iStockphoto

Inhaltsverzeichnis

01. Chancen gestalten mit Sportsgeist 9
Andreas Arntzen – Der 360-Grad Mann

02. Vom Fußballprofi zum Wasserspender 27
Benny Adlon – Der unerschütterliche Aktivist

03. Mit Gegenwind volle Kraft voraus 41
Cathleen Böhme – Ärztin aus Überzeugung

04. Selbsthilfe zur Fremdhilfe 59
Jan-Peter Schierhorn – Der unternehmerische Ehrenmann

05. Vom Gebäude- zum Lebensplaner 81
Johannes Maierhofer – Wegbegleiter und Frühwarnsystem

06. Wenn Leidenschaft die Konzernwelt schlägt 99
Leo Peschl – Lebenstraum-Verwirklicher mit PS

07. Gestalter von Hospitality-Träumen 117
Madjid Djamegari – Innovationsarchitekt mit Biss

08. Die Reise eines Medien-Marketeers in die Bergwelt der Projekte 135
Malte Hildebrandt – Visionär für Bildschirm und Backstein

09. Vom Leistungssportler zum Menschenflüsterer 155
Michael von Kunhardt – Mentalgigant

10. Wenn das Alter keine Rolle spielt 169
Reinhard Gedack – Lebensbejahender Kreativkopf

11. Bescheidenheit trifft Weltklasse 191
Stephanie Döring – Weinbotschafterin

12. Vom Unternehmer zu Meeresschützer 209
Sven Jacobi – Ozeanumarmer

Die Idee zu diesem Buch

Es war ein warmer Sommerabend. Wir saßen mit Freunden, darunter ein befreundeter Filmemacher, auf der Restaurant-Terrasse eines großen Sportclubs bei einem leichten Abendessen. Ein langer Tag lag hinter uns, und wir kamen ins Plaudern über die Welt des Werbefilms. Unser Freund begann, aus dem Nähkästchen seiner nunmehr fast 50 Jahre Werbefilmerfahrung zu plaudern, und mit jedem Detail spürte man seine Liebe zur Filmerei – seine Berufung.

Die Funken der Begeisterung sprangen sehr schnell auf Sabines damals 16-jährigen Sohn über, der völlig begeistert rief: „Das sind Geschichten, die uns vielmehr erzählt werden müssten. Wir hören immer nur etwas von Studiengängen und Geradlinigkeit – aber das sind doch genau die Geschichten, die für uns interessant sind: zu verstehen, dass Berufs- und Lebenswege eben nicht immer geradlinig sind, sondern erfüllt von den Persönlichkeiten."

Und je länger wir diskutierten und abwogen, desto klarer wurde uns, dass dies nicht nur auf Teenager und junge Erwachsene zutrifft, sondern auf alle Menschen, die bereits wertvolle Berufs- und Lebenserfahrung gesammelt haben. In der Tat hören wir täglich vor allem von den Extremen: von Prominenten, von außergewöhnlich Erfolgreichen, Persönlichkeiten des öffentlichen Lebens oder gescheiterten Existenzen. Diese Erzählungen, oft ohne tieferen Kontext oder umfassenden Hintergrund, vermitteln uns nur einen Bruchteil der Realität. Viel zu selten erreichen uns Geschichten von den stillen Helden des Alltags – denjenigen, die durch ihre Taten, ihre Haltung und ihre Bescheidenheit unsere wahren Vorbilder sein könnten. Es sind diese Menschen, deren inspirierende Lebenswege und Leistungen uns oftmals verborgen bleiben, obwohl sie das Potenzial hätten, uns in unserem eigenen Leben zu motivieren und zu leiten.

Welche Geschichten verbergen sich dahinter? Was ist diesen Menschen passiert? Welche Charaktereigenschaften und Schicksalsbegegnungen haben sie auf welchen Weg geführt? Was hat sie zu der Person gemacht, die sie heute ist? Was können wir von ihnen lernen?

Und genau das ist der Grund, warum wir uns dazu entschieden haben, einige dieser beeindruckenden, ungewöhnlichen und inspirierenden Lebenswege zu teilen. Zunächst haben wir uns in unserem näheren Umfeld umgeschaut. Dabei fiel uns auf, wie fantastisch und mutig viele ihren Weg gegangen sind – mit allen Höhen und Tiefen.

Und es gibt tatsächlich einige Aspekte, die sie verbinden. Gemeinsamkeiten, die sich in Teilen ähneln oder gleichen: Sie haben Chancen zu ergriffen, Veränderungen angenommen, Wege gestaltet, ungewöhnliche Ideen entwickelt und zum Erfolg geführt, waren unglaublich neugierig und mutig, haben mitunter alles auf eine Karte gesetzt, sind hingefallen, haben den Schmutz abgewischt und sind wieder aufgestanden, haben sich durchgebissen, haben Höhen und Tiefen akzeptiert, sind voller Herzblut in ihrer Berufung aufgegangen. Sie alle haben Entscheidungen getroffen und Verantwortung übernommen. Für sich selbst und für andere. Zu keinem Zeitpunkt haben sie erwartet, dass es andere für sie richten. Einige sprechen auch davon, zur richtigen Zeit am richtigen Ort gewesen zu sein, während einer unserer Interviewpartner heute zahlreiche Kunden sogar in Bezug auf den richtigen Ort und die richtige Zeit berät. Ein Ausflug in die Welt des Feng-Shui.

Abschließend noch ein Wort zur Verwendung dieses Buches: Es ist weniger darauf ausgelegt, in einem Rutsch gelesen zu werden. Jedes einzelne Interview in diesem Buch birgt inspirierende Elemente, die sich erst mit der richtigen Aufmerksamkeit voll entfalten.

So wie ein guter Wein Luft und Ruhe braucht, um sein volles Aroma zu entwickeln, offenbaren diese Geschichten ihre tiefgründigen und bereichernden Einsichten beim genaueren Hinsehen und Lesen mit Muße.

Nehmen Sie sich die Zeit, in diese Lebensgeschichten einzutauchen, und lassen Sie sich von der ihnen innewohnenden Weisheit und Inspiration verzaubern.

Und so laden wir Sie ein, dieses Buch als einen Begleiter zu verstehen, in dem jedes Kapitel seine eigenen Überraschungen und zum Teil sehr unerwartete Wendungen mit sich bringt.

Für uns sind sie alle Mutmacher, großartige Menschen – und wir sind dankbar, dass wir sie auf unserer Lebensreise treffen durften.

Delf und Sabine

ANDREAS ARNTZEN

> **"Real generosity towards the future lies in giving all to the present."**
>
> — Albert Camus

ANDREAS ARNTZEN

Chancen gestalten mit Sportsgeist.

Wer er ist.
Der 360-Grad-Mann

Was er tut.
Entwickelt den Wort & Bild Verlag zu einem
Gesundheitsmedien-Konzern

Was ihn auszeichnet.
Neugierde. Chancen erkennen.
Entwickeln. Ermöglichen.

MUTMACHER > ANDREAS ARNTZEN

Ein Sportler, der sich schon im Studium durch Unternehmergeist, Neugierde und Engagement ausgezeichnet hat. Die Liebe führte ihn in eine neue Verantwortung. Seither sind die Medien- und Verlagshäuser seine berufliche Heimat.

Von Beginn an lag sein Fokus auf digitalen Projekten, die er in verschiedenen Rollen und Unternehmen erfolgreich entwickelt und geleitet hat. Innovative Start-ups wie Parship gehören dabei genauso zu seinem Erfahrungsschatz wie traditionelle Printverlage mit neu geschaffenen Online-Angeboten. Seine Sportler-Karriere hat ihn Resilienz und Durchhaltevermögen gelehrt.

So konnte er konstruktiv mit beruflichen Rückschlägen umgehen, um mit neuer Stärke über sich hinauszuwachsen und nach vorne zu schauen.

_ Erzählst Du uns über Dein Leben, und wie es sich entwickelt hat?

Geboren am 30.06.1967, als drittes Kind, mit zwei älteren Schwestern, erlebte ich die Scheidung meiner Eltern im Alter von sieben Jahren. Merkwürdigerweise fehlen mir fast vollständig Erinnerungen an die ersten zehn Jahre meines Lebens. Ich vermute, dass ich reflexartig etwas verdrängt habe. Die Erinnerung daran fällt mir unglaublich schwer. Aufgewachsen bin ich jedenfalls mit drei Frauen, was sicherlich mein späteres Leben beeinflusst hat. Mein schulischer Werdegang verlief normal. Mit 16 wechselte ich jedoch vom Freizeitsport zum Hockey beim Harvestehuder Tennis- und Hockey-Club, was den Beginn meiner sportlichen Laufbahn markierte und mich stark prägte. Dieser Fokus auf den Leistungssport entwickelte sich zu einer eigenständigen Lebensrichtung, fernab von familiären Einflüssen. Mit 19 schloss ich dann mein Abitur ab.

_ Die Schule brachte keine besonderen Herausforderungen mit sich?

In der Schule lief alles reibungslos. Das Hockeyspielen hatte bereits Einfluss, aber das war in Ordnung. Während meines BWL-Studiums kam ich in die Junioren-Nationalmannschaft, war später auch Teil der Sportfördergruppe und erlebte eine faszinierende Phase im Hockey. Zusammen mit meinem besten Freund, dem Olympiasieger Christian „Büdi" Blunck[1], eröffnete ich parallel BHP, einen Hockeyshop. Wir organisierten Hockeycamps in den Sommermonaten und Ferien, wo wir über tausend Kinder klub- und vereinsübergreifend in verschiedenen Sportarten coachten, um ihnen eine schöne Ferienzeit zu bieten. Mit 19 eröffneten wir den ersten BHP-Laden, da wir ohnehin schon ständig nach Ratschlägen zur

---

[1] Christian „Büdi" Blunck ist ehemaliger deutscher Hockey-Nationalspieler (1989–1998) und arbeitet heute als Sportreporter.

Ausrüstung gefragt wurden. Das entwickelte eine unglaubliche Eigendynamik, und so eröffneten Jahr für Jahr weitere Filialen. Plötzlich hatten wir vier Geschäfte, und die Marke BHP wurde unter Hockeyspielern bekannt und zum Kult. Es war ein erfüllendes Gefühl, die Selbstständigkeit parallel zum BWL-Studium und Hockey aufzubauen. In dieser Zeit lernte ich viel über Unternehmertum.

_ **Die Selbstständigkeit kam ungeplant, und Ihr habt die Chance genutzt?**

Gewiss, Chancen ergriffen.

» *Wenn man Dinge mit Leidenschaft angeht, folgt nicht alles einem festen Plan, sondern es gewinnt an Eigendynamik. Wichtig ist nur, die sich bietenden Chancen zu erkennen und zu nutzen.*

Nach sieben Jahren wurde mir die Frage gestellt, ob es mich stören würde, Angestellter von Christian Blunck zu sein. Meine Antwort: „Nein, es macht viel Spaß. Alles in Ordnung." Wir hatten die Verhältnisse auf fünfzig-fünfzig gesetzt, der Laden gehörte uns beiden, und das funktionierte gut. Diese Entscheidung hat mein Leben maßgeblich geprägt. Am Ende meines Studiums sagte ich bereits im Voraus, dass ich Christian nach Abschluss des Studiums meine Anteile schenken würde. Damit war das Kapitel abgeschlossen.

Zum Studienende organisierten wir wieder ein Sommercamp. Dort lernte ich die Mutter eines echt coolen Jungen, John-John, kennen, habe mich verliebt und plötzlich hatte ich einen achtjährigen Sohn und eine großartige Beziehung mit einer tollen und wertvollen Frau. Dann bekamen wir unser zweites Kind, Elle, und haben dann Ende ´99 geheiratet. Das veränderte vieles für mich, denn der Übergang vom Studentenleben und der Selbstständigkeit bei BHP zu einem ernsthaften Job und einer verantwortungsvollen Beziehung ging sehr schnell. Plötzlich hatte ich Verantwortung für eine Familie, Kinder und musste Geld verdienen. Doch ich habe das gerne angenommen. Zwei Jahre später hörte ich mit dem Hockey auf. Nur noch selten zu trainieren und trotzdem zu spielen, passt nicht mit dem Teamspirit einer solchen Sportart zusammen.

_ **War es schwer, aufzuhören?**

Das lief ziemlich gut, aber ich beging einen Fehler. Auf Wunsch anderer half ich ein- bis zweimal im Jahr aus. Schnell musste ich erkennen, dass ich mit dem Kopf von gestern im Körper von heute agiere – eine sehr ungesunde Kombination. Bei diesen Einsätzen verletzte ich mich deutlich häufiger und schwerer als in den 15 Jahren Leistungssport zuvor. Das war nicht stimmig. Daher ließ ich die Ausrüstung im Keller verstauben, denn alles andere ergab keinen Sinn.

_ Wie ging es dann beruflich weiter?

Danach arbeitete ich erst in der Werbung und erhielt kurze Zeit später ein Angebot von der Verlagsgruppe Georg von Holtzbrinck. Ich wechselte zur Zeit-Verlagsgruppe und war drei Monate dort, als der Verleger Dieter von Holtzbrinck auf mich zukam und sagte: „Es gibt so etwas wie das Internet, und Sie haben unternehmerische Erfahrung." Er vertraute mir und ermöglichte mir mit zwei Millionen Euro, im Internet etwas aufzubauen.

_ Das klingt nach einer großen Chance.

Ich erkannte die Gelegenheit und war zur rechten Zeit am rechten Ort. Mit einer schwedischen Firma konnte ich den Online-Stellenmarkt Jobline etablieren. Ich tauchte tief in die Dynamik des neuen Marktes ein und stellte innerhalb von sechs Monaten 120 Personen ein. Es wurden verschiedene Büros in Deutschland, Österreich und der Schweiz eröffnet.

_ Hattest Du zu keinem Zeitpunkt Respekt oder Zweifel?

Trotz möglicher Zweifel verfolgte ich sportlich geprägte Ziele, blendete Hindernisse aus und setzte auf Wachstum. Wir wagten im September 2000 einen Börsengang, mitten in der geplatzten Tech-Bubble. Der Fokus lag nicht nur auf dem Ergebnis, sondern auf dem Einstellen vieler Menschen und dem Vorantreiben von Kennzahlen. Nach dem Börsengang wuchs die Idee, Menschen zu verbinden. Die Frage entstand: Warum nicht auch bei ernsthaften Beziehungen, ähnlich wie bei Jobvermittlungen? So entstand Parship, eine seriöse, anonymisierte und wissenschaftlich fundierte Partnervermittlung. Wenige wissen, dass der Ursprung von Parship ein Online-Stellenmarkt war. Nach Parship wechselte ich in die Unternehmensstrategie von Holtzbrinck, beriet

Portfolio-Unternehmen in Fragen der Digitalisierung und anschließend bekam ich den Auftrag, aus der Wochenzeitung Die Zeit eine Marke zu machen. Ich habe dann drei unfassbar tolle Jahre gehabt, bei denen ich auf das Repertoire der „Zeit" mit beeindruckenden Persönlichkeiten wie Theo Sommer, Helmut Schmidt, Gräfin Dönhoff und anderen zurückgreifen durfte, um „Zeit Audio", „Zeit Shop", „Zeit Matineen" und „Zeit Reisen" mit diesen genialen Köpfen zusammen auszubauen. Das hat einfach enorm viel Spaß gemacht. Im Anschluss folgte ich dem Lockruf des Verlegers, leitete dann das Handelsblatt als Geschäftsführer für drei Jahre. 2006 verließ ich die Gruppe, da ich nach neuen Herausforderungen suchte und mehr bewegen wollte.

_ Das muss eine große Entscheidung gewesen sein.

Absolut. Ich war zwölf Jahre bei Holtzbrinck. Das ist auch nicht von heute auf morgen aus einer Laune heraus entstanden, sondern gemeinsam mit dem Verleger habe ich einen sehr offenen Austausch dazu geführt. Wir haben uns sechs Monate Zeit genommen, um zu prüfen, ob das so richtig ist. Dann wagte ich den großen Schritt und wechselte zur Verlagsgruppe Madsack. Ein Angebot lag auf dem Tisch, das mich förmlich herausforderte. Damals zählten wir 5.500 Mitarbeiter und mir wurde die aufregende Gelegenheit geboten, nicht nur die digitale Welt zu gestalten, sondern auch Verantwortung für klassische Printmedien zu übernehmen. Doch das war nicht alles. In meinem Verantwortungsbereich lagen auch 16 Radiosender und die TV-Produktionen. Eine Vielzahl an Herausforderungen, die meine Neugier weckten. Die Faszination, etwas völlig Neues zu erschaffen und die Welt mit einem frischen Blick zu betrachten, trieb mich an. Ich war nie ein Verfechter einer bestimmten Medienform – ähnlich wie bei BHP, stand für mich immer der Kunde im Mittelpunkt. Die Frage lautete: Wie kann ich, basierend auf den technologischen Möglichkeiten der Gegenwart und Zukunft, die Bedürfnisse meiner Kunden optimal erfüllen? Es ist von Vorteil, wenn man nicht in eine bestimmte Medienform verliebt ist und versucht, sie zu biegen, sondern stattdessen den Fokus auf den Kunden legt.

_ Und damit auf den Menschen.

Absolut. Den Fokus auf den Menschen als Kunden legen und auf die Veränderung der Bedürfnisse. Da habe ich viel experimentieren und Erfahrungen sammeln dürfen. In der ersten Woche meines Jobs habe ich die Domain radio.de für einen kleinen sechsstelligen Betrag erworben. Ich habe in der Aufsichtsratssitzung gemerkt, dass die Herren am Tisch kurz überlegt haben, ob ich die richtige Besetzung bin, und ob sie mich nicht in einer weißen Jacke hinausführen sollten. Als ich dann gesagt habe: „Ich kann Ihren Gesichtern entnehmen, dass Sie gewisse Zweifel an dieser Entscheidung haben oder an diesem Kauf. Ich schlage Ihnen vor, dass ich die Domain selbst kaufe, wenn Sie das nicht möchten." Da haben sie begonnen, umzudenken, und bemerkt, dass es mir ernst war. Daraus ist das Portal radio.de entstanden.

_ Das es heute noch gibt.

Ja. In dieser Phase habe ich das „MediaLab" gegründet. Mit diesem war ich erster Investor u. a. bei Kununu und Rebuy, also Unternehmen, die durchaus bekannt geworden sind. Es war interessant. Madsack hat nach drei Jahren verschiedene Regionalzeitungen von Springer gekauft. Ich hatte dabei eine etwas andere Sicht auf den Markt, die Marktentwicklung und die Preisgestaltung. Zu diesem Zeitpunkt haben sich unsere Wege getrennt. Ein einschneidendes Erlebnis, weil es das erste Mal in meiner beruflichen Laufbahn eine unschöne Trennung war. Eine unterschiedliche

Sichtweise zu haben, ist in meinen Augen kein Grund für eine Trennung, sondern Basis für einen konstruktiven und befruchtenden Austausch. Dass man dann unterschiedliche Wege geht, kommt vor, aber in diesem Falle verlief es unsauber und schmerzhaft. Relativ schnell kam bei mir wieder der Sportler durch. Eine Woche, nachdem ich draußen war, mietete ich kurzerhand 1000 Quadratmeter in der Hamburger Innenstadt, um einen der wohl ersten Co-Working-Spaces Deutschlands aufzubauen. Einzelne Räume habe ich an junge Unternehmen untervermietet, und nach drei Tagen war es ausgebucht. Das Beste daran? Die Miete für mein eigenes Büro und die Kosten für meine Assistenz waren damit bereits gedeckt – und das, ohne dass ich ein separates Business ins Leben gerufen hatte. Ein genialer Start.

Zunächst agierte ich in einer beratenden Rolle, doch das war nur von kurzer Dauer. Schnell entdeckte ich meine Leidenschaft für Investitionen in unterschiedliche Unternehmen. Ein kleines Portfolio von 12, 13 Beteiligungen war bald mein Stolz. Die größte davon war die Übernahme von sechs begabten Programmierern, die einst meine Untermieter waren. Heute sind sie das Herzstück der beeindruckenden App-Loft GmbH mit fast fünfzig Mitarbeitern. Das Abenteuer machte unglaublich viel Spaß, auch wenn es Höhen und Tiefen gab. Einige Investments waren echte Erfolgsgeschichten, andere leider nicht. Doch das gehört dazu. Man muss mit Rückschlägen umgehen können, und bisher überwiegt definitiv das Positive.

_ Aus negativen Erfahrungen lernt man.

Ein wahrer Punkt. Während meiner Zeit bei Madsack erlebten wir folgende Situation: In meiner Verantwortung für das Fernsehen habe ich den ersten homosexuellen Sender Deutschlands, TIMM-TV, ins Leben gerufen. Einmal pro Woche war ich in Berlin präsent, um diese Initiative voranzutreiben. Es war eine klasse Erfahrung, jedoch war die Finanzierung ausschließlich durch Werbung abgedeckt. Wir haben das Konzept von 2006 bis 2008 entwickelt, um es im Oktober 2008 zu starten. Was passierte? Die Lehman-Krise. Der Zeitpunkt war denkbar schlecht, wenn man komplett auf Werbeeinnahmen setzt. Es war ein Desaster, und nach zwei Jahren sind wir gegen die Wand gefahren. Aber solche Herausforderungen gehören nun einmal dazu.

_ Sportler gewinnen nicht nur, sondern verlieren manchmal auch brutal. Es hilft, solche Lektionen aus dem Sport zu übertragen.

Absolut. Es dreht sich stets um die Perspektive. Wenn man verliert, weil der Gegner besser war und man bereits alles gegeben hat, dann ist es wichtig, dem Geschehen mit Fairness und einer gewissen Ausgeglichenheit zu begegnen. In meiner Zeit in der Nationalmannschaft habe ich zwar einige Jahre gespielt, jedoch nie an den Olympischen Spielen teilgenommen. Ein Tor vor oder nach den Olympischen Spielen zu schießen, bedeutet, Nationalspieler zu sein, aber noch kein Olympionike. Manche Menschen zerbrechen daran. Für mich war das jedoch völlig in Ordnung, denn der Einsatz, den ich geleistet habe, stand im Einklang mit dem, was ich dafür erhalten habe. Mehr Aufwand zu betreiben, garantiert nicht zwangsläufig das Erreichen des Ziels. Gleiches gilt auch im Unternehmenskontext. Ich sage meinem Team: „Erfolg ist nicht zwangsläufig der erste Platz oder zwanzig Prozent mehr Rendite. Erfolg bedeutet, das Maximum aus dem eigenen Potenzial herauszuholen, und das erfordert eine ehrliche Selbstreflexion." Wenn man mit diesem Ergebnis zufrieden ist, kann man auch mit dem zweiten, dritten oder vierten Platz zufrieden sein.

— **Im Teamsport kommt die gemeinsame Leistung besonders zum Tragen.**

Teamwork steht im Mannschaftssport im Vordergrund, auch wenn man persönlich herausragende Leistungen erbringt und die Mannschaft trotzdem verliert. Das ist der Kern des Mannschaftssports, und daran wächst man. Viele Faktoren spielen eine Rolle, was es unberechenbar, aber auch schön macht. Meine positive Einstellung hat darunter nie gelitten. Diese Erfahrungen konnte ich erfolgreich in mein Berufsleben integrieren.

— **Kommen wir zurück zu Deinem Weg.**

Ja, dann wagte ich den Schritt in die Selbstständigkeit, angetrieben von Neugierde und Offenheit. In meiner Recherche stieß ich auf die Neue Zürcher Zeitung (NZZ) mit ihrer einzigartigen Gesellschafterstruktur von 2.600 Aktionären, von denen keiner mehr als ein Prozent besitzen darf. Diese ungewöhnliche Struktur hat ihre Wurzeln in der Nazizeit. Die reichsten Familien der Schweiz waren vertreten, aber ihr Hauptziel war es, den unabhängigen Journalismus zu fördern. Für mich war und ist die NZZ eine faszinierende Marke. Allerdings fiel mir auf, dass Verwaltungsrat und Management relativ wenig mit Medien-DNA besetzte Positionen hatten – genau das weckte mein Interesse. Also schrieb ich den Verwaltungsratschef und den CEO an, die sich direkt meldeten. Nach einem Treffen, das sich schnell von formell zu persönlich wandelte, wurde mir nach kurzer Zeit angeboten, neue Geschäftsfelder für sie aufzubauen und dafür eine ganz Menge Geld zu investieren. Nach einer Dreiviertelstunde konnte ich wählen, ob ich als Freiberufler oder Festangestellter, von Hamburg oder Zürich aus arbeiten möchte. So kamen wir ins Geschäft. Ich verbrachte zweieinhalb erstaunliche Jahre bei der NZZ und pendelte zwischen zwei der schönsten Städte Europas. Ich fühlte mich dort rundum wohl. Dann erhielt ich den Anruf eines Headhunters, der mir mitteilte, dass ich für eine interessante Position auf Platz 24 einer Shortlist war und fragte, ob ich Interesse an einem Gespräch hätte. Ich antwortete, dass man sich alles anhören könne. Dahinter verbarg sich der Wort & Bild Verlag, den ich bisher nur als Herausgeber der Apotheken Umschau kannte.

_ Wie wir alle.

Ja. Das Prozedere, bis dann 23 andere aus dem Bewerbungsprozess ausgeschieden waren, und ich einen unterschriftsreifen Vertrag hatte, dauerte 15 Monate. Das war ein ziemlicher Ritt. Es gab gute Gründe dafür, denn der Verleger und Gründer Rolf Becker hatte dieses Unternehmen 58 Jahre bis zu seinem Tod mit 93 Lebensjahren allein geführt. Es ist eine extreme Herausforderung, wenn jemand, halb so alt wie der Verleger, erster externer CEO eines solchen Unternehmens wird.

_ Und dann noch aus Hamburg. (Lacht)

Als Hamburger in einem Münchner Unternehmen. Das ist ein faszinierender Aspekt. Es stellt zweifellos eine enorme Herausforderung dar. Doch es wird noch herausfordernder, ein Unternehmen zu transformieren, es umzustrukturieren und einen Veränderungsprozess zu initiieren, wenn man einem 93-jährigen Verleger nachfolgt. Besonders im Print-Business, das einem tiefgreifenden strukturellen Wandel unterliegt, gilt es, Veränderungen herbeizuführen. Doch das Paradoxe dabei ist, dass der größte Widersacher für Veränderungen der Erfolg sein kann. Das Unternehmen war erfolgreich – mag sein, dass der Erfolg relativ war, wie wir festgestellt haben. Aber im Verhältnis dazu stand es wirtschaftlich gut da. In einem solchen Umfeld zu verkünden, dass Veränderungen notwendig sind, ist keine leichte Aufgabe. Im Rückblick muss ich fast zugeben, dass ich wohl eine gewisse masochistische Neigung besessen haben muss.

_ Vielleicht warst Du nur neugierig und mutig?

Sehr mutig, wäre passender. Der Hauptgrund, warum ich mich für diese Position entschieden habe, war mein Interesse an Menschen und dem Wandel der Unternehmenskultur – eine Herausforderung, die ich unbedingt annehmen wollte. Als man mich fragte, welche zwei entscheidenden Gründe mich an diesen Ort geführt hätten, waren es definitiv die Menschen und die Bereitschaft, mich den Herausforderungen des kulturellen Wandels zu stellen. Ich dachte, es sei eine knifflige Angelegenheit, hoffentlich nicht allzu schwerwiegender Natur. Doch es war, als ob ich ein dickes Teakholz statt eines mitteldicken Bretts aus Balsaholz bearbeiten müsste. Es hat lange gedauert, bis ich damit zurechtkam. Die zweite Seite war mein Interesse an Gesundheit und der Transformation von Geschäftsmodellen – Diversifikation, Internationalisierung und Digitalisierung fanden meinen vollen Fokus. Der Nährboden hätte nicht besser sein können, denn dieses Unternehmen zählte 22 Millionen Leser pro Monat und acht Millionen Nutzer, und das bei nur 5 % Überschneidung. Das bedeutet, dass wir fast dreißig Millionen Menschen pro Monat erreichen – individuelle Leser und User! Die Möglichkeit, bessere, aktuellere, tiefgreifendere und wertvollere Inhalte zu entwickeln und an die Menschen zu bringen, hat mich ungemein gereizt. So habe ich meine Reise begonnen und mittlerweile sind acht Jahre vergangen. Der Spaß daran ist geblieben. Die ersten drei Jahre waren hartes Brot, denn wir konnten noch nichts von dem umsetzen, was in meiner Jobbeschreibung stand, nichts von dem, wofür ich eingestellt wurde. Es ging tatsächlich darum, das Team neu zu formieren, Vertrauen zu gewinnen und das Vertrauen der Gesellschafter und des Beirats zu bekommen, um schließlich aus einer Position der Stärke heraus handeln zu können.

— Es ging also um Vertrauen und Überzeugungsarbeit auf unterschiedlichen Ebenen.

Absolut. Ein Quäntchen Glück gehört aber auch immer dazu. Wir trafen einige Entscheidungen, die im zweiten, dritten und vierten Geschäftsjahr unter meiner Leitung zu Rekordumsätzen und -ergebnissen führten – das beste Ergebnis in der fast siebzigjährigen Geschichte des Unternehmens. In einer Zeit, in der andere Medienunternehmen enorm zu kämpfen hatten, gewannen wir Vertrauen. Ich betone immer ‚wir', denn es ist letztendlich mein Team, das dies möglich gemacht hat, um dann noch mehr zu erreichen. Stell Dir vor, dieses Unternehmen hat in den letzten 63, 64 Jahren kein einziges Investment getätigt, nichts Anorganisches – während wir in den letzten drei Jahren über zwanzig Investments getätigt haben. Das galt es, unternehmenskulturell zu bewältigen, damit die Mitarbeitenden verstehen, dass etwas hinzugefügt wird – neue Menschen, unbekannte Menschen, neue Geschäfte. Das ist faszinierend, belebend und abwechslungsreich. Natürlich kamen in den letzten drei Jahren auch noch Herausforderungen wie die Pandemie und Kriege dazu.

— Ihr legt großen Wert auf Unabhängigkeit, das heißt, dass Ihr auf redaktionelle Produktwerbung und PR verzichtet. Es geht Euch um medizinische Objektivität. Leute zu finden, die diesen Weg mitgehen, und trotzdem zu wachsen, stelle ich mir gar nicht so einfach vor.

Dazu vielleicht eine Anekdote. Im vergangenen Jahr traf ich mich mit der Führungsspitze eines renommierten deutschen Verlagshauses. Da wir bereits eine freundschaftliche Beziehung pflegten, gestaltete sich das Meeting recht informell und offen. Während des Gesprächs teilten sie mir enthusiastisch

mit, dass sie ihre Gesundheitsredaktion erheblich ausgebaut hätten und nun auf dem gleichen Niveau wie wir seien. In diesem Moment fühlte ich den Drang, einen wichtigen Unterschied klarzustellen, ohne dabei despektierlich sein zu wollen. „Das freut mich wirklich für Euch", sagte ich, „aber lasst mich Euch den fundamentalen Unterschied zwischen uns verdeutlichen. In unseren 66 Jahren Unternehmensgeschichte gibt es keine einzige Zeile, in der ein Pharmaunternehmen oder ein bestimmtes Präparat erwähnt wird. Wenn Ihr unser gesamtes Archiv durchsucht, werdet Ihr nichts Derartiges finden. Bei Euch gibt es keine einzige Publikation, in der das nicht der Fall ist. Ihr hingegen betreibt Yellow Press, Pharmaunternehmen bezahlen Euch dafür und beeinflussen teilweise die Texte." Meine persönliche Überzeugung besteht darin, dass bei gesundheitsrelevanten Informationen eine Null-Fehler-Toleranz herrschen muss. Im Yellow-Press-Bereich ist dies jedoch nicht garantiert, möglicherweise aufgrund begrenzter Ressourcen für umfassende Recherchen und Korrekturinstanzen wie bei uns im Haus. Bei uns liegt der Fokus auf evidenzbasierter Medizin. Unsere Inhalte müssen wissenschaftlich fundiert sein, und wir unterziehen sie einer sehr aufwendigen Überprüfung unserer wissenschaftlichen Beiräte.

_ Wer berät Dich bei wichtigen Entscheidungen? Oder machst Du vieles mit dir selbst aus?

Ich habe mir oft einen Vater gewünscht, der mir als Partner zur Seite steht. Das habe ich anfänglich ausgeblendet, weil es diese Person nicht gab, und damit hatte sich das. Meine Mutter, die inzwischen verstorben ist, hat sich liebevoll und aufopferungsvoll um uns drei Kinder gekümmert. Sie hat mir unglaublich viel Liebe, Zuneigung, Fürsorge und auch finanzielle Unterstützung gegeben – all diese wichtigen Aspekte.

Doch mit dem Glück, dem Hockey und meinen Sportgeschäften war ich schon früh erfolgreich und unabhängig.

Ich brauchte kein Kindergeld von meinem Vater, keine finanzielle Unterstützung mehr von meiner Mutter. Das war angenehm, aber natürlich auch ein glücklicher Zufall. Trotz dieser Unabhängigkeit fehlte mir ein Sparringspartner für berufliche Entscheidungen. In vielen Fällen musste ich allein klarkommen, aber gleichzeitig trug mich eine Welle des Erfolgs. Dinge liefen einfach. Selbst wenn es mal nicht optimal lief, neigte ich dazu, die Situation so zu betrachten, dass der Fehler einfach dazugehörte und es weiterging. Es gab immer Erklärungen. Diese Herangehensweise habe ich aus dem Sport gelernt.

» *Nach einer Niederlage musste man abschalten können, einen mentalen Reset-Knopf drücken und den Fokus auf das nächste Spiel richten. Verdrängung und Ausblendungen gehören dazu. Anstatt über Misserfolge nachzudenken, schaute ich nach vorne und konzentrierte mich vollkommen auf das Neue. Das erfordert Fokus, und diese Einstellung wird belohnt.*

All diese Stationen in meinem Leben waren nicht bewusst gesucht. Ich war zur richtigen Zeit am richtigen Ort – oft einfach durch Neugier und Aufgeschlossenheit. Man formt sein eigenes Glück in gewisser Weise. Wenn man sich jedoch vergräbt oder versteckt, braucht man sich nicht zu wundern, wenn man die Chancen nicht sieht.

— Zweifel sind menschlich, aber wie Du sagst, ist es entscheidend, nach vorne zu schauen. Das Verharren in der Vergangenheit ist oft das eigentliche Problem.

In unserer Gesellschaft neigen wir dazu, die Zukunft aus der Vergangenheit abzuleiten, doch das ist ein Fehler. Es gibt keine lineare Weiterentwicklung. Diese Erkenntnis müsste uns besonders in den letzten Jahren klar geworden sein. Manchmal wirkt es so, als würden die Menschen das ignorieren, weil sie sich an Bekanntes klammern wollen. Ich sage immer: Nichts ist so gewiss wie die Ungewissheit. In den letzten 23 Jahren dieses Jahrhunderts haben wir bereits drei Pandemien erlebt. Entschuldige bitte, aber warum sollten wir in den nächsten fünf Jahren nicht erneut mit einer Pandemie konfrontiert werden? Die Zukunft hält oft Überraschungen bereit, und unsere Fähigkeit, sich an Ungewissheit anzupassen, ist der Schlüssel zur Resilienz. Doch das gilt nicht nur für Ereignisse, die sich statistisch ableiten lassen. Es geschehen einfach Dinge. Nimm den Ukraine-Krieg als Beispiel. Vor drei Jahren hätte niemand erwartet, dass vor unserer Haustür ein Krieg ausbricht. Aber das ist Teil des Lebens. Wenn man versteht, dass solche Einflüsse dazu gehören, ist man weniger überrascht und bemüht sich, aus der Situation das Beste zu machen.

» *Das ständige Nachdenken, Klagen und kritische Hinterfragen vergangener Ereignisse kostet enorm viel Energie. Die Vergangenheit ist nicht umzukehren und nicht mehr beeinflussbar. Stattdessen sollte man sich darauf konzentrieren, nach vorne zu schauen und das Beste aus der aktuellen Situation zu machen. Diese Perspektive ermöglicht es, besser mit unerwarteten Ereignissen umzugehen und resilienter gegenüber den Unwägbarkeiten des Lebens zu werden.*

_ Was inspiriert Dich? Wie kreierst Du neue Ideen?

Neue Ideen zu entwickeln und Inspirationen zu finden, hat viel mit Neugierde zu tun. Es ist aber auch etwas, das man wohl teilweise einfach in der DNA haben muss. Man kann es auch trainieren. Durch kontinuierliches Training könnte man eine echte Leidenschaft dafür entwickeln. Ich liebe es zum Beispiel, durch Städte zu gehen und die Augen offenzuhalten. Ich liebe es, Dinge, die ich sehe, Dinge, die neu sind, auszuprobieren, und zu versuchen, sie zu adaptieren. Kann man das für diesen oder jenen Bereich auch nutzen? So wie ich aus einer Jobbörse eine Partnerbörse gemacht habe. Der Sprung war einen Zentimeter lang und das Konzept passte auf eine DIN-A5-Seite, war aber in sich letztendlich erklärbar und schlüssig. Man muss den Sprung einmal machen. Das hat mir immer viel Spaß gemacht, und ich lebe im Prinzip danach. Die Tätigkeiten, die Jobs, die Dinge, die ich mache, müssen dazu führen, dass ich an jedem Tag etwas Neues erlebe und etwas dazulerne. Das ist Leidenschaft und Luxus zugleich.

_ Dazu muss man bereit zu sein.

Ja. Ich meine das im wahrsten Sinne des Wortes als tägliche Übung. Bereits die Erkenntnis, jemand Neuen getroffen oder etwas Interessantes gelesen zu haben und vielleicht sogar weiter recherchiert zu haben, genügt. Meiner Meinung nach sollte man wirklich versuchen, sich ständig weiterzuentwickeln und aktiv mit dem auseinanderzusetzen, was auf einen zukommt. Das wird mit der Zeit komplexer. Für mich bedeutet dies auch, die Erkenntnis zu akzeptieren, nicht auf jede Frage eine Antwort zu haben. Stattdessen ist es erstrebenswert, die Fähigkeit zu entwickeln, die richtigen Fragen zu stellen. In der Zwischenzeit ist es wichtig, die Menschen, das Netzwerk und die Partner zu suchen, mit denen man diese Fragen diskutieren kann. Nur so lassen sich geeignete Handlungsschritte ableiten.

_ Gibt es einen Widerspruch in Deinem Leben?

Ja, vielleicht, dass ich auf der einen Seite darüber spreche, neugierig zu sein, nach draußen gehe, Offenheit zeige, Neuland betreten will, und auf der anderen Seite doch auch in Teilen introvertiert bin und Dinge eigenbrötlerisch mit mir selbst ausmache. Vielleicht ist das auch geprägt durch meine Kindheit. Das könnte man vielleicht noch aufbrechen, weil ich mir schon vorstellen kann, dass es auch eine Form von Ballast ist, den man mit sich herumträgt. Ob das gesund für den Körper ist? Zu meinem Fünfzigsten habe ich hundert Freunde eingeladen. Dabei wurde mir nochmals deutlich: Wenn ich noch einmal zur Welt komme und achtzig Prozent so verlaufen wie in diesem Leben, dann wäre ich sehr, sehr glücklich.

_ Wer oder was machen für Dich Glück und Zufriedenheit aus?

Sicherlich Gesundheit – und vor allem die Gesundheit meiner Familie. Das ist mir wichtig. Und der Glaube an die Zukunft. Der Erhalt von positivem Denken, weil dieses positive Denken eine Basis für Freude ist und damit für die Gesundheit – ein großes Wechsel- und Zusammenspiel.

_ Spielt die Außenwelt für Dich eine große Rolle oder was andere Menschen über Dich denken?

Bestimmt. Und hiermit meine ich nicht aus Eitelkeit, sondern um die Bestätigung für den eingeschlagenen Weg von externen Quellen zu erhalten. Kritik betrachte ich als eine mögliche Bestätigung für die gewählte Richtung im Leben. Es ist wichtig zu erkennen, dass Kritik auch die höchste Form von Wertschätzung sein kann. Diese Rückmeldungen von außen können dazu führen, dass man seine Entscheidungen überdenkt und Dinge möglicherweise verbessert. Diesen Aspekt halte ich für äußerst bedeutsam. Im Sport lernt man gut, mit Kritik umzugehen, gerade auch in der Position, in der man die Verantwortung für eine Niederlage zu tragen hat.

Für mich ist es von Bedeutung, eine Tätigkeit auszuüben, bei der ich etwas Positives bewirken kann. Meine verschiedenen Beirats- und Kuratoriumspositionen dienen u. a. auch dazu, junge Menschen zu unterstützen. Ein sehr passendes Beispiel ist unsere Arbeit an der Apotheken Umschau. Hier treffen wir täglich Entscheidungen, die direkten Einfluss auf Menschenleben haben, indem wir dreißig Millionen Menschen mit gesundheitsrelevanten Informationen versorgen. Ein kürzliches Beispiel war eine Ausgabe über Vorsorgeuntersuchungen. Wir haben aufgeklärt, welche Untersuchungen in welchem Alter und für welches Geschlecht empfehlenswert sind. Wenn wir dies ernsthaft angehen und unsere Botschaft effektiv nur an fünf Prozent der Menschen vermitteln können, so kann dies dazu beitragen, dass mehr Menschen Vorsorgeuntersuchungen in Betracht ziehen und länger leben. Diese Form der Verantwortung empfinde ich als eine erfüllende Aufgabe. Es ist meine Verpflichtung, mein Team davon zu überzeugen, dass die Arbeit an der Apotheken Umschau eine der lohnendsten Tätigkeiten ist, da sie direkt dazu beiträgt, Menschenleben zu retten und die Gesundheit anderer zu fördern.

_ Ein Team mitzureißen, das auch so zu sehen. Bedeutet es für Dich, Menschen zu finden, die ähnlich ticken?

Es ist nicht damit getan, dass alle ähnlich ticken. Bei einer Mannschaft – sei es im Sport oder in einem Unternehmen – kann man nicht elf Spieler haben, die alle wie ein Lewandowski agieren. Das würde in der Bundesliga genauso wenig funktionieren wie in den unteren Ligen. Vielfalt ist entscheidend. Das gilt sowohl für Teams im Sport als auch für Teams in Unternehmen. Um ein funktionierendes und starkes Team aufzubauen, benötigt man unterschiedliche Persönlichkeiten. Hier kommt Menschenkenntnis ins Spiel, denn es geht nicht nur um berufliche Qualifikation und Wissen. Charaktere und das Miteinander spielen eine entscheidende Rolle. Es ist äußerst hilfreich, wenn im Team Menschen mit verschiedenen Hintergründen und Persönlichkeiten zusammenkommen. Wenn sie voneinander lernen und einander zuhören, wird das Team stärker und es macht großen Spaß, diesen Prozess zu beobachten. Ich bin der Meinung, dass es eine der Hauptaufgaben eines CEOs ist, dies richtig zu orchestrieren.

_ Kannst Du Dir noch einen anderen Platz für Dich vorstellen?

Ja, absolut. In meinem Job bewege ich mich ständig auf dünnem Eis. Wenn alles optimal läuft, ist es großartig. Doch das kann sich innerhalb von nur zwei Monaten komplett ändern. Seltsamerweise können solche Veränderungen manchmal an Kleinigkeiten hängen, aber dessen bin ich mir bewusst. Ich habe keinen festen Plan, der über drei bis vier Jahre hinausreicht. Es ist unmöglich, vorherzusagen, was in zwei Jahren passieren wird. Schau Dir nur die letzten drei Jahre an – es ist unglaublich, was alles geschehen ist. Ich weiß, dass ich gesund bin und unternehmerisch denke. Sollte jedoch irgendetwas dazwischenkommen, hätte ich kein Problem, von heute auf morgen etwas Neues anzufangen. Mein Maßstab ist nicht die Anzahl der Mitarbeiter oder mein Gehalt. Es geht mir darum, Neuland zu betreten, Neues zu schaffen, zu lernen und idealerweise Gutes zu bewirken. Ich glaube fest daran, dass Erfolg sich einstellt, wenn man sich auf diese Werte konzentriert.

_ Es erinnert an die Zeit nach Deinem Studium. Hattest Du einen konkreten Plan, als Du mit dem Studium fertig warst? Hättest Du Dir diese berufliche Entwicklung vorstellen können?

Das war ein entscheidender Wendepunkt – der Moment, als der Abschied von vier Sportgeschäften und über zwanzig Mitarbeiter kam. Mit über zwanzig Mitarbeitern hätte man sicherlich gesagt: „Mach einfach weiter so." Doch ich wollte ein neues Kapitel aufschlagen. Dieses neue Kapitel begann mit meiner Rolle als 27-jähriger Junior-Berater in einer angesehenen Werbeagentur. Ich war das kleinste Licht in dem Unternehmen, musste mich unterordnen und von außen betrachtet bei null anfangen. Es erforderte schon eine gewisse Kraft, das abprallen zu lassen. Bereits acht Monate später verließ ich die Werbeagentur, trat bei Holtzbrinck ein und wurde gleich mit meinem ersten Projekt plötzlich Kunde der Agentur. Ein erstaunlicher Rollentausch, der die Schnelllebigkeit der Welt betonte und zeigte, dass man sich immer zweimal sieht. Das sollte man niemals vergessen.

_ Flexibilität und Mut sind zwei Eigenschaften, die Du bewiesen und gepflegt hast. Du bist beruflich viel gependelt.

Seit acht Jahren bin ich nun in München tätig, insbesondere in Baierbrunn, einer kleinen Gemeinde vor den Toren der Stadt im Süden. Es heißt, nichts sei so beständig wie das Provisorium, und in diesem Fall trifft das zu. Das Pendeln belastet mich nicht, solange es mit klaren Routinen verbunden ist. Hier in Hamburg beispielsweise weiß ich, dass ich eine halbe Stunde vor dem Boarding losfahren kann, und alles verläuft nach einem festen Ablauf, zumindest bis vor kurzer Zeit. Egal, ob ich mich in die Bahn oder in den Flieger setze, eine Minute nach dem Hinsetzen kann ich einschlafen. Ich kann vollständig abschalten – sei es körperlich oder beruflich. Das war für mich nie ein Problem. Ich glaube sogar, dass es für Beziehungen manchmal förderlich ist, wenn man für zwei Tage getrennt ist. Das Wiedersehen und die Vorfreude auf das Zuhause können belebend und motivierend sein. Natürlich muss alles im Einklang stehen, und das war besonders herausfordernd, als meine Tochter zur Welt kam. In dieser Zeit war ich entweder CEO oder bereitete einen Börsengang vor – das war wirklich intensiv. Dennoch habe ich immer versucht, nicht mehr als drei Nächte abwesend zu sein, da dies eine Grenze ist, die bei kleinen Kindern nicht überschritten werden sollte. Vier Nächte weg und man wird ein ‚Fremder'. Diese Balance habe ich bisher gut hinbekommen, unabhängig von der jeweiligen beruflichen Herausforderung. Bis jetzt läuft alles glatt, toi, toi, toi.

— Du bist neben Deinem Job auch sehr engagiert in Stiftungen und der Sporthilfe. Ein Ehrenamt auszufüllen, kann sehr erfüllend sein.

In meiner Zeit in München habe ich gelernt, dass nichts selbstverständlich ist – weder die Gesundheit meiner Familie noch eine finanzielle Unabhängigkeit. Es ist auch keineswegs selbstverständlich, dass es uns beruflich gut geht. Diese Erkenntnis verpflichtet mich dazu, etwas zurückzugeben, eine Verantwortung, die ich ernst nehme. Natürlich ist alles relativ, aber für mich ist es wichtig, sich für soziale Belange einzusetzen. Als Kuratoriumsmitglied der Sporthilfe oder, noch bedeutender, bei der Nicolaidis-YoungWings-Stiftung für Halb- und Vollwaisen, engagiere ich mich bewusst. Es ist mir ein Anliegen, in verschiedenen Einrichtungen etwas zurückzugeben. Während des Kriegsausbruchs in der Ukraine und unserer coronabedingten Homeoffice-Phase haben wir z. B. fünf Bürogebäude in Wohnraum umgewandelt, unabhängig von den noch ausstehenden Genehmigungen des Landratsamtes. Dabei standen die Menschen im Mittelpunkt, und wir haben über siebzig Flüchtlinge aufgenommen. Solche Aktionen halte ich für extrem wichtig, um mit mir selbst im Reinen zu sein. Schließlich könnte jedem von uns etwas Ähnliches widerfahren. Ein bisschen mehr Ehrenamtlichkeit von allen wäre schön und notwendig. Leider ist dies in Deutschland stark zurückgegangen, und die Gesellschaft ist opportunistischer geworden. Wenn mehr Menschen Offenheit zeigen würden, könnte dies einen positiven Wandel bewirken. Ich versuche, meinen Mitarbeitern zu vermitteln, dass es nicht verboten ist, täglich einem anderen Menschen etwas Positives zu sagen – sei es an einer Ampel zu einer älteren Dame oder zu Kollegen für einen großartigen Job. Viele trauen sich das nicht auszusprechen, aber ich halte es für extrem wichtig. Wenn mehr Menschen dies praktizieren würden, würde es uns allen ein Stück weit besser gehen.

— Je mehr Positives man Menschen mitgibt, desto mutiger werden sie erfahrungsgemäß.

Umso mutiger werden sie. Ich bin fest davon überzeugt, dass der Glaube an Dinge wie Karma und Telepathie eine besondere Tragkraft besitzt. Dieser Glaube ist wie ein unsichtbarer Schutzschild, der unterstützt. Meine eigenen Erfahrungen haben mir gezeigt, dass die positive Grundstimmung eines Teams oft dazu führt, dass Projekte erfolgreich umgesetzt werden. Ich bin davon überzeugt, dass die Energie, die man in dieser Welt aussendet, auch zu einem zurückkehrt – ohne eine exakte Gleichung von Geben und Nehmen im Sinn zu haben. Vielleicht ist es genau dieser Glaube, der zu einer positiven Grundhaltung führt. Oft beteiligen wir uns an Aktivitäten, bei denen Mitarbeiter nachfragen: „Wissen wir wirklich, wer genau davon profitiert und in welchem Maße?" In solchen Momenten betone ich stets: „Selbst wenn nur eine einzige Person davon profitiert, hat es sich schon gelohnt. Denn hier geht es um ein Menschenleben, um das Wohlbefinden eines Individuums." Die Gewissheit darüber, dass viele davon profitieren, ist für mich nicht notwendig, um die Bedeutung eines Angebots, eines Weges oder einer Aktion zu bestätigen.

— Vielen Dank für Deine Zeit und Offenheit.

→ **Social Media:** linkedin.com/in/andreasarntzen

BENNY ADRION

> "Never tell me the sky's the limit when there are footprints on the moon."
>
> Anonymous

BENNY ADRION

Vom Fußballprofi zum Wasserspender.

Wer er ist.
Ein unerschütterlicher Aktivist

Was er tut.
Durch Engagement den positiven Wandel erzeugen

Was ihn auszeichnet.
Neugierde. Fröhlichkeit. Konsequenz.
Als Teamplayer das Team mitreißen.

MUTMACHER > BENNY ADRION

Als Teenager und junger Erwachsener war er in unterschiedlichen Welten gleichzeitig unterwegs. Er war Sportler und doch kein klassischer Jungfußballer.

Schon vor dem Abitur spürte er sein Interesse an einer gerechteren Welt. Später, fast zeitglich zum Abschluss seiner Karriere als Leistungssportler, entdeckte er seine große zweite Leidenschaft und widmete sich ganz dem aktiven sozialen Engagement. Dies führte zur Entstehung und Entwicklung des Viva-con-Agua-Universums.

_ Erzählst Du uns aus Deinem Leben? Wie bist Du aufgewachsen? Was hat Dich geprägt?

Meine Kindheit im Schwabenländle hat mich geprägt, besonders durch meine Leidenschaft für den Fußball. Vom Fußball auf der Straße zum Fußball im Verein, vom VfB Stuttgart bis hin zur Nationalmannschaft habe ich stets das nächste Level angestrebt. Dabei habe ich gelernt, mich anzupassen und meine Fähigkeiten zu verbessern. Doch gleichzeitig war meine Jugend von einer gewissen Ambivalenz geprägt. Auf der einen Seite stand die intensive Welt des leistungsorientierten Fußballs mit seinem einzigartigen Umfeld und den vielfältigen kulturellen Einflüssen meiner Teamkollegen. Diese internationalen Einflüsse, von türkisch über italienisch bis hin zu bosnisch, kroatisch und serbisch, verliehen unserem Team eine faszinierende Vielfalt. Die wenigsten besuchten ein Gymnasium. Unsere Bildungshintergründe waren so vielfältig wie unsere Herkunft. Diese Erfahrungen formten eine besondere Sozialisierung.

Auf der anderen Seite stand die Welt der Schule und des Abiturs, eine völlig andere Erfahrung. Ich besuchte das Gymnasium, das eine ganz eigene Dynamik mit sich brachte. So waren für mich stets zwei Welten präsent, die parallel zueinander verliefen und miteinander in Einklang gebracht werden mussten. Trotz meiner Hingabe zum Fußball habe ich stets meine eigenen Interessen verfolgt und einen Ausgleich gefunden.

_ Letzteres könnte man beinahe als dritte Dimension betrachten.

Alle Aspekte waren äußerst präsent. Es war nicht so, als ob ich auf ein Leistungsinternat gegangen wäre, wo alles dem Fußball untergeordnet war. Hier gab es den Fußball und dort das jugendliche Leben in all seiner Vielfalt, das bei mir stark ausgeprägt war:

Musik, politische Interessen, Ausgehen, Konzerte, sogar mal eine Sport-Zigarette – wirklich das volle Leben. Es waren zwei starke Pole, die parallel existierten. Diese Dualität führte schließlich dazu, dass ich irgendwann mit dem Fußball aufhörte. Mit 16, 17 Jahren, als meine Altersgenossen richtig durchstarteten, sagte ich: „Leute, ich ziehe mich zurück. Ich konzentriere mich auf das Abitur und lasse den Fußball vorerst ruhen, denn ich will mein Leben außerhalb des Fußballs mal genießen."

_ **Wie reagierte Dein Umfeld darauf?**

Natürlich zunächst mit Unverständnis. Der VfB Stuttgart war so etwas nicht gewohnt. Zu dieser Zeit war das Fußball-Internat der Rekordmeister der Jugendmannschaften. Unter der Leitung eines strengen Jugendleiters standen klare Regeln an der Tagesordnung. Jedes Mal, wenn man kam oder ging, musste man ihm die Hand schütteln. Vor dem Betreten der Kabine gab's dann das obligatorische ‚Hallo'. Und natürlich die Vorschriften: „Keine langen Haare, keine Ohrringe, keine Ketten."
Als ich mich dann doch entschied, wieder intensiv Fußball zu spielen, hat man mir die Tür zur A-Jugend geöffnet. Mein erstes Turnier war im berühmten Glaspalast in Sindelfingen, das renommierteste Jugend-Hallenturnier in Deutschland. Da habe ich mit einem roten und einem grünen Schuh gespielt und meine Haare zu zwei Pippi-Langstrumpf-Zöpfen zusammengebunden. Das war meine Rebellion in diesem Kontext.

_ **Haben Deine Eltern Dich in der Jugend begleitet und waren sie offen für diese Entwicklung?**

Sie waren immer offen. Ehrlich gesagt, hatten sie gar keine andere Wahl. Ich bin schon immer meinen eigenen Weg gegangen, auch beim Fußball, besonders in jungen Jahren. Selbst als ich die Pause einlegte, gab es keinen Druck oder Streit mit meinen Eltern. Stattdessen unterstützten sie meine Unabhängigkeit. Vielleicht war ich einfach schon immer zu unabhängig und mein eigener Kopf, um mir reinreden zu lassen. Deshalb ließen sie mich in solchen Angelegenheiten und Entscheidungen gewähren. Ich habe mir nichts sagen lassen und mein Ding gemacht. Dementsprechend war ich unter den Fußballern immer ‚der bunte Vogel'. Andererseits war ich in der Schule eher der Fußballer. Aber wenn man mich damals als *den* Fußballer bezeichnet hätte, dann glaube ich, traf das nicht auf mich zu. Bis heute höre ich manchmal, wenn über mich gesprochen wird, Sätze wie: „Ich habe gar nicht gewusst, dass ein Fußballer so geradeaus reden kann" oder Ähnliches. Das entspringt wohl den Vorurteilen. Entsprechend waren das für mich zwei Welten.

Auf der einen Seite steht der Fußball, der Mannschaftssport, das Team. Gemeinsamer Erfolg ist nur möglich, wenn man zusammenarbeitet. Ein Individuum ist nie stärker als das Kollektiv. Natürlich braucht es Führungsspieler, aber gleichzeitig kann eine faule Tomate andere beeinflussen. Dazu gehört unter anderem, im Team über sich hinauszuwachsen und Niederlagen gemeinsam zu tragen. Es geht um die spielerische Leistung, den Ernst und Ehrgeiz im Spiel, aber auch darum, sich danach die Hand zu geben. Ehrliches Feedback gehört genauso dazu, und danach ist alles wieder in Ordnung. Diese Prinzipien nehme ich heute noch mit in meinen Beruf.

Auf der anderen Seite spielte das Sozialpolitische für mich eine große Rolle. Der Ursprung dafür lag in der Musik, die ich gehört habe, den Bands, die ich mochte. Niemand kennt meine amerikanische Lieblingsband. Sie heißt immer noch Bad Religion. Das waren die ersten Liedtexte, die ich auswendig konnte, weil ich sie im CD-Booklet gelesen und dann mitgesungen habe. Mit zwölf oder dreizehn Jahren viel Bad Religion zu hören, ist prägend. Daraus zog ich einen Schluss: So kann die Welt nicht dauerhaft weitergehen. Sie hat Konstruktionsfehler. Wir müssen als Erwachsene einige Dinge anders machen. Das war also der andere Einfluss, der immer ein Teil von mir war und dazu führte, dass ich dem Leben grundsätzlich mit einer bestimmten Haltung gegenüberstand. Ich war aber nie der Samariter, der sich in allen möglichen sozialen oder kirchlichen Kontexten engagierte.

_ Haltung ist ein gutes Stichwort – etwas, das Du Dir bis heute bewahrt hast.

Ja, besonders heute ist es wichtig, sich zu den relevanten Themen eine Meinung zu bilden und vor allem dazu zu stehen.

— Und das verkörperst Du mit Kollegen und Freunden täglich bei Viva con Agua. Ihr kämpft für „Water is a Human Right", d. h. Wasser als Menschenrecht, baut Brunnen in vielen Ländern der Erde und finanziert das durch Spenden und Social-Business-Aktivitäten. Dazu kommen wir noch. Doch wie ging das alles überhaupt los?

Viva con Agua – das war keine geplante oder durchdachte Aktion. Es kamen allerdings verschiedene Dinge zusammen, die mich motivierten, etwas zu starten. Ich spielte beim FC St. Pauli. Dort entwickelte ich im Laufe der Zeit die Überzeugung, dass ich Menschen helfen muss, denen es nicht so gut geht wie uns in der Fußballblase. Der eigentliche Auslöser war ein Trainingslager 2005 auf Kuba. Dort bestätigte sich meine bisherige Wahrnehmung, und ich hatte die Not der Menschen direkt vor Augen.

» *Die Gegensätze der verschiedenen Lebensformen waren gravierend. Die mangelnde Wasserversorgung war erschreckend. Der Moment zum Handeln war gekommen. Es war wie der perfekte Anlauf für einen Sprung ins Unbekannte. Plötzlich waren alle Bedingungen erfüllt, und es war klar: Ich muss etwas tun.*

— Der Wandel vom ‚Fußball-Profi-Dasein' zum Start einer Organisation, die etwas Positives bewirken kann?

Ja. In dieser Zeit lebte ich von Vertrag zu Vertrag. Nach dem Trainingslager lief mein Vertrag wieder einmal aus. An diesem Tag entschied ich spontan: „Gut, dann ist es jetzt vorbei mit Fußball. Ich höre auf und werde eine Weltreise machen." Ich hatte bereits eine Weltkarte gekauft, einiges geplant und erste Ziele im Sinn. Am selben Nachmittag rief mich der Verein wegen einer Vertragsverlängerung an. Alles an einem Tag.

Das war ziemlich aufwühlend und verwirrend. Beide Welten lagen nun wie ein offenes Buch vor mir, und es bedurfte einer Entscheidung. So entwickelte sich die Idee, eine Verbindung zwischen beiden Welten aufzubauen. Ich unterschrieb einen weiteren Vertrag für ein Jahr und entschied mich dazu, statt einer sozialen Weltreise lieber Viva con Agua zu machen. Damit fiel die eigentliche Reise ins Wasser, aber das nahm ich in Kauf.

— Wie ging es dann richtig mit Viva con Agua los?

Wir waren Gast in der Fernsehsendung „Pimp my Fahrrad". Da haben wir zum ersten Mal öffentlich darüber gesprochen, dass wir ein Wasserprojekt auf Kuba machen wollen. Sofort wurde das dann auf der Homepage vom FC St. Pauli erwähnt. Der Verein war voll mit im Boot, dazu Matthias Rüsch, der die Website erstellt hat. Es ging los, ohne dass wir wirklich wussten, wie wir das strategisch angehen und umsetzen.

Es war unfassbar – von allen Seiten erhielten wir positive Kommentare, Tipps und Ideen. Wir waren dankbar, dass in einer Art offenem Netzwerk alles so funktionierte und alle mit großem Spaß dabei waren. Diese Form der Arbeit und Entwicklung wurden quasi unsere DNA. Insbesondere die Fans und Mitglieder vom FC St. Pauli füllten die Idee, Kindergärten auf Kuba mit Wasser zu versorgen, mit Leben.

— Auf nach Kuba und einfach loslegen mit einer Menge Ideen?

Ganz so naiv war es nicht. Die Deutsche Welthungerhilfe stand uns zur Seite, und mit ihr konnten wir gemeinsam im Sommer 2005 das erste Projekt in Havanna starten. Mit dem gesammelten Geld wurden über 150 Kindergärten und Sportschulen mit Trinkwasser ausgestattet.

Und weil dieses initiale Herangehen gut funktionierte, beschlossen wir, aus dem Projekt heraus einen Verein zu gründen, um in geordneten Strukturen langfristig und nachhaltig agieren zu können. Es folgte 2006 die legendäre Gründungsversammlung auf St. Pauli, aus welcher der Verein Viva con Agua de Sankt Pauli hervorging und offiziell gegründet wurde. In dieser Phase ging es los mit Spenden-Sammelaktionen. Einer meiner Mitgründer, Michael Fritz, den ich aus meinen Jugendjahren kenne, kam immer wieder mit neuen Ideen. Wir begannen zum Beispiel auf Festivals, die Besucher zu überzeugen, ihre Pfandbecher zu spenden. Eine simple, aber brillante Idee. Das klappt bis heute, und Tausende von Freiwilligen ziehen das ganze Jahr für uns durch die Lande, um bei verschiedensten Events zu sammeln. Es ist eine wichtige Einnahme für unseren Verein.

Später kamen Charity-Konzerte und die Wasser!Marsch-Aktion hinzu. Wir Aktivisten gingen zu Fuß in 39 Tagen 1055 Kilometer von Hamburg nach Basel zum Eröffnungsspiel der Europameisterschaft. Der Rummel war gewaltig, brachte uns Aufmerksamkeit, viele neue Freiwillige, die uns unterstützen, und natürlich weitere Einnahmen, um erste Brunnenprojekte in Afrika zu realisieren.

_ Es geht darum, aktiv zu werden. Handeln ist der Schlüssel zum Erfolg.

Genau das war der Aktivismus, der von Anfang an bei Viva con Agua präsent war. Anpacken und sehen, was passiert. Wir hatten das Glück, dass wir Unterstützung vom Verein erhielten und von Anfang an Medien und Fans im Boot hatten. Die Fans waren begeistert, identifizierten sich mit diesem Vereinsprojekt und haben sich engagiert. Das hat uns natürlich motiviert, immer weiterzumachen. Und seither geht es immer weiter voran.

_ Daraufhin wurden die Wassermarke Viva con Agua und das Toilettenpapier Goldeimer auf den Markt gebracht.

Richtig. Nach dem Start des Vereins in 2005 folgte fünf Jahre später die Gründung der Viva-con-Agua-Stiftung mit ersten Social-Business-Aktivitäten, um weitere Einnahmen für die Projekte zu generieren. So gründeten wir die Viva con Agua Wasser GmbH, bei der ich von der Gründung bis zum Break-even-Point CEO war. Unser Mineralwasser gibt es inzwischen in ganz Deutschland. Es folgte die Goldeimer gGmbh mit Komposttoiletten auf Musikfestivals und dem Vertrieb von Klopapier. Hier kommen immer wieder neue Ideen hinzu. Diese Produkte helfen uns, finanzielle Mittel zu erwirtschaften, um unsere Brunnenprojekte in Afrika und aktuell in Indien zu unterstützen.

Diese Form von Social Business bildet eine kommunikative Plattform für unsere Themen. Das lässt sich gut verbinden. Ein gutes Beispiel sind unsere Aktivitäten rund um Kunst-Projekte mit der Millerntor Gallery und der damit verbundenen Gründung der Viva con Agua ARTS gGmbH. Wir fördern Künstler und etablierte Künstler stellen uns ihre Kunst für Versteigerungen zur Verfügung. Botschaften, die Menschen berühren und die fortwährende Kommunikation hilft uns, die nötige Aufmerksamkeit zu generieren. Am Ende profitieren die Projekte und alle haben Spaß dabei. Hinter all dem steckt viel Herzblut und Engagement. Unser Team hat hart dafür gearbeitet. Und das gilt für alle Organisationen im Viva-con-Agua-Kosmos. Die Spenden spielen aber immer noch die wichtigste Rolle, trotz all der Social-Business-Aktivitäten – jeder Spendeneuro ist, nach wie vor, wichtig!

Für mich war das spannend, da ich gewissermaßen jeden Tag in neuen Konstellationen in diesem aufregenden Kosmos tätig sein durfte, und immer Neues gelernt habe.

© Lea May

© Melanie Haas

— Und dann plötzlich entwickelt Ihr die Idee, mit Immobilien einen neuen Zweig aufzubauen.

Ja, plötzlich formte sich die Idee der Villa Viva aus dem Nichts. Wir kamen dazu, wie die Jungfrau zum Kinde. Die Stadt Hamburg hat uns – quasi aus dem Nichts – ein Grundstück direkt am Hamburger Hauptbahnhof für einen reduzierten Preis zum Kauf angeboten. Das war der plötzliche und unerwartete Startschuss! Villa Viva ist nicht nur ein Hotel, es geht vielmehr um Stadtentwicklung. Wem gehören unsere Städte, wer baut unsere Hochhäuser? Die Villa Viva ist eher ein Haus, das aus seinen Erlösen Brunnen baut – mehrheitlich in Händen von gemeinnützigen Organisationen und nicht in Händen von anonymen Kapitalanlegern. Viva con Agua hält 67 % der Anteile an Grundstück und Immobilie – die Vision „Wasser für alle" steht bei allen Aktivitäten, die rund um das im Haus realisiert werden, im Vordergrund. Das Villa-Viva-Guesthaus – als Mieterin – beinhaltet Restaurant, die RoofDrop-Bar auf der Dachterrasse, Event- und Konferenzflächen und das neue Büro von Viva con Agua. Insofern ist es wiederum eine Erweiterung der bestehenden Geschäftstätigkeit und ein Sprung in eine völlig neue Branche für uns gewesen. Die Partner zusammenzubekommen, von der Stadt bis zum Projektentwickler oder Hotelpartner, die Künstler und Musiker, die das Projekt finanziell unterstützen – das alles war komplettes Neuland, aber das macht ja den Reiz aus. Jeder Schritt wurde natürlich in bewährter Viva-con-Agua-Art kommunikativ auf unseren Kanälen geteilt und im Inneren wird die Villa-Viva-Plattform zusammengehalten von unserer kulturellen Essenz. Nun haben wir seit Ende 2023 geöffnet und nach sieben Jahren Vorbereitungszeit ging es endlich los.

Während der Bauphase in Hamburg ist es uns zudem noch gelungen, eine andere Utopie zu realisieren. Mit der Eröffnung der Villa Viva Cape Town in Kapstadt

konnten wir das älteste ‚Backpacker' der Stadt übernehmen und transformierten es zu einer Villa Viva. Die Eröffnung konnte bereits im Oktober 2021 umgesetzt werden und somit öffnete die erste Villa Viva der Welt auf dem afrikanischen Kontinent. Es ist ein Ort des Miteinanders – mitten in der Stadt, ein Ort für VolontärInnen unserer Projekte, für internationale Gäste, gedacht als Treffpunkt zum Austausch für engagierte Menschen, mit guter Musik und viel Kunst an den Wänden. Die Gewinne der Villa fließen in Wasser- und Communityprojekte in Südafrika. Nachdem ich nun dreieinhalb Jahre in Kapstadt gewohnt habe, um die die Villa Viva Cape Town aufzubauen, kam jetzt der Umzug nach Deutschland, um die Villa Viva Hamburg zu starten. Mal gucken, was in diesem Feld noch alles passiert – eines darf ich verraten: Es bleibt spannend!

_ Von den Anfängen bis heute – eine wahnsinnige Geschichte! Wer oder was inspiriert Dich oder wo holst Du Ideen her?

Mich inspiriert vor allem das Gefühl, ab und zu die Hände vom Lenkrad zu nehmen und nicht am Steuer zu sitzen, mich vollständig zurückzuziehen, sowohl von Viva con Agua als auch von dem ständigen Druck und Stress des Alltags. Der Abstand zu den Dingen ermöglicht es mir, Inspiration zu finden. Dabei helfen mir besonders die Natur und die Familie. Ob beim Sport, Yoga, Wandern oder Meditieren – es sind diese Momente, die nichts mit der Arbeit oder meinem Alltagsleben zu tun haben, die mich tief inspirieren.

Menschen, die ich zufällig treffe, inspirieren mich. Zum Beispiel jemand in Südafrika, der genauso alt ist wie ich und jahrelang auf einem Berg gelebt hat. Er erzählte mir, wie er sich während eines Sturms mit Steinfurchen geschützt hat, um ihn zu überstehen. Für ihn war das ursprünglich eine Flucht aus den

Townships, eine Flucht vor der Realität dort. Er sagt: „Ich lebe jetzt in den Bergen, auf dem Tafelberg." Das ist eine völlig andere Welt, die mich sprachlos macht. Er hat Jahre seines Lebens in dieser Bergwelt verbracht. Das finde ich mitreißend und die tiefe Weisheit, die da durchscheint, ist atemberaubend.

Mich inspirieren Personen wie Fridtjof Detzner, der mit Planet A etwas unglaublich Spannendes auf die Beine stellt. Ich denke, dass sein systemischer Ansatz große Wirkung hat. Er ist ein innovativer Unternehmer und einer der ersten Kiter in Deutschland. Somit schafft er es, sowohl erfolgreicher Unternehmer zu sein und dennoch viel Zeit in der Natur zu bringen. Das gibt ihm Zeit für seine Hobbys.

Generell inspiriert mich, wenn jemand erfolgreich ist, innovativ arbeitet und dennoch seine persönliche Seite nicht vernachlässigt, sondern im Gleichgewicht hält. Das sind nur zwei Beispiele von vielen, die mich inspirieren – Momente und Begegnungen, die unterschiedlicher nicht sein könnten.

Mich faszinieren besonders Menschen, die auf persönlicher Ebene etwas Einzigartiges verkörpern. Das finde ich spannend.

_ Durch die Offenheit bei Viva con Agua – alle können mitmachen, alle können etwas dazugebe – lernt man sicher viele spannende Menschen kennen?

Es ist faszinierend, gerade in meinem sich immer erweiternden Umfeld. Jeder Kontakt ist neu, jeder Schritt birgt eine neue Möglichkeit. Diese Magie wieder und wieder zu erleben, ist bereichernd. Es ist das Schöne an unserer Arbeit – egal, wen man trifft, es besteht immer die Möglichkeit, gemeinsam etwas zu entwickeln.

_ Die Offenheit, quer zu denken und Leute zu verbinden, die vorher gar nicht wussten, dass sie miteinander etwas zu tun haben können, kann glücklich und zufrieden machen. Macht Dich Deine Arbeit glücklich und zufrieden?

Klar, aber leider geht es nicht immer gut. Einmal wagte ich mit ein paar Freunden ein ungewöhnliches Abenteuer: Wir betreiben ein Jahr lang eine Bar – ganz getrennt von Viva con Agua, rein privat also. Doch schon bald geriet unsere Unternehmung ins Wanken. Trotz aller Bemühungen endete die Geschichte mit einem Verkauf der Bar für einen symbolischen Euro – und einem Berg von Schulden. Rückblickend war es eine lehrreiche, wenngleich fragwürdige Erfahrung. Zum ersten Mal wurde mir bewusst, dass ich nie gelernt hatte, aus rein egoistischen Motiven Geld zu verdienen – für mich und meinen Geldbeutel. Dieser Gedanke war neu und fremd für mich. Ich war es gewohnt, zu arbeiten, weil es mir Freude bereitete, sei es beim Fußballspielen oder bei meiner Arbeit für Viva con Agua. Das Streben nach persönlichem Profit erwies sich als ungewohnt und für mich nicht wirklich motivierend. Natürlich ist es wichtig, für den Lebensunterhalt zu sorgen, insbesondere als Familienvater mit drei Kindern. Doch für mich war und ist Arbeit mehr als nur ein Mittel zum Geldverdienen – sie ist eine Leidenschaft. Ich bin es einfach gewohnt, nicht nur für mich selbst zu arbeiten, sondern mit einem tieferen Sinn und Zweck.

Bei Viva con Agua folgen wir unserer Leidenschaft und dem Glauben, dass es wichtig ist, auf der richtigen Seite der Geschichte zu stehen. Diese Überzeugung und die Freude an unserer Arbeit motivieren uns jeden Tag aufs Neue. Ich kann mir gar nicht vorstellen, auf der ‚dunklen Seite der Macht' zu arbeiten, um am Ende einen großen Gehaltsscheck zu erhalten, aber eigentlich Menschen und den Planeten auszubeuten. Bevor ich das machen müsste, eröffne ich lieber eine

Strandbar, gebe Yoga-Stunden und biete Massagen an, um meinen Lebensunterhalt zu verdienen. Das wäre mir lieber, als für Konzerne zu arbeiten und ein Rädchen in einem System zu sein, das ich nicht unterstützenswert finde.

_ Könntest Du Dir vorstellen, noch mal etwas ganz anderes zu machen?

Je nachdem. Wie gerade geschildert, befinden wir uns derzeit in einer Phase voller Neuerungen mit den verschiedenen Villa Vivas, die aktuell mein Zuhause sind. Das ist das, woran ich momentan weiterarbeiten möchte.

Aber es gibt sicher bald Raum für andere Projekte – vielleicht sogar etwas, das sich unabhängig vom Viva-Kosmos entwickelt, aber dennoch mein Interesse weckt, etwas in Richtung Stadtentwicklung, alternative Wohnkonzepte oder Ähnliches. Die Möglichkeiten sind endlos, und ich bin mir bewusst, dass das Leben immer Veränderungen mit sich bringt.

_ Gab es Krisenmomente in Deinem Leben, und falls ja, wie kommst Du aus solchen heraus?

Ja, solche Krisen gab es tatsächlich. Die schlimmste, die ich je erlebt habe, wurde hauptsächlich durch übermäßige Arbeit verursacht. Ich hatte viel zu viel auf dem Zettel und verlor dabei völlig den Kontakt zu mir selbst. Das war eine schwere Zeit, vielleicht sogar die schwierigste meines Lebens, weil ich mich selbst nicht mehr spürte und mein Verhalten selbstzerstörerisch geworden war. Spannende Erfahrungen, viel gelernt – brauche ich aber kein zweites Mal. Um aus solchen Situationen herauszukommen, ist es wichtig, Raum für sich selbst zu schaffen, um wieder in Kontakt mit sich selbst zu kommen, die eigene Existenz zu spüren und sich mit der Natur zu verbinden. Es geht darum, sich selbst zu fühlen und nicht den ganzen Tag lang To-do-Listen abzuarbeiten, von einem Meeting zum nächsten zu hetzen und so weiter. Besser: ATMEN!

© Nassim Ohadi

— **Abstand und Glaubenssätze sind zwei zentrale Erfolgskriterien für Manager und Unternehmer.**

Absolut. Es ist faszinierend, wie oft wir uns Geschichten erzählen, die wir irrtümlicherweise für wahr halten. Wenn wir uns einreden, dass wir nur erfolgreich sein können, wenn andere verlieren – dann wird das irgendwann zur Selbstverständlichkeit. Genauso verhält es sich, wenn wir uns einreden, dass Erfolg allein durch ununterbrochene Arbeit erreicht werden kann.

Doch es gibt auch andere Modelle. Ich bin davon überzeugt, dass es vor allem um Synergien geht. Kooperationen sind dabei unser Erfolgsmuster. Es lohnt sich, unsere eigenen Glaubenssätze zu überprüfen. Welche Annahmen machen wir, wie beeinflusst unser Weltbild unsere Realität?

— **Man hat das Gefühl, Du bist zufrieden und glücklich. Liegt das daran, dass Du das machst, was Du gut findest und Dir relativ egal ist, was die Außenwelt dazu sagt?**

Jein. Natürlich reflektiert man ständig die Interaktion mit der Außenwelt, das kann man nicht ignorieren. Mit Viva con Agua sind wir bereits 19 Jahre alt geworden, das heißt volljährig – das ist jetzt unser Motto. Wir tun, was wir tun, weil wir es für richtig halten. Mit 19 muss man das irgendwann akzeptieren, und wir machen das nicht für irgendjemand anderen. Wenn uns jemand vor den Karren spannen will, halten wir den Kurs, und das umso entschiedener. Das ist unsere DNA, und diese halten wir aufrecht. Seit 19 Jahren hat sie sich nicht wesentlich verändert, wir bleiben unseren Werten treu – Begeisterung und Verbindung sind unser Kern. Niemand würde uns glauben, wenn wir plötzlich etwas anderes machen. Vor allem wir uns selbst nicht.

Die Freude am Engagement bei Viva con Agua ist das Wichtigste.

» *Wir können es nur so erfolgreich wachsen lassen, weil es uns erfüllt.*

Deshalb ist das ein Indikator dafür, was für Viva con Agua gut ist. Das bedeutet nicht, dass hier ständig alles Friede, Freude, Eierkuchen ist. Ich habe manchmal 25 Meetings in vier Tagen. Das erfordert natürlich Ausdauer, Disziplin und Willenskraft.

Die Verbindung zwischen Sinnstiftung und Freude ist nicht nur Spaß, sondern hat auch mit Pflichtgefühl zu tun. Ich bin nun in Deutschland, weil ich mit der Villa Viva Hamburg eine neue Aufgabe habe. Es macht Spaß, es ist großartig. Aber es gibt auch diesen Teil, bei dem man sich fragt, ob man verrückt ist. Aus Südafrika zurück nach Deutschland zu gehen – freiwillig? Der Pflichterfüllungsaspekt steht derzeit im Vordergrund. Es entsteht eine tiefe Zufriedenheit, wenn man aus innerer Überzeugung handelt und nicht aus hedonistischen Beweggründen heraus. Das ist also die Verbindung zwischen dem, was mir Freude bereitet, und dem, was die Situation erfordert. Persönlich bedeutet es mir sehr viel, Inspiration in die Welt zu bringen. Und es gibt noch viel zu tun.

— **Vielen Dank, Benny, und weiterhin viel Erfolg – ob in Hamburg oder an den für Euch wichtigen Orten auf der Welt.**

→ **Website:** vivaconagua.org

CATHLEEN BÖHME

> **So remember, look at the stars and not at your feet.**
>
> Stephen Hawking

CATHLEEN BÖHME

Mit Gegenwind volle Kraft voraus.

Wer sie ist.
Ärztin aus Überzeugung

Was sie hinter sich hat.
Alles auf eine Karte setzen

Was sie auszeichnet.
Überzeugungstäterin. Kampfgeist. Bescheidenheit.

Ihre Ausbildung war solide. Ihr Leben aus einer konservativ-klassischen Perspektive geradlinig und scheinbar komplett. Doch nur äußerlich.

Eine Mischung aus Unruhe, Neugierde, Willenskraft und Überzeugung führte sie zu einer gewagten Entscheidung. Sie setzte alles auf eine Karte.

Und so wurde aus der braven Bankerin und alleinerziehenden Mutter eine gestandene Hausärztin, die zwischen 39 und 52 nochmals die Lehrsäle der Universität ihr Zuhause nannte.

_ Wir möchten Dich kennenlernen und verstehen, welche Erfahrungen und Entscheidungen Dich zu der Person gemacht haben, die Du heute bist. Wir dürfen an dieser Stelle schon verraten, dass Du alles andere als einen gewöhnlichen Weg hinter Dir hast.

Starten wir chronologisch, da es aufeinander aufbaut. Ich bin im Osten Deutschlands geboren und habe 1989 Abitur gemacht. Im Anschluss habe ich in Jena begonnen, Sprachwissenschaften in Englisch und Russisch zu studieren. Nach zwei Semestern kam, Gott sei Dank, die Wende. Sie hat mich vor die erste zentrale Lebensentscheidung gestellt: Bleibe ich dabei, oder möchte ich einen anderen Weg gehen? Nachdem das sozialistische System zusammengebrochen war, habe ich entschieden, mich ins Rhein-Main-Gebiet zu bewegen. Es folgten eine Bankausbildung und ein BWL-Studium an der Bankakademie. In diesem Job als Bankerin bin ich lange geblieben. Zwischendurch bin ich Mama geworden, und das Leben floss irgendwie so dahin. Es war alles beständig.

_ Es klingt, als ob ‚beständig' nicht das Richtige für Dich war zu diesem Zeitpunkt?

Privat wartete eine Herausforderung auf mich. Ich fragte mich über längere Zeit, ob ich mein aktuelles Dasein mit dem Vater meiner Tochter weiterführen möchte. Damals war meine Tochter Sophia drei Jahre alt. So kam ich zu einer zweiten, zentralen Entscheidung – eine Entscheidung, die für eine junge Mutter vermutlich nie eine leichte ist: Ich merkte immer deutlicher, dass ich den Weg mit diesem Mann nicht weitergehen möchte und war in einer ersten Lebenskrise. Mit 30 habe ich entschieden, mich zu trennen, um mein Kind allein großzuziehen. Da ruckelte es stark. Wo soll es auf lange Sicht hingehen? Viele Fragen gingen mir durch den Kopf. Auf einmal war ich alleinerziehende Mutter und weiterhin in der Bank tätig. Dort traf ich kurz darauf meine nächste Liebe, die sieben Jahre halten sollte.

— Hattest Du in der Bank eine Vollzeitstelle?

Bis Sophia fast zehn Jahre alt war, habe ich Teilzeit gearbeitet, immer auf demselben Gebiet. Die zweite Trennung löste dann eine echte Sinnkrise bei mir aus. Es fühlte sich alles undefinierbar an. Wo geht der Weg hin? Ich wusste zu diesem Zeitpunkt, dass ich keine weiteren Kinder bekommen werde. Außerdem wollte ich damals mehr Zeit für mein Kind haben. Man fängt dann an, zu bilanzieren, was man möchte, wohin man möchte und was man dafür aufgeben muss. Die berühmte Waagschale. Etwas ändern zu wollen, heißt auch, etwas anderes loszulassen. Und so traf ich eine Entscheidung: Ich werfe in die Waagschale, was materiell möglich war. Das war das, was ich mir schon erarbeitet hatte, ein Haus und ein paar Rücklagen. Damit erkaufte ich mir im ersten Schritt zehn Jahre finanzielle Freiheit, ohne zu diesem Zeitpunkt zu wissen, dass es eine neue Ausbildung oder ein neues Studium sein wird. Diese finanzielle Freiheit hat mir im Kopf den Raum gegeben, den ich brauchte, um freier zu entscheiden.

— Mit anderen Worten: Du hast Dein gesamtes Vermögen kapitalisiert und Dir damit die Möglichkeit geschaffen, frei entscheiden zu können?

Genau. Ich habe gedacht, ich schichte das Sachkapital in Humankapital um und investiere in mich selbst.

_ Klingt mutig. Eine Entscheidung, die keineswegs selbstverständlich ist. Du warst scheinbar sicher in Deinem Entschluss.

Ich wusste, dass ich mir später nicht die Frage stellen möchte, warum ich es nicht wenigstens probiert habe. Es gehört zum Leben dazu, zu scheitern, zu stolpern, zu fallen und wieder aufzustehen. Die Entscheidung, einen neuen beruflichen Weg zu gehen, musste irgendwann getroffen werden. Ich war damals 39 Jahre alt und habe mich entschieden, etwas Naturwissenschaftliches zu auszuprobieren. Das hat mich interessiert. Mit dem Fokus darauf, dass ich alleinerziehend war und Geld verdienen musste, fiel dann letzten Endes die Entscheidung auf Humanmedizin.

_ Wie kam es zu dieser Wahl? Eine Naturwissenschaft nach einer Banklehre und einem BWL-Studium? Beruflich eine völlig neue Richtung.

Ich wollte nicht wieder in dieses Zahlenraster und in dieses Abstrakte eintauchen, sondern in etwas, das täglich anders ist und täglich neue Herausforderungen mit sich bringt. In der Medizin bietet sich nach einem erfolgreichen Abschluss ein breites Spektrum an beruflichen Möglichkeiten. Man kann nach dem Abschluss zum Beispiel in den medizinischen Journalismus oder in die Pharmaindustrie gehen. Dieser Abschluss würde mir einen weiteren Blumenstrauß im Leben bescheren – das war meine feste Überzeugung.

_ Wie fand die Überzeugung, Medizin zu studieren, ihren Weg in Dein Leben?

Das Interesse dafür ist immer mal wieder an der Oberfläche aufgetaucht. Es waren schon Momente, in denen ich ernsthaft darüber nachgedacht habe, aber den Schritt noch nicht gegangen bin. Ich hatte im Jahr 2004/2005 bereits einen Studienplatz in Mainz, den ich nicht angetreten habe. Vielleicht war ich noch nicht reif oder bereit oder zu sehr in der Beziehung eingebunden. Ich hatte den Rückhalt des damaligen Partners nicht und habe den Platz zurückgegeben.

_ Sophia, Deine Tochter, war zu diesem Zeitpunkt noch fünf Jahre jünger.

Genau. Dann habe ich mich Anfang 2009 beworben und im Wintersemester desselben Jahres angefangen, an der Uni Frankfurt zu studieren.

_ Wie waren die Zugangsvoraussetzungen für Dich?

Frankfurt hat die Möglichkeit, 60 Prozent über die Abiturnote anzurechnen und zusätzlich Jahre an Wartesemestern. Die anderen 40 Prozent werden je nach Neigung und/oder weiteren Kriterien vergeben. Ich hatte das Glück, dass die Kombination aus der Abiturnote von 1,2 plus Wartesemester bis zum 39. Lebensjahr in dem Moment gepasst hat. (Lacht)

_ Und da war es, das neue Leben.

Ja, dann begann ein neuer Abschnitt, was tatsächlich herausfordernd war. Es ging darum, wieder ins Lernen zu kommen, mir alles anzueignen, auswendig zu lernen. Mir fehlte das Abiturwissen, das die Kommilitonen mitbrachten und womit sie starten konnten. Ich hatte von Physik, Mathematik und Biologie keinen Plan mehr. Deswegen habe ich die ersten vier Semester auf sechs Semester gestreckt, weil der Wille vorhanden war, es zu schaffen.

_ Du bist gut, fair und verantwortungsbewusst mit Dir und Deiner Investition umgegangen, indem Du Dir zwei Semester mehr gegönnt hast, um die Ruhe zu haben, es erfolgreich durchzuziehen.

Im Nachhinein ja. Da war oft das Kopfschütteln am Schreibtisch, wo ich mich gefragt habe, was ich hier tue. Es ging weniger um die Menge an Lernstoff, die ich zu absolvieren hatte, sondern darum, dass ich wiederum weniger Zeit für Sophia hatte. Ich hatte mir das anders vorgestellt. Das heißt, die Zeit ging letzten Endes für das Studium und viel Nachtarbeit am Schreibtisch drauf. Ich hatte es einfach unterschätzt.

_ Mit Kind bzw. alleinerziehend ist es mutig, sich ‚zu kapitalisieren' und dann zu studieren. Ein hartes Stück Arbeit und viel Willenskraft.

Plus die Praktika, die noch abgeleistet werden mussten. Das war in den ersten Semestern tatsächlich manchmal hart an der Grenze.

_ Wie hast Du einen für Dich zufriedenstellenden Weg mit dem Kind gefunden?

Ich hatte, wie gesagt, nachts viel gelernt, um die Nachmittage für Sophia zu haben. Zusätzlich war sie jedes zweite Wochenende bei ihrem Papa. Das waren dann die Momente, in denen ich mich am Schreibtisch festgekettet und gelernt habe.

_ Wie hat Deine Umgebung reagiert – auf die abgesicherte Enddreißigerin mit Tochter, die sich für einen beruflichen Neustart entscheidet?

Es war alles dabei, von Mut machen über die Frage „Wie kannst Du nur?" bis hin zu wirklichem Unverständnis.
Diejenigen, die skeptisch bis abwertend waren und mir einen Selbstfindungstrip vorwarfen, waren durch mich mit den eigenen Ängsten konfrontiert. Einige hätten sich vermutlich sogar gefreut, wenn ich gescheitert wäre.

_ Warum glaubst Du das?

Weil man dann die eigenen Wünsche durch mich wie einen Spiegel vorgehalten bekommt. Das war zu spüren.

— **Du hast im Grunde genommen das gelebt, was andere sich nicht trauen. Was haben Deine Eltern gesagt?**

Sie meinten am Anfang: „Oh Gott. Wie kannst Du nur einen gesicherten Job in Zeiten der Bankenkrise aufgeben? Du bist alleinerziehend." Sie waren dagegen. Das war schwierig.

— **Du hast Deinen Weg aber gemeistert.**

Ja. Zwei Aspekte haben mir viel Motivation gegeben. Einerseits das Thema an sich. Es ist unglaublich interessant, wenn man nicht mit dem Fokus daran geht, lernen zu müssen.

» *Es macht wahnsinnig Spaß, sich etwas aus innerem Antrieb heraus anzueignen. Wissen und verstehen, warum es funktioniert.*

Andererseits die Tatsache, dass man in meinem Alter außerhalb jeglicher Konkurrenz steht. Ich hatte keinen Wettbewerb und keinen Konkurrenzdruck in diesem Semester. Ganz im Gegenteil, ich habe viel Unterstützung erfahren von Kommilitonen, die sich ebenfalls im Zweitstudium der Medizin gewidmet haben – für uns gab es keinen Druck, denn wir mussten uns nichts beweisen. Das gab es nicht – was wir taten, war reine Überzeugung.

— **Irgendwann warst Du allein in Deiner Altersgruppe?**

Ja, altersmäßig als Oma. (Lacht)

— **Du bist als ‚die Oma' unter den Studierenden Deinen Weg fokussiert weitergegangen und hast Dein Studium erfolgreich absolviert.**

Genau. Das Studium ging von 2009 bis 2016. Danach habe ich ein knappes Dreivierteljahr promoviert und die Dissertation geschrieben, um im Anschluss in der Klinik die Weiterbildung zur Allgemeinmedizinerin anzufangen. Ich habe letztes Jahr den Facharzt gemacht und bin jetzt in einer Hausarztpraxis.

— **Ist der Beruf heute genauso, wie Du ihn Dir vorgestellt hast? Hat es sich aus heutiger Sicht gelohnt, diesen Weg auf sich zu nehmen?**

Ja. Es ist unglaublich interessant. Man lernt viel kennen und wird sich bewusst, dass der Mensch nicht nur medizinisch ein facettenreiches Geschöpf ist. Es macht Spaß. Das Abwechslungsreiche ist das, was ich gesucht und gefunden habe. Helfen ist auch ein Thema für mich oder nennen wir es ‚begleiten können'. Das macht Spaß. Am Abend ist man angenehm erschöpft, weil man das Gefühl hat, vielleicht ein ganz klein bisschen was bewirken zu können.

— **Was bewegt Dich als Ärztin?**

Das Schöne an dem Job ist der bunte Blumenstrauß an menschlichen Geschichten, denen man sich annehmen und die man begleiten darf. Man weiß morgens häufig nicht, was auf einen wartet, das macht es lebendig und abwechslungsreich. Es ist das Gefühl, etwas Sinnstiftendes zu tun. Teil der ganzheitlichen Behandlung ist die emotionale Begleitung der Menschen. Das heißt, ihre Bedürfnisse zu erkennen und diesen richtig zu begegnen.

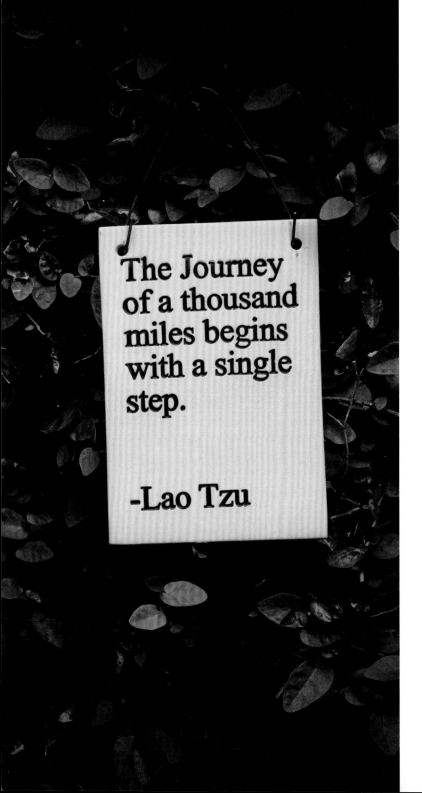

__ Gibt es im Nachhinein etwas und mit dem heutigen Wissen, das Du anders gemacht hättest? Oder würdest Du es noch mal genauso machen?

Ich würde es noch einmal genauso machen. Ich würde vielleicht ein bisschen eher anfangen, aber das ist spekulativ. Der Weg war es wert.

__ Und er war richtig für Dich. Ich finde, das ist die schönste Erkenntnis überhaupt.

Ja, es fühlt sich so an. Es hat mich tatsächlich vor einer dicken Depression bewahrt. Die Trennung von meinem zweiten Lebensgefährten und die Entscheidung, wo es hingeht, waren Teil einer Phase, die dunkel war. Es fühlte sich ein bisschen so an, als ob ich einen schwarzen Mantel hatte, der mich eingeengt und bedrückt hat. Allein die Tatsache, dass die Depression keine Zeit bei mir hatte, war wichtig für mich. Sie hat sich morgens auf die Schulter gesetzt und gesagt: „Komm und pflege mich." Ich hatte keine Zeit, weil ich 60 Seiten Anatomie vor mir hatte. Das war das beste Antidepressivum, das man sich vorstellen kann.

__ Du hast Dich auf Deine Aufgabe konzentriert. Was inspiriert Dich? Wo entstehen neue Ideen?

Mich inspiriert jeder Kollege, jede Kollegin oder jeder Mensch, dem ich begegne, der seinen Job gerne macht. Das ist etwas, was leider nicht allzu häufig ist, aber etwas, das ich als wichtig und erstrebenswert erachte. Wenn zum Beispiel die Floristin, bei der ich Blumen kaufe, nett ist und mich berät, freue ich mich. Es ist genau das, was ich gerne machen möchte. Ich möchte, dass meine Patienten die Sprechstunde verlassen und das Gefühl haben, dass es sie weitergebracht oder durch einen Moment geholfen hat, der allein schwieriger gewesen wäre.

— Was fasziniert und erschreckt Dich am meisten an den Menschen? Du bist täglich mit vielen Leuten zusammen, siehst ganz unterschiedliche Lebenswege.

Wie resilient sie sind. Resilienz bei Menschen, die schwerstkrank sind, mit ihrer Krankheit umgehen und trotzdem noch das Positive aus dem Leben ziehen. Dann gibt es die andere Seite: Banalitäten, bei denen wir gar nicht zum Arzt gehen würden, die aber gewisse Persönlichkeiten aus der Bahn werfen. In solchen Momenten frage ich, was dahinter steckt. Kinderschicksale sind schlimm und für mich besonders herausfordernd. Zum Beispiel Kinder, die wegen Knochentumoren auch schon Gliedmaßen amputiert bekommen. Wirklich tragisch. In diesem Moment sieht man nicht nur die Schmerzen des amputierten Stumpfs. Man schaut in die Augen eines 13-jährigen Patienten, dem ein Unterschenkel fehlt und fragt sich, was das für diesen Teenager bedeutet. Was macht das mit ihm im Aufbau einer Beziehung oder von Freundschaften? War er sportlich, wird ihm der Sport fehlen? Da geht es um viel mehr.

— Was es für den Aufbau seiner Persönlichkeit und Identität bedeutet?

Ja. Es geht nicht darum, die Fäden aus der Wunde zu ziehen, denn die Wunde, die schmerzt, ist eine seelische bzw. psychische. Das nehme ich teilweise mit nach Hause. Echte Schicksale.

— Aus Deiner heutigen Perspektive: Was machen Zufriedenheit und Glück aus?

Zufriedenheit ist nicht materieller Natur.

» *Zufriedenheit ist die Qualität der Beziehungen, die ich pflege.*

Das sind gute Freunde. Das ist die Kernfamilie, die Beziehung zu meiner Tochter und das Wissen, dass man gesund ist, um selbstständig bestehen zu können. Es gehört für mich zu den wichtigsten Sachen, morgens aufzuwachen und den Tag gut beginnen zu können. Das impliziert, dass alles gut ist, und ich nicht mit Katastrophen konfrontiert bin.

— Du siehst eine große Bandbreite an Schicksalen. Definiert sich Zufriedenheit da nicht fast automatisch anders? Erinnert es Dich daran, wie dankbar Du sein darfst? Trotzdem bist Du ein Mensch, und es ist jedes Mal auch für Dich eine Erinnerung.

Es gab ein tragisches Schicksal. Ich habe einmal eine junge Mutter begleitet, die ihre 19-jährige Tochter an Krebs verloren hat und ihr Kind beerdigen musste. Das hat mich tief berührt.

— Wie gehst Du als Ärztin und Mensch damit um? Man hört, dass Ärzte abgeklärter sind oder wirken. Sie ‚dürfen' die Sachen nicht an sich herankommen lassen. Wie Du es beschreibst, klingt es nicht einfach und vor allem nicht standardisierbar.

Da gibt es keinen professionellen Tipp, dass man sich abgrenzen muss, und es nicht an sich heranlassen darf. Ich habe einfach in den ersten Terminen mit ihr zusammen geweint. Wir haben gar nicht viel gesprochen. Ich habe keine Tipps gegeben, wie man das Leben bewältigt oder Ähnliches. Das war alles überflüssig, und das wäre auch nicht richtig gewesen. Ich habe sie gewähren lassen. Sie zu sehen, hat mich in dem Moment ergriffen.

_ **Sind es nicht häufig die schlimmsten Erlebnisse, die einen weiterbringen?**

Ja, da stimmt leider. Aber neben diesen gibt es die wirklich schönen Momente. Als ich in der Praxis meine Weiterbildung gemacht habe, durfte ich eine junge Frau kennenlernen. Sie war eine meiner ersten Patientinnen und hat die Diagnose Multiple Sklerose bekommen. Damals dachte ich bei mir: „Oh je." Jetzt habe ich sie in der Praxis wiedergetroffen.
Sie war schwanger und hat ihr erstes Baby bekommen. Mittlerweile habe ich auch ihren Vater und ihre Großmutter bei mir in der Betreuung. Es fühlt sich gut an, die komplette Familie begleiten zu dürfen und diese positiven Momente erleben zu dürfen. Das macht den Hausarzt aus.

_ **Man hat auch die familiären Sachen im Blick und kann den Menschen als Ganzes, das heißt seine Umgebung, mit einbeziehen?**

Da sind die Fragen zum Beispiel: „Wie geht's der Oma?" Also nicht nur, wie es der jungen Patientin geht, sondern wie es der Familie geht. Das finde ich schön. Hausbesuche sind das Spannendste. Den Patienten, den man sonst nur in der Praxis sieht, in seinem häuslichen Umfeld zu beobachten, ist aufschlussreich.

_ **Du hast es schon ein bisschen beschrieben im Zusammenhang mit Deinem Studium. Da hat die Außenwelt Dir unterschiedlichen Input gegeben, und Du musstest trotzdem zu einer Entscheidung kommen. Wann verriegelst Du Deine innere Tür vor der Außenwelt?**

Ich war vielleicht in früheren Zeiten nicht unbedingt sehr selbstbewusst, was Entscheidungen anbelangt. Ich habe oft nachfragen müssen, wie es die Außenwelt sieht. Ich war schwankend und auch unsicher.

» *Heute weiß ich, dass ich daran gewachsen bin, eigene Entscheidungen getroffen zu haben.*

Ich bin jetzt weniger beeinflussbar. Wann mache ich zu? Ich ziehe mich zurück, wenn es mir ungefragt zu persönlich wird oder wenn ungebetene Ratschläge erteilt werden. Mein Bauchgefühl sagt mir schnell,

ob mir etwas guttut oder nicht. Darauf höre ich in der Regel. Beispielsweise legte mir ein Kollege einmal ein wenig zu deutlich ans Herz, dass ich als Notärztin arbeiten sollte. Das ist aber nicht meins. Es hat mich innerlich verärgert.

_ **Hat es damit zu tun, dem Gegenüber zugewandt sein zu wollen? Die eigene Linie nicht deutlich genug zu zeigen?**

Ja, von allem etwas. Ich hätte es nicht schöner sagen können.

_ **Mit welchem Kurvenverlauf hast Du in Deinem Leben nicht gerechnet?**

Das Leben war, gerade wenn man im Osten aufgewachsen ist, sehr früh sehr fest betoniert: Schulausbildung, Abitur, Studium und Beruf. Was die Kurven betrifft, hatte ich mir vielleicht meine private Linie anders vorgestellt – geradliniger in dem Sinne, zum jetzigen Zeitpunkt verheiratet zu sein und vielleicht noch ein zweites Kind zu haben. Diesen Verlauf gab es nicht. Das Leben ist spannend und nicht vorhersehbar.

» *Ich finde eine Schlangenlinie viel interessanter als eine gerade Linie. Natürlich kommt man schneller von A nach B, aber die Schlangenlinie erlaubt mir, rechts und links zu schauen und mehr zu sehen. Der Weg ist das Ziel.*

Ich sehe die Kurve tatsächlich als ein ‚Sich-auf-den-Weg-machen' und den Blickwinkel im wahrsten Sinne des Wortes zu erweitern. Das sieht man nur, wenn man mit offenen Augen neugierig seine Umwelt wahrnimmt.

_ **Das ist der positive Aspekt. Ist nicht jedes Leben ein Kurvenverlauf? Mit viel Abstand und dem Blick zurück, wird einem deutlich, womit man nicht gerechnet hat. Es gibt eine Art Erwartungshaltung – manchmal wird sie erfüllt oder auch nicht.**

Als ich Mitte 20 war, hätte ich mich tatsächlich eher als Mutter einer Großfamilie gesehen. Ich dachte, 20 Jahre später habe ich vier Kinder, vier Hunde, koche und backe den ganzen Tag und fühle mich großartig. Das war meine Vorstellung. Dann kam es anders.

_ **Jetzt kümmerst Du Dich um eine Großfamilie, nur in einem anderen Kontext. Würdest du sagen, dass dieses Bild der Mutter auch ein Frauenbild ist, das man Dir mitgegeben hat? Oder ist dieser Wunsch, sich zu kümmern, für andere da zu sein, und dieses – speziell der Frau in die Wiege gelegte – Muttersein zu dürfen, etwas Intrinsisches?**

Ich glaube, aus damaliger Sicht ist das eine Kombination aus ganz vielen Einzelfaktoren. Vielleicht war ich ein bisschen gelangweilt im Job und habe nach neuen Herausforderungen gesucht. Ich hatte das erste Kind bekommen und es als wunderbar empfunden. Ich habe mich als junge Mutter wohlgefühlt und mich eher in dieser Richtung gesehen. Dann ist, wie gesagt, diese Ehe zerbrochen, und dieser Wunsch hat sich aufgelöst. Ich hätte ich es mir aus verschiedenen Gründen nicht mehr vorstellen können.

_ Rückblickend: Gab es eine Zeit, in der Du Dich nicht genug wahrgenommen hast?

Ja. Ich bin, wie schon erwähnt, mit 17 Jahren mit meinem ersten Mann zusammengekommen und da war sein Lebensweg als Mediziner und Orthopäde schon klar definiert. Auch äußerlich war immer viel auf die Bedürfnisse dieses Mannes ausgerichtet. Das hieß dann in einer Ehe mit Kind, als Mutter und Frau zurückzutreten und dem Mann den Weg zu bereiten. Ich habe dieses klassische Bild mitgetragen, weil ich es so aus meiner Familie kannte. Es wurde mir immer suggeriert, und ich habe es zugelassen.

_ Was rätst Du jungen Frauen aus Deiner heutigen Perspektive?

Sei mutig, gehe ins Leben, bleibe selbstständig und wähle einen Beruf, den Du im Zweifel 40 Jahre mit Erfüllung ausüben kannst. Wenn dem nicht so ist, wähle neu und verändere Dich.

_ Mutig nach vorne schauen. Mit einer positiven Einstellung.

Ja. Egal, was das Familienkonzept meiner Tochter später sein wird, sie muss ein Fundament haben, das ihr erlaubt, selbstständig und allein laufen zu können. Junge Frauen brauchen eine gute Ausbildung. Das muss nicht immer ein Studium sein. Sie brauchen auch von Frauen Wertschätzung und die Bestätigung, dass man es schaffen kann. Sie sollten sich untereinander stärken und füreinander da sein.

_ Glaubst Du, unsere Gesellschaft tut hier noch zu wenig?

Es verändert sich etwas. Du hast einen Sohn fast im gleichen Alter. Ich weiß nicht, ob es für unsere Kinder schon gelebte Normalität sein wird, dass Männer und Frauen die gleichen Rechte und Pflichten haben. Die MeToo-Bewegung hat vieles neu ins Bewusstsein gerückt, und das ist ein erster, wichtiger Schritt.

_ Wenn Du auf die jüngere Generation schaust, was läuft aus der gesellschaftlichen Perspektive gut und was sollte gestärkt werden?

Viele junge Menschen achten mehr auf sich – teilweise mit einer leicht übertriebenen Haltung. Man darf jungen Leuten Dinge zumuten. Es darf hier und da ein bisschen Wind wehen, dem man standhalten kann. Da habe ich oft das Gefühl, dass schnell ein Rückzug stattfindet und man versucht, sich kleinsten Widerständen zu entziehen. Das ist schade, denn es schwächt sie als Person und damit die Gesellschaft. Es ist wichtig, sich auch mal durchboxen zu müssen.

_ Stichwort „Helikopter-Eltern"?

Ja. Immer wieder zu suggerieren: „Du musst das nicht, du brauchst das nicht." Kinder müssen lernen, Hindernisse selbst zu überwinden. Ein Kind darf fallen und wieder aufstehen.

_ Wenn Du Dir einen anderen Platz für Dich vorstellen könntest, was wäre das neben der Medizin gewesen?

Landwirtschaft. Das ist ehrlich. Es sind gute Lebensmittel, die uns am Leben erhalten, und es ist eine Arbeit, die am Tagesende befriedigt. Es ist heute leider nichts, was einem Reichtum und Anerkennung bringt. Aber ich bin überzeugt, dass ehrliche Arbeit etwas Positives in uns bewegt.

— **Welches sind Deine Stärken? Welche Eigenschaften haben Dir erlaubt, diesen Weg zu gehen?**

Durchhaltevermögen, Resilienz und das Wissen, dass es Eintrittskarten gibt, um den nächsten Schritt zu gehen bzw. die einen dann von Stufe zu Stufe tragen. Sich das Leben in Teilschritten zu portionieren, damit die Last nicht zu groß wird. Vielleicht ist das der Trick gewesen.

— **Gibt es etwas, woran Du immer weiter arbeitest? Etwas, von dem Du sagst, da hören Lernen und Arbeiten nie auf?**

Mein großes Interesse liegt in der Psychosomatik. Menschen bestehen aus der Seele und dem Körper. Beides gehört unwiderruflich zusammen. In der Schulmedizin liegt der Fokus auf körperlichen Symptomen. Da fehlt mir etwas. Mich interessiert immer die Frage nach dem Auslöser. Mein Wunsch ist es, den Psychotherapeuten noch abzuschließen.

— **Du hast noch immer nicht genug?**

Nein.

— **Es ist schön, zu hören, dass das Durchhaltevermögen anhält. Was wünschst Du Dir für die nächsten 50 Jahre?**

Ich wünsche mir anhaltende, gute, stabile Beziehungen zu meinen Freunden und ein gesundes Verhältnis zu meiner Tochter sowie zu ihrer eventuell kommenden Familie. Ich träume davon, eines Tages Oma zu werden und wieder einen eigenen Hund zu haben. Derzeit lebe ich mit einem sehr guten Kompromiss, einem „Dog-Sharing-Modell" mit meiner Tochter. Weiterhin wünsche ich mir einen Begleiter in meinem Leben, der mich nimmt, wie ich bin, ohne

mich einzuengen, und den ich begleiten kann, ohne ihn einzuengen. Da bin ich noch auf der Suche und auf dem Weg.

_ Ich glaube, nachdem dieses Interview veröffentlicht worden ist, wirst du sehr viele Briefe bekommen. (Lacht)

Ich glaube, wenn ich mich vor 20 Jahren jetzt hier am Tisch sitzend gesehen hätte, hätte ich es mir selbst nicht zugetraut. Vermutlich hätte ich nicht gedacht, dass ich einmal hier sitzen und dieses Interview mit Dir führen würde. Ich wurde als Kind nicht dazu angehalten, selbstbewusst zu sein. Ganz im Gegenteil. Man sollte still und leise sein, bloß nicht auffallen. Dabei sollte man gleichzeitig gut bis sehr gut sein, aber niemandem zur Last liegen. Es war diese Gratwanderung zwischen ‚etwas machen zu müssen und gut sein', sich aber nicht darüber freuen zu dürfen.

_ ‚Gut sein' als Selbstverständlichkeit?

Ja. Es wurde vorausgesetzt und war keine besondere Leistung.

_ Das ist eine schwierige Aufgabe, aber gleichzeitig vielleicht gerade das, was Dich stark gemacht hat. Was ist noch wichtig?

Demut ist ein wichtiges Thema. Es lässt mich schon demütig werden, zu wissen, dass nicht alles immer glatt läuft, aber in diesem speziellen Fall hat es funktioniert. Es ist im Endergebnis ein Erfolg, doch diesem ging eine Schlangenlinie mit viel Auf und Ab voraus, mit Zweifeln und Tränen – aber auch mit viel Freude. Heute schaue ich darauf zurück und sehe, was ich in vielen kleinen Abschnitten und Teilschritten geleistet habe.

_ Wie würdest Du Deinen heutigen Geisteszustand bezeichnen?

Achtsam. Achtsamkeit mit sich selbst, mit der Umwelt, Rücksichtnahme und Liebe im Umgang zu sich selbst und mit anderen.

_ Das ist ein sehr schöner Abschluss. Vielen herzlichen Dank für das Interview und Deine Offenheit.

Vielen Dank für das Interview. Es freut mich, dabei sein zu dürfen.

JAN SCHIERHORN

> **"Your sacred space is where you can find yourself over and over again."**
>
> Joseph Campbell

JAN SCHIERHORN

Selbsthilfe zur Fremdhilfe.

Wer er ist.
Der unternehmerische Ehrenmann

Was er tut.
Entwickelt innovative Geschäftsideen
mit gesellschaftlichem Mehrwert

Was ihn auszeichnet.
Neugierde. Lernfähigkeit. Zielstrebigkeit.

MUTMACHER > JAN SCHIERHORN

Aufgewachsen in kleinbürgerlichem Umfeld und ausgebildet in einem humanistischen Gymnasium, wählt er einen pragmatischen Weg ins Berufsleben.

Learning by doing führt zur Gründung einer Agentur, die bis heute zu den Besten auf ihrem Gebiet zählt. Statt sich auszuruhen, wird der positive Querdenker Seriengründer von anerkannten und gemeinnützigen Organisationen.

Er ist der Begründer einer bestechenden Geschäftsidee, welche er in einer gemeinnützigen Gesellschaft in Hamburg zum Leben erweckte, die einen ebenso bestechenden Namen trägt: Das Geld hängt an den Bäumen. Ein Ende ist nicht in Sicht, wenn es um seinen Ideenreichtum und seine Projekte geht.

_ Wir möchten gerne erfahren, was Dich geprägt hat. Wo bist Du im Leben abgebogen, und wo hast Du Chancen ergriffen?

Rein emotional müsste ich mit der Geburt meiner Kinder starten, aber ich springe zunächst einmal auf Tag 1 meines Lebens. Ich wurde am 13. April, einem sonnigen Sonntag, im Marienkrankenhaus in Hamburg als zweites Kind geboren und komme aus einer Arbeiterfamilie. Meine Mutter war kaufmännische Angestellte. Mein Vater hatte damals zwei Jobs: Er war im Vertrieb einer Polsterei tätig, einem Familienbetrieb. Zusätzlich verdiente er ein Zubrot über seine Leidenschaft, das Taxifahren. Über diese Einnahmequelle wurden Urlaube und Extras finanziert. Aufgewachsen bin ich in der Flemingstraße, ein echter Ur-Hamburger. Doch nach der Trennung meiner Eltern und ihrer Scheidung änderte sich alles. Meine Mutter blieb vorerst in der Wohnung, bis wir uns diese nicht mehr leisten konnten. Unsere Reise führte uns schließlich nach Rellingen in Schleswig-Holstein, wo meine Mutter einen neuen Partner fand. Trotz der turbulenten Umstände wünschten sich mein Vater und meine Mutter für mich eine solide Ausbildung. Für meinen Vater bedeutete eine ‚strenge' Schulbildung den Besuch eines humanistischen Gymnasiums, und so wurde das Johanneum in Hamburg meine Herausforderung. Jeden Morgen fuhr meine Mutter meine ältere Schwester Petra und mich im knall-orangenen Käfer den weiten Weg von Rellingen nach Hamburg, bevor ich mittags als Schlüsselkind den Rückweg alleine oder zusammen mit meiner Schwester antrat. Finanziell ging es nach der zweiten Trennung meiner Mutter bergab, und wir mussten uns in einer kleinen Zweieinhalb-Zimmer-Wohnung in der Stadt zusammenraufen, um über die Runden zu kommen. Doch während ich mich im Jogginganzug in der Kälte unserer Kohleofen-Wohnung schlafen legte, konfrontierte mich das Johanneum mit einem gänzlich anderen Lebensstil.

Mein Klassenlehrer zitierte meinen Vater zu sich, weil er der Überzeugung war, ich gehöre nicht auf eine Elite-Schule. Die Welt von Wohlstand und Privilegien waren neben Latein und Alt-Griechisch im wahrsten Sinne eine harte Schule. Ich schämte mich, meine Mitschüler nach Hause einzuladen. Ich war lieber bei den anderen.

— **Ein heftiger Konflikt für einen jungen Menschen.**

Im Nachhinein bin ich dankbar dafür, frühzeitig beide Seiten des Lebens kennengelernt zu haben. Zumal ich aus heutiger Sicht sicher bin, dass die tiefe und herzliche Verbindung zu meiner Mutter und Schwester genau in dieser Phase entstanden ist. Extreme Situationen schweißen zusammen oder trennen. Uns haben sie verbunden. Damals empfand ich unsere Wohnsituation als belastend, sogar peinlich und beängstigend; ich hatte nicht einmal ein eigenes Zimmer. Aus heutiger Sicht ist diese Erfahrung ein Geschenk. Vieles im Leben erscheint erst in der Retrospektive wertvoll. Damals verbrachte ich viel Zeit mit Freunden. Obwohl ich am Johanneum beliebt war, blieben meine schulischen Leistungen eher durchschnittlich. Meine Priorität lag auf dem sozialen Miteinander, um möglichst wenig Zeit zu Hause zu verbringen. Ein bedeutender Wendepunkt war ein Tag, an dem ich vor einer Halle mit beschlagenen Fensterscheiben stand, und Leute drinnen Basketball spielen sah. Ohne zu zögern, trat ich ein. Mut war es nicht – es zog mich förmlich hinein. Ich hatte nichts zu verlieren und fragte: „Kann ich hier mitspielen?"

— **Es hatte im ersten Moment nichts damit zu tun, dass dort Basketball gespielt wurde. Es ging darum, drinnen mit anderen Menschen Sport zu treiben.**

Es hätte in der Tat eine völlig andere Sportart sein können, denn mir fiel nahezu jede Sportart zu. Was zählte, war die Wärme drinnen im Vergleich zur Kälte draußen. Als ich die Schuhe und Socken auszog und den Ball in die Hand nahm, gab es keine soziale Barriere. Ich fing direkt an. Es bereitete mir unbeschreiblichen Spaß und so ging ich regelmäßig dorthin. Das Johanneum hatte auch einen Basketballklub, den BCJ (Basketball Club Johanneum).

Obwohl er nichts mit der Schule zu tun hatte, trug er ihren Namen. Also meldete ich mich dort an, da das finanziell machbar war. Von da an verbrachte ich ganze Tage in der Halle und nahm an jedem Training teil. Anfangs spielte ich in einer, später in zwei, manchmal sogar in drei Mannschaften. Ich entwickelte mich so ausgezeichnet, dass ich als junger Bursche bei den ersten Herren mitmischte, bis in die 2. Bundesliga hinein, wenn auch nur für ein oder zwei Spieltage. Und ehrlich gesagt, waren das nicht meine besten. Parallel dazu begann ich mit zwei Schulfreunden, eine Schülerzeitung herauszugeben. Wir saßen oft nachts vor einem der ersten Apple-Macs und brainstormten Ideen. Wir nannten sie ‚Zarathustra', ein Name, der perfekt zu einem humanistischen Gymnasium passte. Gelegentlich verfasste ich Gedichte, aber hauptsächlich erdachten wir uns wilde Geschichten und Fotostorys.

_ Du konntest Dich richtig entfalten.

Damals konnte ich schon genauso gut reden wie heute. Ich bin losgezogen und habe versucht, ein paar Mark für Werbung einzusammeln. Ich sprach Leute spontan und unbefangen an: „Habt Ihr Lust, uns ein wenig finanziell zu unterstützen?" Erstaunlicherweise funktionierte es. Wir verdienten damals das erste, eigene Geld. Ich stellte sogar ordnungsgemäß Quittungen mit Mehrwertsteuer aus, obwohl mir zu diesem Zeitpunkt nicht einmal bewusst war, was das überhaupt bedeutet. So begann mein zartes Berufsleben als Kind mit unbewusster Steuerhinterziehung. Mittlerweile weiß ich nur zu gut, was Steuern und Abgaben bedeuten. (Lacht)

_ Hat es Dich fasziniert, Geld einzunehmen?

Es hat mich fasziniert, ein Teil von etwas Größerem zu sein. Das war mein Antrieb. Die Tatsache, dass mein Talent dazu diente, unsere Schülerzeitung zu finanzieren und Geld einzusammeln, begeisterte mich. In meinem Elternhaus wurde dieses Engagement eher ungläubig, aber grundsätzlich wohlwollend beobachtet. Ich habe die Karteikarte tatsächlich aufbewahrt, auf der ich die ersten Einnahmen fein säuberlich aufgereiht habe. Meiner Mutter sagte ich damals, dass ich irgendwann viel Geld verdienen würde. In meinem privaten Umfeld stieß das eher auf Skepsis. Sie fanden es überwiegend seltsam. Ich hatte zwar eine Vorstellung davon, dass ich später Geld verdienen wollte, um mich selbst zu versorgen und unabhängig zu sein, aber ich hatte keine ‚Bling-Bling-Fantasien'. In meinen Träumen tauchten keine Zigarren oder schwarzen American-Express-Kreditkarten auf – bis heute übrigens nicht. Ich kenne meine Wurzeln. Und vor allem bin ich mir bewusst, wie sinnentleert sich vermeintlicher Wohlstand anfühlen kann.

_ Wie hat sich Dein Leben nach diesen prägenden Kindheitserfahrungen entwickelt? Wie ging es weiter?

Es war eine vielseitige Mischung, die perfekt zum Thema Basketball passte und in vielerlei Hinsicht mein Leben bereicherte. Für die Spiele erstellten wir ein Heft namens Game Day, das zum jeweiligen Spieltag erschien. In diesem Magazin schrieb ich weniger, verkaufte Anzeigen und half bei der Gestaltung. So hat der Verein zusätzlich Geld eingenommen. Wir sprechen jetzt zeitlich langsam von der Oberstufe, dem letzten Schuljahr am Johanneum. Ich habe es geschafft, das Abitur abzuschließen, obwohl ich mich seit jeher mit Prüfungsängsten herumgeschlagen habe. Mein Notendurchschnitt lag etwa bei 2,7. Ich erinnere mich nicht mehr genau. Doch ich gebe zu, dass

mir ein Teil der Abituraufgaben damals zugespielt wurden. Das hat sicherlich geholfen, dieses Ziel zu erreichen, wenngleich der Preis erheblich war, den ich dafür bezahlt habe.

▁ Raus der Schule, rein ins nächste Abenteuer.

Nach der Ära der Schülerzeitung und des Game Day begannen meine Mitstreiter und ich, über die nächsten Schritte nachzudenken. So gründeten wir in Winterhude eine Werbegemeinschaft in der Dorotheenstraße. Unser Ansatz war simpel: Von einem Geschäft zum anderen zu gehen und fragen, ob Interesse besteht, Werbung auf einem Flugblatt zu schalten. Das Flugblatt entstand – recht dilettantisch – auf einem Blatt Papier in Form einer Zeichnung und wurde in einer Auflage von zehntausend Stück gedruckt. Leider hatten wir vergessen, dass die Verteilung dazugehörte. Eines Tages stand ich in einem Laden in Eppendorf vor dem Gründer der Silver Eagles, einem der ersten Football-Teams in Deutschland, und versuchte, ihm eine Anzeige für Game Day zu verkaufen. Er fand die Preise zu hoch und schickte mich weg. Doch ich ließ mich nicht entmutigen. Weil ich in meinem Leben bis dahin Resilienz und Flexibilität üben konnte, kehrte ich zurück. Sein Laden bot amerikanische Kleidung und Accessoires an, also schlug ich vor, ein Gewinnspiel zu veranstalten und ihn dabei redaktionell zu erwähnen. Das lief großartig, auch wenn viele meiner Freunde die Preise gewannen. Als er von mir erfuhr, dass ich ihnen die Gewinne zugestanden hatte, beeindruckte ihn die Ehrlichkeit, mit der ich das ihm gegenüber kommunizierte. Er sagte: „So jemanden wie Dich brauche ich, aber nur, wenn wir in Zukunft sauber und seriös zusammenarbeiten." Es folgten Jahre voller Herausforderungen, in denen ich vom Aufhängen von Bannern im Viktoria-Stadion bis hin zum Backen und Verteilen von Kuchen an Sponsoren im Kuchenblock alles Mögliche tat. Obwohl ich selbst nie American Football spielte, faszinierte mich die Idee, ein Football-Team als Marke aufzubauen und mit den Fans zusammenzuarbeiten.

Von da an baute ich mein verkäuferisches Talent aus. Das kommt mir bis heute zugute. Über Nacht hatte ich Kontakt mit Vertretern von Unternehmen wie American Airlines, Birkel-Nudeln oder Beiersdorf und verkaufte ihnen die Vorteile des American Football.

_ Ein aufregendes Thema, eine faszinierende Zielgruppe.

Ja und nein. Es ist eine Randsportart mit entsprechenden Herausforderungen. Doch das passte zu meinem Lebensweg und dem Streben, Sperriges und Unbekanntes in etwas zu verwandeln, das Wachstumspotenziale hat. Es gab immer wieder Momente der Verbundenheit. Das waren die ersten Schritte im Sportsponsoring und Sportmarketing. Zunächst haben wir die Silver Eagles vermarktet, um dann die Football-Europameisterschaft auszurichten. Wir arbeiteten sogar mit der NFL zusammen. Irgendwann entschieden wir uns, ein neues Team zu gründen, die Blue Devils, zu deren Gründungsmitgliedern ich gehöre. Heute sind es die Sea Devils. Es war eine Zeit des Handelns, des unmittelbaren Anpackens. Wir überlegten uns den Namen, und spielten mit dem Gedanken, sie Hamburg Lobsters zu nennen – bis wir realisierten, dass bei einer Niederlage Schlagzeilen wie „Lobsters wieder abgekocht" drohten.

» *Teil dieser Vielfalt und der Entstehung von etwas Neuem zu sein, ist eines der größten Geschenke.*

Deshalb liebe ich es weiterhin, Firmen zu gründen und Ideen zum Leben zu erwecken. Die Anfangsphase hat einen Zauber. Neues auf unbekanntem Terrain zu erschaffen ist Magie – das ist das perfekte Wort dafür.

_ Hermann Hesse mit seinem Gedicht „Stufen" lässt grüßen – jedem Anfang wohnt ein Zauber inne. Dort hast Du entdeckt, wie geschickt Du bist, Dinge zu gestalten, und wie sehr Du es genießt, zu verkaufen oder Initiativen für Marken zu ergreifen?

Ich war viel mit Markenartiklern im Kontakt und verstand, dass man beim American Football durch Entertainment tatsächlich etwas Geld verdienen kann. Anfänglich war es ein investitionslastiges Thema, nicht nur, was die persönliche Arbeitszeit, sondern auch das private Vermögen angeht. Viel Geld zu verdienen war nicht möglich, aber das Potenzial war spürbar.

_ Du warst aber nicht allein unterwegs.

Wir waren ein Trio: Gernert, Baudek & Schierhorn. Axel Gernert trieb das Thema Football voran und war eine wichtige Figur in der frühen Phase des deutschen Footballs. Doch er war eine Art Mentor für mich. Dann kam der Moment, als Frank Baudek und ich spürten, dass es Zeit war, etwas Neues zu wagen. Tag und Nacht tauschten wir Ideen aus, entwickelten sie und setzten sie ohne große Umwege um. Wir probierten uns außerhalb der Grenzen des Footballs aus. Unsere ersten Partner waren Smileys und Schweppes mit einem neuen Produkt, das als Probe verteilt werden sollte, um Bekanntheit und Verkauf anzukurbeln. Deshalb schlugen wir Folgendes vor: „Was haltet Ihr davon, uns Muster zu geben, die wir bei einem Partner der Blue Devils kostenlos verteilen? Man bestellt eine Pizza und erhält eine Dose dazu. Salziges Essen und ein süßes Getränk passen gut zusammen." Sie waren begeistert.
Es lief ausgezeichnet. Über Nacht schufen wir in Deutschland ein neues Konzept für Promotions mit Proben, das es zuvor in dieser Form nicht gab. Was früher ‚Sampling in nicht-kommerziellen Situationen' hieß, wird heute ‚Touchpoint-Sampling' genannt und bildet eine eigene Marketing-Kategorie. Kurz darauf haben Frank und ich die Firma alleine weitergeführt. Wir wurden zügig Marktführer und sind es seit nunmehr 30 Jahren. Unter dem Namen Baudek & Schierhorn, mittlerweile als Firmenfamilie, arbeiten wir für alle internationalen Bluechips in den DACH-Märkten.

_ Ich habe einmal eine Zahl von 300.000 Touchpoints gehört.

Es sind sogar rund 400.000. Wir sprechen von Modeboutiquen, Tanzschulen, Lieferdiensten, Fitnessstudios und vielen anderen. Faszinierend daran ist der Ursprung der Idee – sie entspringt zum großen Teil meiner eigenen Herkunft. Die Essenz liegt darin, dass die Menschen das Produkt selbst testen. Ein ethisch einwandfreier Ansatz, denn es besteht keine Manipulation durch Marketing. Ich könnte es anwenden, aber es entspricht nicht meiner Haltung. Mich begeisterte, dass wir Markenprodukte an Orten verteilt haben, für die sie gedacht waren, das heißt, wo sie perfekt passen. Das Produkt wird selbsterklärend, ohne dass Kunden es kaufen. Genauer: Sie können es dort meist gar nicht kaufen. Traditionell kennen wir Promoter-Personal im Supermarkt, das uns eine Kostprobe anbietet, in der Hoffnung, dass wir es danach kaufen. Oder wir fühlen uns verpflichtet, es zu kaufen, weil wir uns unwohl fühlen – das ist der manipulative Teil. Genau das machen wir nicht.
Stell Dir vor, Du bist im Fitnessstudio, der Schweiß rinnt, und dann stehst Du nackt unter der Dusche. Da macht es Sinn, beim Einchecken ins Studio ein Duschgel zu überreichen. Selbiges gilt für Frauen im Damenoberbekleidungsgeschäft ihres Vertrauens. Sie sind in diesem Moment offen für die Botschaft, dass mit Coral Black die schwarzen Jeans tausendmal länger halten.

Das Produkt muss so überzeugend sein, dass man es beim nächsten Mal automatisch im Handel kauft. Dieses Prinzip hat mich begeistert — und die Markenartikler waren ebenfalls begeistert.
Das führte dazu, dass wir schnell sehr viel Arbeit hatten, oft bis spät in die Nacht. Manchmal arbeiteten wir die ganze Nacht durch, weil die Arbeit uns unerwartet in ein hochspannendes Umfeld führte.

» *Mein Partner Frank und ich hatten unterschiedliche Ansätze, doch die Zusammenarbeit zählte. Nachdem wir die Egos überwunden und hart an uns wie auch unserer Idee gearbeitet hatten, entstand etwas Gemeinsames.*

Diese Dynamik kannte ich aus meiner Vergangenheit. Eventuell entspringt sie sogar meiner Erfahrung als Scheidungskind und dem Wunsch, Welten, die nicht zusammenpassen, miteinander zu verbinden und zu sehen, dass es gemeinsam gut funktioniert und sinnvoll ist.
Unsere Agentur lief großartig. Doch ich merkte, dass ich durch unseren Erfolg mit ganz anderen Hierarchieebenen bei den Markenartiklern sprach. Mir fehlten das Vokabular und die Sicherheit, mit diesen Leuten zu sprechen. Ich war meist mit großem Abstand der Jüngste im Raum. Da wurde mir klar, dass ich meine Kenntnisse erweitern musste. Ich brauchte ein Fundament. Also meldete ich mich an der Kommunikationsakademie in Hamburg an. Zu der Zeit unterrichteten dort keine Theoretiker, sondern Praktiker. Menschen, die eigene Firmen hatten und ihr Wissen aus persönlichen Erfahrungen, weniger aus Büchern bezogen. Das fand ich glaubwürdig. Das war eine fantastische Erfahrung. Und weil ich in meinem Lernen und dem Lehrstoff einen Sinn sah, schloss ich sogar mit einem passablen Ergebnis ab.

_ Tagsüber hast Du gearbeitet und abends die Schule besucht.

In diesem Alter war es aufregend: tagsüber arbeiten, abends zur Schule und nachts feiern. Heute würde ich nach dem zweiten Tag am Stock gehen, aber damals — im wahrsten Sinne des Wortes — war es eine berauschende Zeit. Alles ging vorwärts, die Motoren liefen auf Hochtouren. Doch nach etwa vier Jahren merkte ich plötzlich, dass ich alles beherrschte, worum es in meiner Agentur ging.

_ Damals warst Du rund 25 Jahre alt.

Es war eine Zeit des Aufstiegs und der Erfolge, doch für mich waren Macht und Reichtum nie das primäre Ziel. Mein Fokus lag immer auf dem Geschäft selbst, auf dem Modell, das wir aufgebaut hatten. Es war rund und perfekt, dass wir kaum etwas ändern mussten. Trotz des ständigen Ein- und Ausstiegs vieler Mitbewerber blieben wir standhaft, denn sie hatten nicht verstanden, wie es funktioniert. Irgendwann begann ich zu spüren, dass mich die Routine langweilt. Mein Studium war erfolgreich abgeschlossen, und ich hatte jede Gelegenheit zum Feiern genutzt, um neue Kontakte zu knüpfen und mich inspirieren zu lassen. Es folgte eine eher unbewusste und wenig reflektierte Entscheidung, die einen Wendepunkt markierte — der ‚Exit' laut unserem Gesellschaftervertrag. Mein Partner und ich hatten vereinbart, dass nach fünf Jahren ein Exit möglich sein sollte. Ich spürte den Drang, etwas Neues zu tun, und so war der Ausstieg die beste Entscheidung, die ich damals treffen konnte. Doch ich wollte nicht vollständig loslassen. Ich hielt die Hälfte der Gesellschaft und blieb als Gesellschafter involviert. Eine Entscheidung, die sich im Nachhinein als exzellent herausstellte. Während meine Schwester meine Nachfolge antrat und im Laufe der Zeit zur Geschäftsführerin aufstieg, blieb ich im Hintergrund präsent. Obwohl mein Partner mittlerweile ausgewandert war, hielt ich weiterhin die Fäden in der Hand. Heute bin ich wieder Geschäftsführer der Muttergesellschaft. Damals brachte Baudek & Schierhorn mir nicht nur finanziellen Komfort, sondern darüber hinaus die Möglichkeit, mich in neuen Bereichen auszuprobieren. Ich hatte einen anderen Gehaltsanspruch als zuvor, denn ich hatte bereits ein solides finanzielles Fundament geschaffen. Meine Zeit bei Baudek & Schierhorn war nicht nur ein Erfolg, sondern auch eine Quelle der Ideen und Motivation sowie der persönlichen Weiterentwicklung. Und während ich meinen nächsten Karriereschritt gehe, weiß ich, dass mein Schornstein noch immer raucht – ein Zeichen für die Beständigkeit und Stärke, die ich mir aufgebaut habe. Frank Baudek bin ich zutiefst dankbar, dass wir bis heute über unsere Agentur und privat verbunden sind. Ohne ihn sähe mein aktuelles Leben sicher etwas anders aus.

_ Die ideale Ausgangsbasis: eine bezahlte Zeit, um Dich neu zu orientieren.

Ich habe vieles ausprobiert. Die Projekte waren aufregend und herausfordernd gleichzeitig. In der Dotcom-Phase beteiligte ich mich an einer Eventagentur, die Freunde gegründet hatten. Wir organisierten wilde Feiern für große Marken, wie Joop und René Lezard, kuratierten Ausstellungen, die Aufmerksamkeit erregten und Preise gewannen. Es war eine kreative Zeit, in der wir Websites gestalteten und spektakuläre Feste inszenierten.

In diesem Umfeld entdeckte ich meine Leidenschaft für Events. Im Gegensatz zu den eher praktischen Aufgaben beim American Football, war hier alles auf Design und Ästhetik ausgerichtet. Von der Einladung über die Dekoration oder das Licht bis zum Dresscode der Servicemitarbeiter war jeder Aspekt durchdacht und gestaltet.

» *In dieser kreativen Umgebung im Team lernte ich enorm viel und erkannte, dass ich Generalist bin. Es war eine wertvolle Erfahrung, mich auf jedem Parkett bewegen zu können – beruflich und sozial.*

Die Agentur erwies sich als schmerzhafte Lektion. Anfangs beteiligte ich mich in freundschaftlicher Absicht. Trotz meiner gerade einmal Ende 20 wurde ich als der ‚Senior' gehandelt. Doch bald geriet alles ins Wanken: Aufträge blieben aus oder wurden fehlerhaft erledigt, und unverhofft steuerte der Laden auf einen finanziellen Abgrund zu. In solchen Notlagen zeigt sich die wahre Natur unserer eigenen Persönlichkeit, und ebenso die der Mitstreiter. Wir waren ambitioniert, jung und vor allem unerfahren. Aus dem Leuchten in den Augen wurden immer häufiger Tränen. Meine erste berufliche Krise. Eine Erfahrung, die mir neu war. Ich lernte, wie ein Konflikt im Arbeitsumfeld nicht nur die Arbeit, sondern auch langjährige Freundschaften auseinanderreißt. Während Auseinandersetzungen in distanzierteren Arbeitsbeziehungen manchmal verbindend sein können, enden sie in einer gemeinsamen Firma mit engen Beziehungen mitunter katastrophal. Schlussendlich haben wir uns voneinander entfernt und sind getrennte Wege gegangen.

_ Obwohl Du gerne Geschäfte mit Freunden machst.

Es war eine aufregende Zeit, insbesondere da wir gerade erst Freunde geworden waren. Man lernt einander schnell kennen, vor allem in einem Strudel eskalierender Konflikte. Doch daraus entsteht etwas Besonderes. Man lernt sich selbst kennen, und weiß, wie das Gegenüber unter Stress reagiert. Das schafft Vertrauen, eine stabile Basis für die Beziehung. In dieser Zeit lernte ich meine damalige Freundin kennen, die später meine Frau wurde. Ich führte ein eher entspanntes Leben, pendelte rund zwölf Monate zwischen Berlin und Hamburg hin und her, trieb mich in Kreuzberg herum, besuchte Museen und schlenderte über den Reichstag. Ich genoss das Leben in vollen Zügen, wohnte in einem riesigen Loft mit nur einem Zimmer. Wir hatten uns ein Beduinenzelt als Schlafzimmer eingerichtet und eine mobile Küche, die es mir ermöglichte, das morgendliche Frühstück direkt vor dem Zelt zuzubereiten. Es war eine verrückte Zeit, geprägt von Flexibilität und einem Hauch von Luxus. Unsere Wohnung war wie eine Partylocation, mit einer großen Discokugel und einer kleinen Tanzfläche. Es war ein Geschenk, diese Freiheit ausleben zu können. Nach etwa einem Jahr erreichte uns die Nachricht der Schwangerschaft. Das erste Kind war unterwegs und mit 33 Jahren änderte sich mein Leben plötzlich drastisch. Es fühlte sich an, als müsste ich meinen Kompass neu ausrichten. Obwohl ich mit 33 nicht unbedingt jung war für die Vaterschaft, war ich dennoch einer der Ersten in meinem Freundeskreis, der diese Erfahrung machte. Es war aufregend, aber auch beängstigend, denn ich hatte keine Vorstellung davon, was mich als Vater erwarten würde. Da mein eigener Vater irgendwann eine neue Familie gegründet hatte, fehlte mir ein positives Vorbild.

Und obwohl ich zu der Zeit eher Privatier als Unternehmer war, hörten die Einfälle nicht auf zu sprudeln. Was schon in der Abiturzeitung über mich stand, nämlich der Wunsch, etwas mit Menschen zu tun, war Realität geworden. Beim ersten Geburtstag meiner Tochter war es mir wichtig, ein außergewöhnliches Geschenk zu finden, kein gewöhnliches Plastikspielzeug. Die Idee war, ihr einen Lebensbaum zu schenken, hergestellt von einer anthroposophischen Holzmarke, die hinreißendes Holzspielzeug produziert. Bis zum 18. Geburtstag plante ich, in jedem Jahr das bedeutendste Ereignis des jeweiligen Lebensjahres in ein kleines Schmuckstück zu verwandeln und an den Baum zu hängen. Daraus leitete sich der Name Lebensbaum ab. Das konnten Namenstraditionen, das Sternzeichen oder der Verlust des ersten Zahns sein. Diese Erinnerungen, z. B. der Milchzahn, wurden dann in einer kleinen Schatztruhe aus handgefertigtem Edelmetall aufbewahrt. Diese Geste gefiel mir und so entschied ich mich dafür, sie bei allen drei Kindern zu wiederholen. Die beiden Älteren sind bereits 18, das dritte wird bald 18 sein. Dann ist diese Tradition abgeschlossen. Es war schön, zu sehen, wie aus der Idee etwas Besonderes entstand.

_ Aber das war nicht die ganze Geschichte zum Lebensbaum.

Anfangs kaufte ich ein Standardprodukt, doch ich wollte es anders gestalten und individualisieren. Also ging ich zu einem befreundeten Goldschmied. Zusammen durchkämmten wir Holzhändler, fanden jedoch nichts Passendes. Etwas geknickt gingen wir nach einem Besuch beim Holzhändler zum Auto zurück und entdeckten hinter einem Container einen riesigen, etwas bizarr anmutenden Holzstamm. Es stellte sich heraus, dass es ein gut 500 Jahre alter Baum war, eine fast versteinerte Mangrovenart. Ein Holzprofessor sagte, dass es sich um einen mexikanischen Tintenbaum handelt, wegen seiner Tinten-produzierenden Späne. Das Holz glich dem Querschnitt eines Gehirns. Als wir es in Scheiben schnitten, war es für Schleimhäute ätzend und sehr schwer zu verarbeiten. Mein Freund und Tischler Boris blutete nicht selten aus der Nase und musste abends stundenlang duschen. Trotzdem schnitten wir Teile heraus, in denen wir ‚Bäume im Baum' erkannten, jeder wunderschön, einzigartig. Mit meiner Familie waren wir mittlerweile in ein großes Haus mit eigenem Hünengrab in den grünen Stadtteil Groß Borstel umgezogen, und im Garten fand ich über 100 Steine. Wir montierten die 100 Tintenbäume auf die

Steine, stellten aus Verschnittholz Federkiele her, die wie Zauberstäbe aussahen und haben kleine Fläschchen mit Tinte produziert. Alles zusammen haben wir zu einer Vernissage in meinem Haus einem gar nicht so kleinen Kreis von geladenen Gästen vorgestellt. Eine wahnsinnig nette, professionelle Geschichtenerzählerin schrieb uns sogar ein eigenes Märchen und trug es den staunenden Kindern und Eltern vor. Die ersten drei Bäume gestaltete ich für meine drei Kinder. Die übrigen verkauften wir für 500 Euro pro Stück und spendeten den Erlös der Abendrot-Stiftung, die sich um Familien in prekären sozialen Verhältnissen kümmert. Das Geld half Kindern oder Eltern, die mitten in Hamburg unter teilweise extremer Armut litten oder vor anderen großen Herausforderungen standen. Es entstand eine Sofortkasse. Ich schätze es, dass ich persönlich dabei sein konnte, die Geschichten hörte und sah, wie das Geld direkt verwendet wurde, ohne dass ein großer bürokratischer Apparat dazwischenstand.

Denn mit meinem ersten Kind entstand in mir ein fast täglich wachsendes Gefühl, anderen Menschen helfen zu wollen, vielleicht auch als Dank dafür, dass es meiner Familie und mir so gut ging. Ich spürte deutlich, dass Altruismus und Kreativität zwei Facetten meines Lebens waren, die bisher viel zu wenig Platz eingenommen haben. Und mit jedem weiteren Kind schien dieses Gefühl zu wachsen.

— Und einer ‚Baumidee' folgte die nächste.

Das begann in der Zeit, als ich mich mit meinen Nachbarn aktiv für die Entwicklung des Stadtteils einsetzte. Es ging nicht um politisches Engagement, sondern um echte Bürgerbeteiligung: Was passiert mit den zahlreichen Geschäften hier? Wie begegnen wir der Überalterung des Stadtteils, um gleichzeitig neuen Familien ein Zuhause zu bieten? Dabei ging es mir nicht darum, dass wohlhabende Einzelpersonen den Markt dominieren und Quadratmeterpreise in die

Höhe treiben. Vielmehr war mein Interesse, dazu beizutragen, einen lebendigen, vielfältigen Stadtteil zu fördern – ein Ziel, das bis heute noch nicht vollständig erreicht wurde. Wenn ich mich das so sagen höre, fällt mir auf, dass sich das Spannungsfeld von Herkunft und Gegenwart durch mein ganzes Leben zieht.

⎯ Kam Deine pragmatische Art gut an?

Jein. In Vorbereitung mit einem Kreis von Vertrauten war ich Teil einer Bewegung, die sich für die Stadtentwicklung engagierte. Doch als ich zu Stadtteilversammlungen ging und Vorstellungen und Gedanken einbrachte, wurde mir klar, dass ich Teil von etwas war, das von anderen vorangetrieben wurde. Ich wollte einen eigenen Teil beisteuern. Eines Tages, während ich unter meinem heimischen Apfelbaum in Groß Borstel saß – ein Stadtteil mit reichlich Obstbäumen –, hatte ich einen Einfall: Was sollte ich mit all den Äpfeln machen? Ich konnte mittlerweile kochen und hatte schon Apfelmus, Apfelpfannkuchen und Gelee hergestellt. Doch es blieben Unmengen übrig, vor allem die ‚Angeditschten', die keiner haben wollte. Selbst nachdem wir das Haus umgebaut und viele Äpfel an Handwerker verschenkt hatten, waren immer noch welche übrig.

Unter dem Apfelbaum im Garten stand eine Bank, mein Lieblingsplatz. Und genau dort kam mir an einem Tag die Idee: Menschen, die am Rande der Gesellschaft stehen, ernten Äpfel. Aus der Ernte stellen wir leckere Säfte und Schorlen her und aus dem Verkaufserlös finanzieren wir Arbeitsplätze. Am zweiten Tag fiel mir der Name zu diesem Konzept ein: Das Geld hängt an den Bäumen. Die Idee entwickelte sich zu einer der bedeutendsten Erkenntnisse in meinem Leben: Das Potenzial für Veränderung liegt oft direkt vor unseren Augen. Durch meine Arbeit im Stadtteil hatte ich bereits Kontakt zu den Winterhuder Werkstätten, die heute als Elbe-Werkstätten bekannt sind.

Diese Einrichtung wirkte seinerzeit eher verschlossen und zurückgezogen, aber ich lernte dort Menschen mit Behinderungen und andere ‚Randgruppen' kennen.

Als ich meine Vision bei einer Stadtteilversammlung vorbrachte, tat ich dies jedoch mit einer überheblichen Haltung. Ich trat in der Haltung eines Machers auf, der schon weiß, wie das Leben läuft. Ich prahlte damit, dass ich alles wusste – von Steuerberatung über Bankangelegenheiten bis hin zum Recht. Doch in sozialen Angelegenheiten ist Demut oft wichtiger als Fachwissen. Dies wurde mir schmerzhaft bewusst, als ich während einer Präsentation vor Bürgern des Stadtteils von Buhrufen unterbrochen wurde. Diese Buhrufe habe ich lauter wahrgenommen als den Applaus und sie zwangen mich zum Nachdenken. Der Mensch neigt dazu, der Kritik mehr Raum zu geben als der Wertschätzung. Ich habe zu der Zeit keine Ausnahme gemacht. Es war eine Lektion in Demut und ein entscheidender Moment, der mich dazu brachte, meine Einstellung zu überdenken und mich von dem Streben nach Erfolg um jeden Preis zu lösen. Das Gift des Sozialunternehmens ist das Kapitalismus-Mantra des schneller, höher, weiter.

Die Lektion saß, und ich begann von Neuem. Während meiner Gespräche mit den Elbe-Werkstätten trat ich anders auf: „Ich habe eine Idee und würde gerne zusammen mit Euch etwas auf die Beine stellen." Das war ein anderer Ansatz – weniger ‚Besserwisser'. Ich schlug einen Testlauf vor, den wir dann durchführten. Ein glücklicher Zufall: Zu dieser Zeit wäre der Unternehmer und Stifter Kurt A. Körber 100 Jahre alt geworden, und die Körber-Stiftung rief soziale Unternehmen zur Bewerbung auf. Einen Tag nach dem offiziellen Anmeldeschluss reichte ich eine Bewerbung für unser Projekt ein: Das Geld hängt an den Bäumen. Wir gewannen und wurden zu einem der Lieblingsprojekte der Stiftung. Ich sage ‚wir', weil ich die Idee damals meinem Gärtner Kai Schlatermund erzählte, der nicht nur von Anfang an dabei war, sondern ein weiterer Mensch war, den das Leben mir geschenkt hatte, und den ich nicht missen möchte. Plötzlich begannen wir, Apfelsaft aus dem Nichts herzustellen. Ich begleitete wieder jeden Schritt, wie ich es in all meinen Unternehmen getan hatte, selbst wenn ich nur von außen zusah. Daher war es wichtig, den Mitarbeitern zu sagen: „Erzählt mir von euren Problemen! Ich habe Ähnliches schon einmal gemacht. Vielleicht kann ich helfen." So lernten sie von mir, und ich lernte von ihnen – gemeinsam gingen wir voran.

_ Aus dieser Idee entwickelte sich eine Wahnsinnsgeschichte. Den Saft gibt es jetzt an den tollsten Orten.

Aus dem anfänglichen Projekt ist eine richtige Firma entstanden – eine gemeinnützige GmbH, die mit zahlreichen renommierten Auszeichnungen geehrt wurde. Neben der Körber-Stiftung und der Robert-Bosch-Stiftung sind das Nachhaltigkeitspreise oder bedeutende Auszeichnungen, wie der Preis des Bundespräsidenten ‚Deutschland, Land der Ideen'. Der einzige persönliche Preis, den ich erhalten habe, war der Bürgerpreis der Stadt Hamburg. Ich durfte im prächtigen Festsaal des Hamburger Rathauses eine Rede halten. Die Auszeichnungen sind dabei gar nicht so wichtig. Es ist eher die Anerkennung, die ich daraus für die Firma und deren Belegschaft ableiten kann. Wenn ich eine gewisse Zeit zurückblicke und meine Kinder gefragt wurden, was Papa denn so macht, haben sie übrigens immer gesagt: „Papa macht Saft." Saft ist etwas Sinnliches, Leichtverständliches – und es fühlt sich gut an. Außerdem schmecken unsere Säfte und Schorlen sensationell.

_ Und jetzt sind viele fest angestellt, was ihnen einen anderen Lebensinhalt gibt.

Die Kernmannschaft besteht aus 17 Personen, einige davon sind seit 15 Jahren dabei. Dazu kommen freie Mitarbeiter, die eine gewisse Fluktuation aufweisen, jedoch nicht, weil alle unzufrieden sind – im Gegenteil. Vor Kurzem sprach mich eine ehemalige Mitarbeiterin an, die ich zufällig in einem Restaurant traf und sagte: „Jan, ich wollte Dir noch einmal danken, dass ich bei Dir wieder festen Boden unter den Füßen gewinnen konnte, dass ich wachsen und mich sicherer fühlen konnte. Dank Dir war ich in der Lage, zu meinem Traumjob zurückzukehren." Solche Geschichten haben wir häufig erlebt. Menschen entwickeln sich bei uns weiter oder überwinden schwierige Lebensphasen. Es berührt mich zutiefst, das zu sagen. Es ist wunderbar, das miterleben zu dürfen. Einige Mitarbeiter gehen, andere kehren zurück. Unser System ist offen. Hier können sie in Ruhe an ihren Zielen arbeiten, ohne den Druck des ständigen Wachstums und ohne starre Strukturen, die andere Unternehmen aufrechterhalten müssen. Dadurch konnten wir – wie ich es gerne nenne – ein realistisches Miniatur-Utopia schaffen. Damit wir uns aber nicht falsch verstehen: Wir müssen Geld verdienen, und bei uns gibt es auch Bürostühle, keine Hängematten.

_ Du hast viele Projekte initiiert, aber die Initiative Das Geld hängt an den Bäumen brachte die größte Erfüllung, weil Ihr vielen Menschen geholfen habt. Selbst wenn nur einer Person geholfen worden wäre, hätte sich der Einsatz gelohnt. Die Kraft, die entsteht, wenn man unterstützt, und zur Selbsthilfe ermutigt, ist fantastisch.

Für mich ist die wahre Währung eine andere – es sind die Emotionen. Ich empfinde eine tiefe Dankbarkeit dafür, dass ich mit meinem Partner Frank die ersten Schritte in der Geschäftswelt erfolgreich gegangen bin. Er war nicht begeistert und hat die Tür zugeschlagen, als ich ihm gesagt hatte, dass ich gehen wollte. Doch er ließ mich gehen. Ohne seine Unterstützung wäre es nicht möglich gewesen. Dass meine Schwester meinen Platz eingenommen hat, ist ein Lebensgeschenk. Zudem haben meine Kinder etwas in mir entfacht, dass es mir ermöglicht hat, etwas so Bedeutungsvolles zu beginnen und zu erleben – für und mit anderen Menschen sowie für mich selbst. Das ist einfach unglaublich. Everything happens for a reason. Auf Deutsch würde man sagen, dass alles aus einem bestimmten Grund passiert.

_ Wer oder was inspiriert Dich?

Mehr oder weniger alles – mein Horizont ist weit. Für mich ist der Blick nach innen genauso erfrischend wie der nach außen. Ich habe das Glück und das Netzwerk, mit anderen Menschen gemeinsam in die Tiefe zu gehen. Dabei kann es um spirituelle Psychologie gehen. Ich meine nicht Selbstoptimierung im Sinne von ‚geiler werden' oder ‚Ego-Tuning', sondern um persönliche Inspiration, Seelen-Arbeit und Selbstreflexion. Es geht darum, Situationen zu hinterfragen, in denen das Ego mich daran hindert, auf andere zuzugehen, oder Momente, in denen ich immer wieder scheitere, mich etwas verrückt macht, oder ich die eigene Einstellung zu bestimmten Themen überprüfen muss, weil es sich schlichtweg nicht gut anfühlt. Der Blick nach innen ist wie ein Haus mit vielen unbekannten Zimmern. Wenn ich die Tür zu einem Zimmer öffne, fühlt es sich vielleicht unerwartet warm an, hinter einer anderen gruselt es mich oder ich finde Dinge, die es aufzuräumen gilt. In jedem Raum verbirgt sich eine Geschichte. Ich muss das Haus nicht verlassen, denn die Quellen der Inspiration sind häufig in mir. Von außen betrachtet sind es zweifellos meine Kinder, die mich inspirieren. Meine Mutter sagte mir

einmal etwas, wofür ich sie damals hart verurteilte: Dass ich für sie – nicht als Person, sondern als ihr Sohn und in meinem Alter – ihre Brücke ins Leben bin. Ich wollte nie die Brücke ins Leben für meine Mutter sein. Das fühlte sich schrecklich an. Aber die Schönheit bei den Kindern liegt in ihrer Andersartigkeit des Denkens, ihrer Unbeschwertheit – sie sind eine immense Inspirationsquelle.

» *Heute verstehe ich den Satz meiner Mutter. Und sie hatte und hat recht: Impulse sind überall zu finden, wo mein Herz mich hinführt, und sei es nur beim Blick nach oben und dem simplen Betrachten von Wolken. Ich könnte vor Glück platzen, denn Inspiration ist allgegenwärtig, selbst in den unerwartetsten Momenten.*

_ Gibt es bei Dir einen Widerspruch?

Einen? Ich bin 360 Grad Widerspruch. Das halte ich durchaus für menschlich.

_ Was machen für Dich Zufriedenheit und Glück aus?

Glück ist für mich Familie, meine Frau Svenja, meine Kinder Luna, Liam und Emily, Freunde, Sonnenstrahlen, Regen auf meiner Haut, Natur. Glück ist für mich, Liebe zu mir selbst oder anderen zu empfinden. Und – ich weiß nicht, ob das Wort Glück das trägt – Älterwerden. Es ist Gesundheit, Unversehrtheit in jeder Facette. Es ist die vertrauensvolle Lebenspartnerin an meiner Seite, die ich mit meiner Seele liebe. Das bedeutet, eine Form von Liebe in mir entdecken und ausdrücken zu dürfen, die nicht beschneidet oder einengt, sondern einfach nur durch ihr Dasein mehr wird. Glück, das kann ich sehr genau sagen, habe ich das erste Mal für ein paar Sekunden in der Zeit vor der Geburt meiner ersten Tochter gefühlt. Da hatte ich das erste Mal so etwas wie Sekundenglück. Mittlerweile kenne ich es, dass ich Stunden, manchmal Tage glücklich bin. Einfach nur so. Grundlos.

_ **Hat die Außenwelt eine große Bedeutung für Dich oder machst Du gelegentlich mal zu?**

Ja, die Außenwelt hat eine große Bedeutung für mich. Schließlich lebe ich einer Welt voller Menschen, und ich lebe gern darin. Außerdem liebe ich die Menschen. Und: Ja, ich mache gelegentlich zu, sobald ich merke, dass ich in eine Phase der Reflexion eintreten muss, weil ich mich verrenne oder manchmal zu viel gebe und dabei selbst leer werde. Es gilt die Binse, die keine ist: „Wenn die Quelle leer ist, kann ich nicht mehr aus ihr schöpfen." Mit den vielen Aufgaben, die ich habe, kostet es mich zunehmend Kraft und Konzentration, den Überblick zu behalten. Bei der Vielzahl von Menschen, Strukturen und Themen kann es passieren, dass ich mich vor einem Gespräch erst mal sortieren muss oder Zeit brauche durchzuatmen, damit ich dem Gegenüber gerecht werde. Egal, ob es die Geschäftsführung ist oder jemand aus dem Lager. Kommen solche Momente häufiger vor, weiß ich, dass ich eine Pause benötige.

_ **Gibt es noch einen anderen Platz, den Du Dir für Dich vorstellen könntest?**

Ich habe diesen Platz schon gefunden. Er liegt vor den Toren Hamburgs. Es ist ein Haus, das an einem See gelegen ist, wo ich sowohl mit mir allein, z. B. in der Küche und der Aussicht auf das Wasser, eine gute Zeit verbringen kann, genauso wie mit meiner Familie.

_ **Gibt es eine Quintessenz Deines Lebens?**

Fehler machen, verstehen und weitermachen. Und lieben, was das Zeug hält.

_ **Wie ist Dein aktueller Geisteszustand?**

Ich würde sagen, stabil – ohne Medikamente. (Lacht) Ich achte sehr auf Gedanken-Hygiene und kümmere mich ernst- und gewissenhaft um mein Gefühlsleben.

_ **Gibt es ein Motto?**

Das Leben ist schön. Und alles wird gut. Beides meine ich übrigens genau so.

_ **Ein kleiner Ausblick. Du hast wieder etwas Spannendes gestartet mit dem Projekt Fame Forest und mit wilden Ideen, die überraschen und die Leute durcheinanderbringen.**

Ich habe erkannt, dass mein Leben als Scheidungskind, also zwischen den getrennten Leben meiner Eltern, zu einer Art beruflichem Leitmotiv geworden ist. Es ist wie eine Inspirationsquelle: Ich versuche häufig, beide Welten zusammenzubringen. Was mir klar wurde: Bisher habe ich die betriebswirtschaftliche und die altruistische Seite meines Lebens nie vereint. Das Geld hängt an den Bäumen, für das ich Zeit und Geld investiere, und Baudek & Schierhorn, womit ich mein Geld verdiene. Vielleicht aus Angst, es zu verändern oder meine Ideen und Einstellungen zu verkaufen. Ich weiß es nicht genau. Aber ich wollte unbedingt, dass diese beiden Seiten sich einmal treffen. Mein Freund Gordo Pabst, der Pressechef der Barclays-Arena in Hamburg, hat des Öfteren mit mir über Soziales und Das Geld hängt an den Bäumen gesprochen. Irgendwann erwähnte er, dass die Barclays-Arena in Hamburg als Teil der globalen Anschutz Entertainment Group nach einem Konzept für soziale Verantwortung sucht. Eines Abends, ziemlich genau um 22:30 Uhr, schickte er mir eine aufregende Whatsapp-Nachricht. Eine Stunde später hatte ich eine Eingebung: Fame Forest. Noch in derselben Nacht entwarf ich ein Konzept und entwickelte es gemeinsam mit Gordo zu einer Kampagne weiter. Die Idee ist simpel: Ein ökologischer ‚Walk of Fame'. Doch es soll mehr sein als das. Jeder Künstler, der in der Barclays-Arena auftritt, erhält einen Baum. Star für Star, Baum für Baum entsteht ein Wald – der Fame Forest. Das ist die Grundidee. Doch allein das wäre zu einfach. Das Pflanzen von Bäumen wird unseren Planeten nicht retten. Es mag Zeit verschaffen, die Temperatur senken und als CO_2-Speicher dienen, aber es ist nicht die Lösung. Mir ging es vor allem darum, dass der Fame Forest Lebensräume schafft – in Köpfen, Herzen und der Natur. Wir haben uns erlaubt, jedes Thema, das wir als wichtig erachten, medial zu verbreiten. Ein oder zwei Monate vor Beginn der Corona-Pandemie hatten wir einen Kick-off mit dem Rapper Smudo, Stefan Gwildis, Joja Wendt und Jens Kerstan, dem Umweltsenator, den Gründungsmitgliedern und Paten der ersten Bäume. Es gab einen riesigen Pressejubel. Wir haben Stars eingeladen, persönlich einen Baum zu pflanzen. Atze Schröder fand einen Baum nicht genug. Er unterbrach vor ausverkauftem Haus sein Bühnen-Programm am Valentinstag, zeigte einen kurzen Clip über Fame Forest und sagte: „Zum Valentinstag lade ich Euch alle zu einem Baum ein. Ich bezahle das auch selbst." Er hat praktisch seinen eigenen Wald gepflanzt – einen eigenen Fame Forest für seine Fans.

Die Zeit der Corona-Pandemie brachte einen globalen Ausnahmezustand mit sich. Trotz allem strebten wir danach, positive Signale zu setzen. Vieles lief nicht gut, doch es gab es durchaus Lichtblicke: essen, trinken und die Möglichkeit, miteinander in Kontakt zu bleiben – wenngleich stark eingeschränkt. In dieser Zeit, als persönliche Treffen auf einen 1:1-Kontakt reduziert waren, entstand folgende Idee: Wir wollten das Negative in etwas Positives umwandeln und hatten eine Idee mit dem Sänger Sasha. Während normalerweise Tausende in der Arena jubelten, trafen sich plötzlich nur zwei Personen, ein Star und ein Fan. Symbolisch schufen wir ein Lagerfeuer in der leeren Arena. Über das Internet suchten wir einen Fan von Sasha und stießen auf Heike Hacker.

Gemeinsam holten wir sie in die Arena, begleitet von der DPA mit gebührendem Abstand. Dabei ging es darum, die Bedürfnisse von Star und Fan zu vereinen: Der Star wollte sich ausdrücken und performen, der Fan wollte jubeln, mitfiebern und Herzklopfen haben. Diese Reduktion auf das Wesentliche hat enormen Anklang gefunden. Über Nacht erreichten wir eine Bruttoreichweite von 800 Millionen und einen Mediawert von über zehn Millionen. Aber noch wichtiger war, dass diese Geschichte als positives Signal um die Welt ging und uns tief berührte. Ich bekomme immer noch Gänsehaut, wenn ich mir das Video dieses Augenblicks anschaue.

Unser Ziel ist es, Biotope zu schaffen und Herzen zu berühren, indem wir die Natur als Basis nutzen und uns Themenfeldern annehmen, die sowohl den Verstand als auch die Emotionen ansprechen, und diese miteinander verbinden. Ein weiteres Beispiel: Als der Krieg in der Ukraine ausbrach, entwickelten wir eine spezielle Schorle, die Love-and-Peace-Schorle in den Farben der Ukraine. Auf der einen Flasche prangte ein großes Herz, auf der anderen ein Peace-Zeichen. 100 Prozent des Gewinns wurden an zwei Organisationen gespendet: War Child, die sich um psychosoziale Projekte in Kriegsgebieten kümmert, und #WeAreAllUkrainians, geleitet von Tatjana Kiel von Klitschko Ventures. Wir sammelten insgesamt 25.000 Euro und produzierten sogar einen Film, den wir als QR-Code auf die Flaschen druckten, die dann im Handel verkauft wurden.

Wir haben kürzlich unser drittes Projekt gestartet, das sich mit dem zunehmenden Auseinanderdriften der Gesellschaft befasst, mit Themen wie Cancel Culture, Inklusion und dem immer stärker werdenden ‚Wir-gegen-die'-Denken statt gemeinsamer Zusammenarbeit. Die Idee dahinter war simpel. Wir luden 100 Menschen aus allen Bereichen der Gesellschaft in die Barclays-Arena ein – groß, klein, dick, dünn, schwarz, weiß, unterschiedliche Religionen, Geschlechter und sexuelle Orientierungen, Menschen mit und ohne Behinderung usw. Diese Gruppe von 100 Individuen repräsentierte die Gesellschaft in all ihrer wundervollen Vielfalt. Wir saßen im Kreis, so hatten alle einen Platz in der ersten Reihe. Gemeinsam mit einem befreundeten Künstler wurden die Schallwellen in wunderschöne Klangbilder, in Mandalas umwandelt. Aus diesem ‚100-mal-ich' schufen wir für einen Augenblick ein einziges ‚Wir', indem wir alle summten. Dieses kollektive Summen bewahrte die Individualität jedes Einzelnen, schuf jedoch gleichzeitig ein gemeinsames Erlebnis. Aus den Schwingungen und Klängen entstand ein Mandala.

Unser Ziel war es – und das haben wir erreicht – das erste und einzige Bild von Inklusion zu schaffen, das tatsächlich Inklusion darstellt. Nicht ein isoliertes Bild eines Menschen mit dieser oder jener Besonderheit, der in einer Gruppe integriert werden soll, sondern die selbstverständliche Vereinigung von Menschen in all ihrem Facettenreichtum. Eingefangen in einer einzigen Darstellung.

» *https://fame-forest.com/weareone*

_ Wie ist diese Idee entstanden?

Inklusion gehört zu meinem Alltag. Als persönliche Grundhaltung und bei meiner Arbeit mit Das Geld hängt an den Bäumen. Der Gedanke, das Thema auch optisch darzustellen ist viele Jahre alt, lediglich die Idee und der letztlich Impuls haben gefehlt.

Die Idee entwickelte sich dann in mehreren Gesprächen. Menschen, die sich aufgrund ihres Geschlechts oder Glaubens usw. oft ausgeschlossen fühlen, sollten in einem Gruppenerlebnis zusammengeführt werden – aber es geht um mehr als das. Es geht um tatsächliche Inklusion. Unser Verständnis geht weit über das hinaus, was in der UN-Menschenrechtskonvention festgelegt ist. Wir brachten einen Rabbiner mit einem Erzbischof und einer Palästinenserin zusammen. Es erfüllt mich mit Stolz, wenn ich davon berichte. Hier sitzt der jüdische Glaubensführer aus dem Norden in einem herzlichen, verbindenden Gespräch mit einer der ranghöchsten Vertreterinnen der Palästinenser. Dieses Projekt zeigt, dass man mit einer guten Idee beginnen und sie dann umsetzen kann. Dann finden sich Menschen, die mitmachen wollen – prominent oder nicht. Ebenso berührend war, dass Gehörlose sowie blinde Menschen spontan zugesagt haben, weil sie ein Teil der Idee sein wollten. Das betone ich, weil das Hören und Sehen ja integraler Bestandteil des Grundgedankens waren.

Fame Forest ist eine wirklich außergewöhnliche Idee und hat das Potenzial, in dieser Welt noch viel zu bewegen. Wir stehen quasi als kreativer Zwerg auf den Schultern eines Entertainment-Giganten. Das gibt uns die Möglichkeit, mit unseren Ideen eine riesige Reichweite erzielen und tatsächlich etwas zu bewegen. Und schließlich etwas zu verändern. Es ist harte Arbeit, aber hier können viele Stationen meines bisherigen Lebens in einer einzigartigen Kombination zum Ausdruck gebracht werden. Das Ziel? Den Fame Forest zu einer globalen Bewegung entwickeln, die in jeglicher Hinsicht sinnstiftende Ideen in die Realität trägt. Eine CSR-Plattform, die nicht nur Geschichten schreibt, sondern vielleicht irgendwann sogar eine eigene Geschichte wird.

_ Vielen Dank, Jan, für diese inspirierenden Perspektiven!

→ **Website:** baudek-schierhorn.de
→ **Website:** dasgeldhaengtandenbaeumen.de
→ **Website:** fame-forest.com

JOHANNES MAIERHOFER

> "There is only one corner in the universe you can be certain of improving, and that's your own self."
>
> — Aldous Huxley

JOHANNES MAIERHOFER

Vom Gebäude- zum Lebensplaner.

Wer er ist.
Wegbegleiter und Frühwarnsystem

Was er tut.
Feng-Shui-Meister

Was ihn auszeichnet.
Vertrauen schenken.
Menschen sind seine Inspiration.
Passionierter Helfer.

MUTMACHER > JOHANNES MAIERHOFER

Wenn das Nicht-Greifbare die Fakten besiegt, könnte Johannes' Feng-Shui-Analyse im Spiel sein.

Seine Lebens- und Berufsjahre waren von zahlreichen äußeren wie auch selbst gemachten Herausforderungen geprägt.

Sein neues Leben als Feng-Shui-Meister besticht durch seine Liebe zum Detail, Neugierde und seinen anhaltenden Wissensdurst. Seine besondere Art der Kundenorientierung und Lesart von Menschen weckt bei Außenstehenden häufig Interesse und Neugierde. Für zahlreiche Kunden ist er eine Mischung aus Life-Companion, Frühwarnsystem und Lebenslotse, der Chancen und Risiken analysiert, Berufs- und Lebenswege mit ihnen und für sie positiv gestaltet.

_ Wie bist Du die Person geworden, die Du heute bist?

Ich wurde mit einem Herzfehler geboren. Es war nicht klar, ob ich den Tag oder grundsätzlich überlebe. Ich bin Jahrgang 1962, also eine Zeit, in der die Medizin noch nicht so weit war, das unmittelbar zu beheben. Dieser Start zog sich durch meine ersten Lebensjahre: Ich war immer der Kleinste und habe am wenigsten gegessen. Der große Dank gilt meinen Eltern, die mir immer die Freiheit gegeben haben, das zu tun, was ich wollte. Ich bin auf dem Land, in einem kleinen Dorf, aufgewachsen. Wir haben Dämme gestaut, Baumhäuser gebaut und waren stundenlang im Wald oder am Kiesweiher – egal, bei welchem Wetter. Draußen war Farbe, Leben, Abenteuer. Es gab etwas zu entdecken. Das hat mich geprägt, denn dieses Draußen bedeutete, immer etwas Neues zu machen. Ich war von Natur aus neugierig. Als ich älter war, durften wir säen und Sachen bauen. Schule hat Spaß gemacht, aber ich war froh, wenn ich von der Schule zurück war, um Freunde zu treffen, Fußball zu spielen oder in der Natur zu sein. Irgendwann war es dann so weit, dass man meinen Herzfehler im Alter von sechs Jahren operieren konnte. Für mich war das Krankenhaus nichts Schlimmes. Regelmäßige Untersuchungen begleiteten mich meine ganze Kindheit. Das Einzige, woran ich mich erinnere, sind Situationen, die ich nicht richtig verstanden habe und die mir Angst machten. Es gab einen Warteraum, der direkt neben dem Zimmer des Professors lag, in dem man die Gespräche zum Teil mithören konnte. Häufig ging es um Kinder zwischen 10 und 14 Jahren, die nicht operiert werden konnten, und es war klar, dass sie sterben würden. Eltern haben geschrien oder geweint. Wir saßen da und haben jedes Wort gehört. Es stimmte mich richtig traurig. Meine Mutter hat mich immer ermutigt und gesagt, dass wir das hinbekommen. Dann war es so weit: Ich wurde operiert, und alles wurde gut. Das Krankenhaus war ein Traum, weil es nachmittags auf der Kinderstation einen Film gab. Ich wusste bis dahin nicht, was ein Film ist, denn meine Eltern gingen nicht ins Kino. Hinterher gab es etwas Süßes. Das war sensationell.

— Du wusstest, dass Du überlebt hast.

Das war mir damals nicht bewusst. Bei mir sind die Dinge glücklicherweise gut geheilt. Nach acht Tagen war äußerlich nur ein Pflaster der Hinweis auf die Operation, nachdem der ganze Brustkorb aufgetrennt worden war. Am Ende fühlte es sich an wie Urlaub. Es gab leckeres Essen, nachmittags den Film und die Nachspeise. Man hat mir nicht nur geholfen, sondern auch eine besondere Erfahrung vermittelt. Bis zu meinem 16. Lebensjahr musste ich jährlich zum Check. Das hat mich geprägt, denn ich wusste, dass es sein musste. Erst mit der Zeit habe ich die Einschränkungen realisiert: Ich war ein guter Fußballspieler, konnte aber aufgrund des Risikos nicht im Verein spielen. Anfangs war ich traurig, doch mit der Zeit habe ich es akzeptiert.

Ich war gut in der Schule, obwohl ich nicht viel gelernt habe. Es war eine Gabe. Ich konnte mir alles merken. Zu dieser Zeit bestand der Schulunterricht hauptsächlich darin, das Gehörte zu wiederholen. Das war für mich von Vorteil. Es gab keinen Ärger und nichts zu kritisieren, denn meine Noten waren gut.

Kurz vor dem Abitur folgte meine Rebellenphase. Die meisten Lehrer waren in meinen Augen faul und haben einfach ihr Skript abgearbeitet – Jahr für Jahr dasselbe. Sie konnten uns nicht motivieren, waren ungerecht und hatten ihre Lieblinge. Das war nicht gut für meine Noten, aber ich habe mich dagegen aufgelehnt. In dieser Phase habe ich auch über meinen Berufswunsch nachgedacht. Mein Kindheitstraum war es, Pilot zu werden. Aufgrund meiner Gesundheit war jedoch klar, dass sich dieser Traum nicht erfüllen würde. Das war ein herber Rückschlag, den ich irgendwann verdaut hatte. Fluglotse wäre meine zweite Wahl gewesen, aber auch diesen Traum musste ich aufgrund der Gesundheitsprüfung aufgeben. Ich hatte mich noch für einen Studienplatz in Amerika interessiert, aber auch das hat nicht funktioniert.

— Wie ging es dann weiter?

Die Berufsberatung war gefragt. Mein Anliegen war einfach: Ich wusste nicht, was ich wollte. Heraus kamen eine naturwissenschaftliche Neigung und der Wunsch, im Ausland zu arbeiten. Die Empfehlung fiel demnach auf Meteorologie oder Geologie, da beide Studienfächer die Chance auf eine Tätigkeit im Ausland boten. Ich entschied mich für Geologie. Am Tag der Einschreibung an der TU München stellte sich heraus, dass Geologie in Garching und nicht im Stadtzentrum von München angeboten wurde. Das war elend weit weg und gefiel mir nicht, obwohl es nicht schlecht aussah. Rückblickend lief alles negativ, weil ich eine bestimmte Erwartung hatte, die nicht erfüllt wurde. Das Thema Erwartungen ist wichtig, und ich werde später noch darauf zu sprechen kommen. Zu der Zeit war ich noch nicht so weit, ein Muster in meinem eigenen Verhalten zu erkennen. Die Professoren waren langweilig und das Wichtigste für die Kommilitonen war das Weißbier-Trinken nach dem Uni-Tag. Das entsprach jedoch nicht meinem Typus. Mich störte einfach alles. Trotzdem hielt ich bis zum siebten Semester durch, und hätte eigentlich mit einer Diplomarbeit beginnen können. Doch dann lernte ich einen Professor der Mineralogie kennen. Er sicherte mir zu, alle Geologie-Scheine anzuerkennen, und weckte mein Interesse an Mineralogie. Er bot mir an, mich auf meinen Schwerpunkt zu konzentrieren, denn es gab nur drei Studierende in diesem Fach. Also begann ich mit Mineralogie, was mir anfangs richtig Spaß machte.

 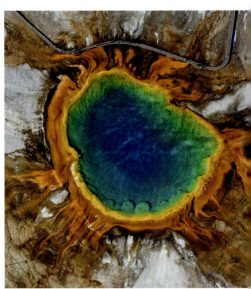

_ Klingt wie ein Lichtblick.

Der Mineralogie-Professor hatte vier Labore. Da die Arbeit von Siemens gefördert wurde, bekam ich eine halbe Stelle. Dann kam ein unerwarteter Schnitt. Ein Freund, der Physik studierte, erzählte mir von einem lukrativen Job bei BMW mit einem extrem attraktiven Stundensatz. Als wir zu Semesterbeginn zusammensaßen, erzählte er wieder von diesem Job, den er aber aufgeben wollte, weil er genug Geld zum Reisen verdient hatte. Ich reagierte sofort: „Wenn Du aufhörst, denke an mich." Wenige Wochen später rief er an und sagte: „Ich habe mit den Verantwortlichen gesprochen. Sie sind interessiert. Du kannst vorbeikommen und Dich vorstellen."

Ich konnte es nicht fassen. Noch im Gespräch fragten sie, wann ich anfangen könne. Anfänglich war ich für Kopien und die Verteilung von Kopien im Rahmen eines Projekts für das Forschungs- und Ingenieurzentrum von BMW zuständig. Es gab ein Projektteam, das die Daten – Nutzeranforderungen für die Planung der neuen Gebäude – gesammelt hatte. Es gab damals zwar schon Computer, aber keine E-Mails, also wurde gestapelt. Jetzt kommt das Entscheidende: meine Neugier, die ich erstmals richtig nutzen konnte. Ich habe weitestgehend alles durchgeschaut und gelesen, was ich kopiert habe. So habe ich in den Semesterferien bei BMW gearbeitet und meinen Professor davon in Kenntnis gesetzt. Er wurde sauer. Aber: Mein neuer Job hat mir Spaß gemacht, ich habe gut verdient und mich richtig gefreut. Dann erweiterte BMW das Angebot auf Arbeitsstunden während des Semesters.

_ Die Neugier der Kindheit hat Dich eingeholt.

Ja. Und ich habe verstanden, dass es eine Herausforderung gab: Die Planung der Designabteilung bei BMW stand an und drei Leute waren krank. Das Team in der Designabteilung forderte eine akkurate Aufarbeitung, aber die Ressourcen fehlten. Es gab keine

Chance, das bis zum vorgegebenen Termin zu schaffen. Eine Krisensitzung wurde einberufen.

Mein Kopierplatz lag strategisch günstig neben dem Projektteam. Ich habe alles mitbekommen: die große Sorge, dass sie nicht liefern können und im weiteren Verlauf ein Brainstorming, wo sie Ressourcen herbekommen könnten. Das Krisenmeeting und mich trennte eine Stellwand. Also fasste ich mir ein Herz, schaute über die Stellwand und sagte: „Ich könnte helfen." Alle schauten mich fragend an. Der Gruppenleiter, zu dem ich einen guten Draht hatte, fragte: „Wie meinst Du das?" Meine Antwort: „Ich lese das ganze Zeug und weiß genau, worum es geht. Ihr könnt mich irgendetwas fragen." Ich konnte alle ihre Fragen beantworten. Sie waren erstaunt und unschlüssig, evaluierten das Risiko. Je länger die Diskussion dauerte, desto klarer wurde, dass es meine und ihre Chance war. Und so habe ich vier ganze Tage übers Wochenende durchgearbeitet und alles fertiggestellt. Am Montag war Abgabe.

_ Ein großartiges Gefühl, oder?

Eine Woche später wurde ich zum Bereichsleiter gerufen – als Student. Ich dachte bei mir: „Scheiße – was ist passiert?". Etwas war schiefgegangen. Das war klar. Genau wie ich befürchteten die Kollegen das Schlimmste und sprachen mir Mut zu. Und plötzlich das Unerwartete: „Herr Maierhofer, ich möchte mich bei Ihnen bedanken." Das war wie ein Feuerwerk in meinen Ohren. „Sie haben hervorragende Arbeit geleistet. Mein Kollege vom Design hat mich angerufen und mich zu dem guten Ergebnis beglückwünscht. Wenn Sie wollen, können Sie in diesem Team weitermachen." Und auf einmal war ich im Planungsteam. Kopieren gehörte der Vergangenheit an.

_ Wie gut, dass Du die Unterlagen gelesen hast. (Lacht)

Das war Neugier. Der Streit mit dem Uni-Professor ist daraufhin eskaliert. Er hat mich bei der Diplomarbeit durchfallen lassen, obwohl ich bereits mit einem anderen Professor eine Dissertation vereinbart hatte. Dabei habe ich einen Fehler begangen: Ich war zu jung, zu wild, und habe ihm gesagt, dass ich nie für Siemens arbeiten werde. Das war ein taktischer Fehler, denn er hat alle seine Studenten zu Siemens gebracht. Ich habe meine Fehler hinterher erkannt. Gnädig wie er war, hat er mir dann die Chance auf eine weitere Diplomarbeit mit einem anderen Thema eingeräumt.

_ Wie hast Du reagiert?

Ich habe mir fünf Tage Bedenkzeit erbeten, doch dagegen entschieden. Es widerstrebte mir, mich so behandeln zu lassen. Das war das Ende meiner Unikarriere. Natürlich wäre ich das mit meinem heutigen Wissen cleverer angegangen.

_ Das war dann der Start in Deine Planungskarriere?

Das Projekt für das Forschungs- und Ingenieurzentrum von BMW wurde von einer externen Beratungsgesellschaft geleitet. Nach meiner Exmatrikulation nahm mich der zuständige Geschäftsführer, der das Projekt bei BMW betreute, unter seine Fittiche, und ich erhielt sofort ein Jobangebot. Innerhalb von zweieinhalb Jahren stieg ich zum Prokuristen auf.

Durch meine Erfolge bei BMW wurden andere Unternehmen auf mich aufmerksam, so auch eine Hamburger Firma, die führend auf dem Gebiet der organisatorischen Gebäudeplanung war. Sie brauchten aufgrund von Kapazitätsengpässen dringend Projektunterstützung und buchten mich anfangs für ein interessantes Projekt. Nach einer erfolgreichen Startphase folgten weitere renommierte Projekte, wie das Hochhaus der SDG-Bank und der Commerzbank in Frankfurt. So verlagerte ich meinen Fokus auf große, namhafte Projekte. Anschließend arbeitete ich sechs Jahre lang in der Schweiz für ABB und war maßgeblich an der Gestaltung des ersten Desksharing-Büros in Berlin für Siemens Nixdorf beteiligt. Irgendwann habe ich mich aufgrund der großen Projekte entschieden, mit zwei Kollegen eine eigene Firma zu gründen. Wir waren überaus erfolgreich. In meiner Karriere habe ich gelernt, wie es ist, wenn man sehr erfolgreich ist und wie es ist, wenn man nicht erfolgreich ist. Dann begann eine schwierige Phase, denn in unserer Geschäftsführerkonstellation waren Kommunikations- und zwischenmenschliche Probleme zu spüren. Rückblickend ging es um unwichtige Dinge, und so stand ich vor dem nächsten Bruch.

_ Wie ging es Dir damit?

Es fühlte sich furchtbar an. Die Welt war gegen mich, und ich hatte einen guten Freund verloren. Die Büromöbelmesse ORGATEC in Köln brachte in dieser Phase eine ziemlich unerwartete Wendung in mein Leben. Das Erste, was ich an einer Infowand während des Messebesuchs sah, war ein Hinweis auf einen Vortrag zu Feng-Shui in Bürogebäuden. Ich wusste nicht, was Feng-Shui ist, aber es hat mich sofort angesprochen. Ich habe dieses Kribbeln gespürt. Mein Terminplan sprach dagegen, aber ich habe mich spontan entschieden, meine Termine zu verschieben und besuchte am nächsten Tag einen sensationellen Vortrag.

Der Redner hat über Dinge gesprochen, die ich als Naturwissenschaftler nicht glauben konnte. Am Ende des Vortrags wurde er überrannt. Ich stand weiter weg und habe gewartet, bis alle weg waren. Dann habe ich ihn mir geschnappt und gesagt: „Herr Rubik, ich kann das alles nicht fassen." Er wollte erst vor mir flüchten, aber ich bin einfach hinterhergegangen. Als er sich zum Essen setzte, habe ich mich gegenüber hingesetzt und ihn ausgefragt. Irgendwann wurde er stinkig: „Herr Maierhofer, ich muss hier essen. In 15 Minuten muss ich den Vortrag wieder halten. Wenn Sie wollen, können Sie mich morgen anrufen." Am nächsten Tag um 8 Uhr habe ich angerufen und weiter gefragt, bis er sagte: „Herr Maierhofer, in ungefähr einem Monat gebe ich einen Kurs in Budapest. Fliegen Sie dorthin. Der Kurs ist nicht teuer. Hören Sie mir zu, dann bekommen Sie einen Eindruck, worum es geht. Das gibt Ihnen die Möglichkeit zu entscheiden, ob Sie weitermachen wollen oder nicht. Aber lassen Sie mich jetzt bitte in Ruhe. Ich schicke Ihnen die Unterlagen. Wir sehen uns in Budapest." Gesagt, getan. Ich war im Kurs in Budapest. 23 Frauen mittleren Alters und ich.

_ Das klingt spannend. (Lacht)

Ich wollte verstehen, was Sache ist, und kannte keinen Terminus technicus. Herr Rubik hat klassisches Feng-Shui gelehrt und die Essenz unterrichtet. Heutzutage wird weltweit häufig New-Age-Feng-Shui unterrichtet, aber das ist nur ein heruntergebrochener Teil der eigentlichen Lehre und hat nicht die gleiche Qualität, was mir schnell klar wurde. Zwei sensationelle Tage. Ich habe das mit nach Hause genommen, wo ich gerade in Verhandlungen wegen der Firmentrennung stand. Dann habe ich zuerst mein Haus nach Feng-Shui analysiert und wusste, dass das nicht passt. Ich war nervlich fertig und sagte zu meiner Frau: „Es kann sein, dass wir umziehen müssen." Aber sie wollte nicht ausziehen.

_ Seid Ihr tatsächlich umgezogen?

Und so habe ich wieder Herrn Rubik angerufen, der mich herausforderte: „Herr Maierhofer, Sie enttäuschen mich. Sie waren doch im Kurs und wissen, was Sie machen müssen. Sie können Ihr Bett im Schlafzimmer und Ihren Schreibtisch im Arbeitszimmer umstellen." So räumten wir Schlafzimmer und Büro um. Einen Teil fand sogar meine Frau gut, und der Rest war einfach anstrengend.

_ Klingt wie eine herausfordernde Änderung für die ganze Familie.

Ja, und jetzt wird es interessant. Am nächsten Tag erhielt ich einen Anruf von einem Standortleiter der Deutschen Bank in München, den ich aus einem früheren Projekt kannte. Er lud mich zu einem Treffen in Stuttgart ein, wo er die Leitung übernommen hatte. Überrascht von diesem Vorschlag, erkundigte ich mich nach dem Grund. Er erklärte, dass es Planungsfehler gebe und er die Effizienz am Standort verbessern müsse. Herr Rubik teilte meine Freude über diese unerwartete Entwicklung und war überzeugt, dass dies das Resultat der erfolgten Umstellung im Haus sei. In derselben Woche reiste ich nach Stuttgart und erhielt den Auftrag.

_ War das der Schritt in eine neue Zukunft?

Mein neues Leben begann: tagsüber Projektarbeit bei der Bank von 8 bis 20 Uhr, dann bis Mitternacht Feng-Shui lernen. Als Workaholic war ich kaum zu Hause. In dieser Zeit traf ich meinen heutigen Feng-Shui-Meister in Miami. Er hielt einen faszinierenden Kurs, den ich mit einer Kollegin besuchte. Anfangs glaubte ich, bereits etwas über Feng-Shui zu wissen, doch wurde schnell eines Besseren belehrt. Der Kurs war beeindruckend, obwohl ich nicht alles sofort verstand.

MUTMACHER > JOHANNES MAIERHOFER

Das System war genial: ein Quadrat, als Haus dargestellt, an der Wand. In diesem Haus lebte Person X, qualifiziert durch ihr Geburtsdatum, und eine Himmelsrichtung wurde genannt. Diese Informationen sollten ausreichen, um zu wissen, was in dem Haus passierte.

Ein Kursteilnehmer konnte dies beantworten. Das war einfach verrückt. An jenem ersten Abend saß ich mit meiner Kollegin beim Essen und teilte ihr meine bevorstehende Entscheidung mit: „Entweder fliege ich morgen frustriert zurück, unfähig das Ganze zu begreifen, oder aber ich verwerfe meine bisherigen Feng-Shui-Kenntnisse und fokussiere mich auf das neu erlernte Feng-Shui-Wissen." Der Einstieg in das neue Wissen hatte einen viel größeren praktischen Bezug als das, was ich bei Herrn Rubik erlernt hatte. Am Abend, allein in meinem Zimmer, ließ ich den Tag Revue passieren. Die Lehrweise des amerikanischen Meisters war praxisnah und sein expliziter Wunsch war, sein Wissen an seine Studenten weiterzugeben. Das hatte mich fasziniert, und ich war infiziert. Am zweiten Tag lauschte ich gespannt seinen Worten und absorbierte alles. Sechs Monate später stand ich vor dem nächsten Kurs, nachdem ich hart gearbeitet hatte, um alles zu begreifen. Bei diesem Kurs meldete ich mich freiwillig für die erste Frage, erklärte die Antwort an der Tafel und erntete beeindrucktes Feedback des Lehrers. Das bestärkte mich. Als das Projekt in Stuttgart endete, hatte ich genug Geld gespart, um mich fortan ausschließlich auf Feng-Shui zu konzentrieren.

Zweimal jährlich analysieren Johannes und sein Meister (Foto links) berühmte oder interessante Städte, Häuser und Menschen. Hier ein Foto (rechts) aus dem Jahr 2010, das Johannes mit dem Butler Tony Senecal beim Besuch von Mar-a-Lago zeigt, dem Haus von Donald Trump, das der Meister und Johannes auf eigenen Wunsch hin analysiert haben.

Dies markierte den Anfang einer engen Zusammenarbeit: Ich programmierte eine Datenbank für meinen Meister in Miami, um Geburtsdaten schnell zu analysieren und berechnen, was ihm sehr gefiel. Weitere Projekte folgten, bis er mich schließlich nach Miami einlud, um einen Monat lang intensiv an der Vorbereitung und Weiterentwicklung der Kurse zu arbeiten. So wurde ich schließlich selbst ein Feng-Shui-Meister.

_ Danke für diesen Rückblick. Das klingt nach einer ereignisreichen Erfahrungsreise. Kannst Du das Ziel von Feng-Shui in kurzen Sätzen erklären?

Feng-Shui untersucht die Auswirkungen unserer Umwelt auf unser Leben, sowohl in psychischer als auch in physischer Hinsicht. Eine andere Definition ist, das Richtige zur richtigen Zeit am richtigen Ort zu tun. Das ist gutes Feng-Shui.

_ Wer oder was hat Dein Leben maßgeblich beeinflusst?

Zwei Personen haben im Wesentlichen zu meiner Entwicklung beigetragen: Zunächst ist das mein damaliger Chef im Rahmen des Projekts beim BMW Forschungs- und Ingenieurzentrum in München, der Geschäftsführer der Beratungsgesellschaft Rolf-Bodo Szilagyi. Er eröffnete mir eine neue Perspektive auf die Welt, indem er stets betonte: „Halte Deinen Mund und höre zu." Auf diese Weise habe ich durch aktives Zuhören gelernt. Er hat mir die Chance gegeben, an jeder projektbezogenen Vorstandssitzung still teilzunehmen. Das Großraumbüro wurde für mich zum Lernort. Ich lernte, gut zuzuhören, Planungsschritte zu verstehen und mir Details für die Umsetzung zu merken.

Auch aus Krisensituationen im Team habe ich gelernt, wie man es nicht machen sollte, indem ich stets aufmerksam zugehört und beobachtet habe. Mit der Zeit entwickelte ich den Anspruch, meinen eigenen Qualitätsstandard einzubringen. Auch über das BMW-Projekt hinaus hat er mich stets eingebunden, zu Kunden mitgenommen und mir eine wichtige Welt eröffnet: den Umgang mit Menschen im geschäftlichen Kontext.

Die zweite zentrale Person in meinem Leben ist Angel de Para in Miami, mit dem ich seit über zwanzig Jahren intensiv verbunden bin. Der Meister hat mich eingeführt in die Feng-Shui-Welt. Er hat mir beigebracht, wie man Themen mit Kunden bespricht und wie man gute als auch schlechte Nachrichten verpackt und überbringt. Darüber hinaus hat er mir die vielfältige Welt des Feng-Shui in seiner gesamten Bandbreite gezeigt. Seither begleitet mich das Thema in Form von kontinuierlichem Lernen und Anwenden. Der Meister ist ein rastloser Entwickler. Er exploriert das Thema in immer neue Richtungen. Es macht einfach riesig Spaß, das mitzuerleben und dabei zu unterstützen.

_ Es ist beeindruckend, wie Du Chancen begegnet bist, nachdem es anfangs geholpert hat.

Ja. Aufstehen, Schmutz abputzen, weitermachen. Heute ist das Helfen mein Weg.

_ Am Anfang des Interviews hast Du das Thema Erwartungsmanagement angesprochen. Warum?

» *Um das Leben einfacher und angenehmer zu gestalten, ist es entscheidend, eigene Erwartungen zu reduzieren. Oft entstehen Probleme, weil wir Handlungen mit Erwartungen verknüpfen, ohne zu berücksichtigen, dass diese außerhalb unseres Einflussbereichs liegen.*

Der Schlüssel liegt darin, aus Erfahrungen zu lernen, anstatt auf Erwartungen zu setzen. Kurz gesagt: Auf die Kontrolle im Innen fokussieren, denn dort hat man zu 100 Prozent Einfluss auf das, was man denkt und tut. Viele Menschen versuchen, im Außen Lösungen für ihre Probleme zu finden, doch die eigentliche Lektion besteht darin, dass wir nur durch Beobachtung lernen. Entscheidet man sich dazu, ein Beobachter zu sein, hat man die Freiheit zu wählen, ob man zusieht oder nicht. Das Ziel sollte sein, viele Erfahrungen zu sammeln und Situationen zu beobachten, um emotionalen Abstand zu gewinnen und unabhängig vom Ausgang einer Situation zu sein. Diese Perspektive ermöglicht es, Dinge zu optimieren, die man kontrollieren kann, ohne sich über das Geschehen auf der anderen Seite aufzuregen. Die Kunst besteht darin, die Situation zuzulassen, neugierig zu sein und aus der Beobachtung zu lernen: „Life ist about the experience!" Übersetzt heißt das, im Leben geht es um die Erfahrung.

_ Aber sind Entscheidungen in gewisser Weise nicht immer irrational?

Es ist allgemein bekannt, dass Entscheidungen oft irrational sind – sogar so sehr, dass es dafür einen Nobelpreis gibt. Kaum eine Entscheidung folgt einer klaren Systematik; es gibt keine strukturierte Herangehensweise. Einige bezeichnen es als Bauchgefühl, während andere es mit ‚Das habe ich schon einmal gemacht, also mache ich es wieder so' beschreiben. Doch wie kann jemand sicher sein, dass es dasselbe ist? Die Wahrscheinlichkeit ist hoch, dass es nicht identisch ist, da sich Ereignisse tendenziell nicht in genau derselben Form wiederholen. Die Zeit verändert sich, und wir selbst verändern uns.

» *Das Beurteilen der Gegenwart mit den Erfahrungen der Vergangenheit ist problematisch, da sich die Zeit weiterentwickelt hat. Nur aus einer Beobachter-Rolle heraus können wir die aktuellen Ereignisse wirklich verstehen, da uns sonst die nötigen Werkzeuge und das Wissen fehlen.*

Dennoch fassen wir weiterhin Entschlüsse. Es gibt dazu ein schönes Sprichwort von Heraklit: „Man kann nicht zweimal in denselben Fluss steigen, denn alles fließt und nichts bleibt."

_ Hast Du einen Tipp, die Entscheidungsfindung zu verbessern?

Die Akzeptanz, dass hinter unseren Entscheidungen keine Methodik steckt, bedeutet, dass wir im Voraus oft nicht wissen, ob eine Entscheidung richtig ist. Die Systematik in unserer Entscheidungsfindung fehlt uns, da uns in der Regel keine klare bzw. keine ganzheitliche Methode vermittelt wurde. Jeder entscheidet nach eigenem Ermessen, was bedeutet, dass eine Entscheidung heute gut sein kann, während eine ähnliche Entscheidung morgen zu einem teuren Fehltritt führt. Diese Unvorhersehbarkeit ergibt sich aus dem Mangel an einer festen Systematik.

_ Bei einfachen Entscheidungen kann ich folgen. Doch wie sieht es bei komplexen geschäftlichen Fragestellungen und Themen aus? Trotz eingehender Analyse triffst Du am Ende eine irrationale Entscheidung?

So ist es.

_ Aber ist es nicht so, dass kein Investor sowie keine Bank der Welt Geld in die Hand nehmen, ohne solide, nachvollziehbare Planung?

Es geht um die finale Entscheidung. Am Schluss ist die Entscheidung emotional. Das ist das, was einem keiner sagt. Deswegen ist sie nicht strukturiert.

_ Wie gehen Unternehmensgründer mit ihren Ideen um? Sie folgen oft einem festen Ablauf: Erstellung eines Businessplans, Gespräche mit Banken und Behörden, Analyse der eigenen Finanzen usw. Diese Schritte sind doch elementarer Bestandteil des Prozesses.

Sie entscheiden, diese Schritte zu gehen. Aber der Ausgangspunkt ist, zu entscheiden, ob sie das wirklich wollen. Sehen sie in diesem Weg, was sie suchen? Wo besteht der Bedarf, und wie können sie ihrer Zielgruppe helfen? Was denken Geschäftspartner oder Geldgeber darüber? Stimmen die Perspektiven überein? Das sind die zentralen Fragen. Denn etwas nur des Geldes wegen aufzubauen, geht in der Regel schief.

_ Kreieren wir die Person A. Sie möchte Investmentbanker werden und einige Millionen Euro jährlich verdienen. Wie hoch ist die Wahrscheinlichkeit aus Feng-Shui-Sicht, dass die Person das erfolgreich umsetzen wird?

In der Welt des Feng-Shui kann es bedeuten, dass jemand viel Geld verdient, aber dennoch unglücklich ist, vielleicht weil er fünfmal heiratet oder gesundheitliche Probleme hat. Sobald der Fokus nicht auf dem Helfen anderer, sondern nur auf dem eigenen Wohl liegt, treten Hindernisse auf. Diese können sich in verschiedenen Lebensbereichen manifestieren: Konflikte mit anderen, Ablehnung oder Krankheiten in der Familie oder bei nahen Beziehungen. Das Engagement für andere hingegen führt zum Fluss, zum sogenannten Flow. Es gibt keine Begrenzung, außer jene, die wir uns selbst auferlegen. Während viele Menschen Geld als grundsätzlich positiv betrachten, ist entscheidend, wie es genutzt wird: Sind 26 Autos in der Garage notwendig oder wäre es sinnvoller, eine Schule zu gründen oder zu unterstützen? Am Ende geht es immer darum, etwas zu erschaffen und zurückzugeben. ‚Give back' ist das zentrale Element.

_ Was sind Glück und Zufriedenheit für Dich?

Definiert man Erfolg so, wie wir es getan haben, dann bedeutet das bezogen auf die Frage: Erstens, die Fähigkeit zu haben, anderen zu helfen, denn das ist mein Antrieb – unabhängig von den Umständen.

» *Ich möchte anderen helfen, weil ich weiß, dass mein Wissen anderen von Nutzen sein kann. Zweitens, das zu tun, was ich liebe. Diese Freiheit ist erfüllend. Die Grenze liegt einzig in unserem Denken. Vielleicht gibt es nicht das eine Glück. Glück ist nicht universell und holistisch für alle gleich. Jeder muss seinen persönlichen Wohlfühlzustand finden.*

Diesen Zustand kann man weiterentwickeln. Es ist einfacher, das wahr- und anzunehmen, als gegen alles zu kämpfen. Viele Menschen tun sich mit dieser Perspektive und diesem Verständnis schwer.

_ Das ist das, was Du Erwartungsmanagement genannt hast.

Genau. So ist es. Wir lernen es auch nicht. Wir lernen in der Schule nicht, dass wir beobachten sollen. Wir lernen das Gegenteil, nämlich gedanklich Etiketten auf Situationen und Menschen zu kleben und sie in Schubladen zu stecken. Und: Wir lernen zu vergleichen! Aus Feng-Shui-Sicht sind vergleichen und ‚labeln' (bewerten) die zwei gefährlichsten Aktivitäten, um Hindernisse im eigenen Leben zu generieren.

_ Das passiert vielen Menschen bei Beziehungen, von denen sie sich lösen müssten. Heißt Ablösung für Dich, eine bewusste Verbindung ganz oder teilweise zu kappen, um sich zu schützen?

Ich muss mich nicht schützen. Das wäre mein Beitrag. Sondern ich muss mich nur weiterentwickeln, denn dann ist es so, dass ich in einem anderen Wasser schwimme.

_ Viele Menschen haben Angst vor Veränderung, weil sie nicht wissen, wie es sich anfühlt oder was sie erwartet.

Manchmal kann man Dinge nicht allein bewältigen. Das ist okay. Manche Herausforderungen sind zu groß. In solchen Momenten ist es wichtig, sich Unterstützung zu holen, sei es von einem Therapeuten oder jemandem, dem man vertraut und der Lebenserfahrung hat.

_ Oder einem Feng-Shui-Meister?

Genau. Allein bist Du dort, wo Du bist, weil Du denkst, dass Du es allein schaffen kannst. Doch das ist nicht immer der Fall. Erkenne, dass Du Hilfe brauchst, wenn Du bereit bist, etwas zu ändern, anstatt darauf zu hoffen, dass sich die Situation von selbst verbessert. Die einzige Veränderung, die Du beeinflussen kannst, bist Du selbst. Es ist wichtig zu akzeptieren, dass manche Dinge außerhalb unserer Kontrolle liegen und dass es okay ist, um Hilfe zu bitten, anstatt weiterhin im gleichen Muster zu verharren. In diesem Fall bist Du Teilnehmer geworden, kein Beobachter, um den Kreis mit den Erläuterungen weiter oben zu schließen. Beobachter zu sein, gibt Dir die Freiheit, zu tun, was Du möchtest.

Typisch für eine aufwendige Feng-Shui-Maßnahme ist unter anderem das Drehen einer Tür in eine förderliche Himmelsrichtung. Hier beispielhaft umgesetzt im Omega-Shop in New York in der 5th Avenue.

_ Wie Du vorher sagtest, schult unsere Gesellschaft solche Themen nicht.

Die Dinge geschehen, um uns etwas zu lehren – so sollte man es betrachten. Die Situation ist unser Coach. Dabei geht es nicht darum, ob es gut oder schlecht ist. Betrachten wir zum Beispiel Krankheit. Statt dagegen anzukämpfen, ist es besser, sie anzunehmen und sich zu fragen, wie man sich stärken kann. Das ist weitaus produktiver als sie zu leugnen oder sich darüber zu beschweren. Verzweiflung oder ständiges ‚Dagegen-Ankämpfen' führen zu nichts Gutem.

Im Feng-Shui ist bekannt, dass solch ein Umgang mit Problemen nur weiteres Leid verursacht, da man dadurch noch mehr Energie in das Negative lenkt – sei es Krankheit, Schulden oder etwas anderes. Kampf führt nicht zu einem positiven Ergebnis. Negativer Energie Raum zu geben, macht sie nur größer anstatt kleiner. Negative Energie erzeugt weitere negative Energie – das ist nicht förderlich.

_ Wie würdest Du Deine Erfahrungen und Dein Wissen zusammenfassen?

Behalte stets die Rolle des Beobachters bei, denn das ist der erste Schritt. Achte darauf, die eigenen Erwartungen im Blick zu behalten, da sie maßgeblich sein können. Denke nicht nur an Dich selbst, sondern versuche, anderen zu helfen. Überlege zuerst, wie Du etwas gestalten kannst, das anderen zugutekommt – sei es eine Dienstleistung, ein Produkt oder eine Idee. Die Lösung liegt innen, nicht außen. Das ist von zentraler Bedeutung und ein Prinzip, das sich immer wieder bestätigt. Viele Menschen suchen im Außen nach Antworten, aber die eigentliche Schaltzentrale liegt in uns selbst. Und wenn Du etwas tun möchtest, dann tue es. Zahlreiche Interviews mit älteren Menschen haben gezeigt, dass ihr größtes Bedauern oft darin besteht, bestimmte Dinge nicht getan zu haben.

_ Ich habe noch einen weiteren Aspekt gelesen, und dort hieß es, dass sie zu wenig gelacht und Entspannung zugelassen haben.

Freunde und Familie sind von großer Bedeutung. Eine Langzeitstudie der Harvard University verfolgte seit 1938 das Verhältnis von Lebenszeit und familiärer Situation bei jungen Studierenden bis heute. Die Ergebnisse zeigen, dass Menschen mit einem erfüllten Familien- und Sozialleben, inklusive Freunden und Nachbarn, tendenziell länger leben. Diese Faktoren werden oft übersehen, da anfangs Geld und Status im Vordergrund stehen. Obwohl diese Aspekte auch wichtig sind, bilden sie nicht das Fundament des Glücks. Das Fundament liegt vielmehr darin, das zu tun, was Freude bereitet. Wenn man sich mit voller Leidenschaft und Hingabe diesem Ziel widmet, ist Erfolg unausweichlich. Wenn man an ein Produkt, eine Leistung oder Dienstleistung für andere denkt, kann einen niemand aufhalten – außer man selbst, indem man sich zu stark nach außen richtet, Dinge kategorisiert, sich mit anderen anlegt und über Unzulänglichkeiten grübelt, anstatt aktiv zu werden.

_ Was machst Du in Deiner Freizeit?

Nach der Arbeit gehe ich gerne mit meiner Hündin Sissi spazieren oder vertiefe mich in ein gutes Buch. Ein Ratschlag, den ich allen Eltern ans Herz lege: Versucht, den Kindern die Liebe zum Lesen zu vermitteln – das ist entscheidend. Um die eigenen Chancen zu verbessern und das Wissen zu erweitern, ist das Lesen ein Muss. Hier ist ein Tipp meines Mentors: „Lies nicht nur das, was Dich interessiert oder gefällt. Lies das, was unangenehm, anspruchsvoll und herausfordernd ist. Nur so lernst Du, Dich mit verschiedenen Themen auseinanderzusetzen – das ist entscheidend im Leben. Wenn Du nur das liest, was bequem und einfach ist, wirst Du Schwierigkeiten haben, wenn Probleme auftauchen." Die Art und Weise, wie der Geist trainiert wird, beeinflusst auch die Herangehensweise ans Leben. Ein guter Rat für unangenehme Situationen: Greife zu einem anspruchsvollen Buch oder lies etwas, von dem Du wenig Ahnung hast, und gehe es an bzw. beiße Dich durch. Das ist eine der besten Möglichkeiten, sich zu verbessern und gleichzeitig ein exzellentes Training.

_ Wir könnten stundenlang weiterreden. Vielen Dank für Deine Zeit und die gewährten Einblicke!

....

→ **Website:** jmfengshui.com
→ **Email:** yes@johelps.me

LEO PESCHL

> *It is not in the stars to hold our destiny but in ourselves.*
>
> William Shakespeare

LEO PESCHL

Wenn Leidenschaft die Konzernwelt schlägt.

Wer er ist.
Lebenstraum-Verwirklicher mit PS

Was er tut.
Maserati-Legenden erhalten

Was ihn auszeichnet.
Disziplin. Qualität. Struktur.
Begeisterungsfähigkeit.

Die Auswahl des Studiengangs war der einzige Zufall in seinem Berufsleben. Danach überließ er nichts mehr dem Zufall.

Der Weg führte ihn von Österreich über Deutschland in die Vereinigten Staaten nach Russland und zurück ins Rheinland. Seine Lebensreise hat ihm einiges abverlangt und Hürden beschert, die er mit Kampfgeist, Willensstärke und einem klaren Fokus überwinden konnte. In Köln erfüllt er sich heute seinen Jugendtraum.

_ Beginnen wir mit der Frage nach Deinem Lebensweg. Was waren entscheidende Momente? Was waren kleine oder große Dinge, die plötzlich Deinen Weg beeinflusst haben? Bei Dir gab es auch eine zentrale Entscheidung, als die Leidenschaft die Vernunft besiegte.

Ein sehr wichtiger Aspekt meines Lebens ist sicherlich, dass ich aus einer netten und fürsorglichen Familie komme. Mein Vater war Arzt, meine Mutter hat fünf Kinder großgezogen. Meine Eltern haben uns liebevoll betreut, unterstützt und gefördert. Dabei lag in meiner Familie der klare Schwerpunkt auf Musik, Kultur, Wandern und Sport. Skifahren war ein wichtiger Bestandteil.

_ Ihr wart sehr aktiv.

Ja, sportlich, musisch und sozial. Es gab aber ein Thema, das ein absolutes No-Go war. Es betraf alles, was mit Autos zu tun hatte. Mit Autos hatte man sich nicht zu beschäftigen. Vielleicht war das auch der Grund, warum sie mich von Anfang an besonders faszinierten. Nichtsdestotrotz kann ich sagen, es war die glücklichste und wohligste Kindheit, die man haben kann. Meine Geschwister leben alle noch. Ich bin der Älteste und hatte dementsprechend auch die größten Konflikte mit meinen Eltern, insbesondere mit meinem Vater. Lange Rede, kurzer Sinn: Als ich etwa 15 war, war klar, dass zu Hause die Erziehungsmethoden am Ende waren. Meine Eltern, primär mein Vater, haben dann beschlossen, mich in ein Internat zu geben. Ich bin in einer katholischen Privatschule, einem Jesuiten-Kolleg am Rande von Wien, gelandet.

_ War das in Deinem Sinne?

Ich war froh, zu Hause rauszukommen. Das fand ich gut. Damals war das große Versprechen: eine Schule mit viel Sport. Das hat mich motiviert. Dort angekommen, habe ich meinen ersten richtigen Tiefschlag erlebt. Es war eine Durststrecke. Ich bin in eine mir bis dahin unbekannte, kalte und von Cliquen geprägte Subkultur gekommen. Über den ganzen Winter hatte das Wasser nie viel mehr als elf Grad. Es war kalt und furchtbar. Ich bin in dieser Gemeinschaft nicht angekommen, habe nicht dazugehört und habe mich unheimlich schwergetan. Man könnte auch sagen, ich habe mich da durchgequält. Allerdings bin ich hart im Nehmen geworden. Es fällt mir bis heute ein klein wenig schwer, daran zurückzudenken. Aber es war für mich unendlich wichtig, um selbstständig zu werden und mich von zu Hause zu lösen. Damals habe ich mir geschworen, mich nie wieder unterkriegen zu lassen. Ich habe mir wilde Schlägereien geliefert. Am Ende habe ich es überstanden.

_ Gibt es Dir ein gutes Gefühl, das zu wissen?

Ja, ich habe überlebt. Zwei Dinge sind davon geblieben: Ich habe begonnen, Lang- und Mittelstrecke zu laufen. Es hat mich tatsächlich noch stärker Richtung Sport gebracht. Vor allem hat diese Erfahrung enorm geholfen, mein Durchhaltevermögen zu stärken. Das war der positive Aspekt.

_ Wie ging es weiter?

Als die Schule zu Ende war, gab es zwei Tage nach dem bestandenen Abitur eine wichtige Zwischenprüfung für mich. Ich hatte den Plan, Pilot zu werden, und habe mich zumindest in meinem letzten Schuljahr intensiv damit beschäftigt. Austrian Airlines war damals schon der bevorzugte österreichische Carrier. Das Bewerbungsprogramm hatte ich durchgearbeitet. Zwei Tage nach dem Abitur erwartete mich der obligatorische Gesundheitscheck. Diesen Test habe ich – nach einer sehr lebhaften Abiturfeier – nicht sehr nüchtern bestritten und auch nicht bestanden. Es gibt dazu eine lustige Geschichte: Ich habe meinen Urintest nicht in der Toilette stehen lassen, sondern irgendwo in ein Sekretariat gebracht. Das war mein Ende als Airliner. Einige Tage später, während des Abitur-Essens, saß ich neben einem guten Freund, der immer Bergbau studieren wollte. Bergbau studiert man in Österreich in Leoben, einer bis heute renommierten und traditionsreichen, kleinen Montan-Universität. Da ich zu dem Zeitpunkt und nach dem Airline-Erlebnis keine wirklich guten Alternativen hatte, haben wir

Kollegium Kalksburg, katholische Privatschule und Internat in Niederösterreich

nach dem dritten Bier beschlossen, dass es eine gute Idee sei, gemeinsam nach Leoben zu gehen. So war die Entscheidung für mich gefallen.

_ **Die Familie war demnach gar nicht mehr in die Frage involviert, wo die Reise hingeht?**

Nein, aber sie fanden das gut. Wir sind im Herbst zusammen nach Leoben gegangen, um uns zu immatrikulieren. Die damals unerwartete Wendung: Mein Freund, der jahrelang davon gesprochen hatte, dort zu studieren, ist nach zwei Wochen ausgeschieden, doch ich bin geblieben. Allein. Das war nicht ganz einfach. Ich habe mich durchgebissen und angefangen, mich auf die Studienrichtung Erdölwesen zu spezialisieren. Dann hatte ich das Glück, gleich in meinem ersten Sommer auf eine Bohrinsel in der Nordsee gehen zu können, wo ich viel Geld verdient habe. Damals war das möglich. Gleichzeitig kam die Frage auf, was ich mit dem Angesparten mache. Und da fiel mir plötzlich eine Geschichte ein, die ich davor jahrelang verdrängt hatte. Ich möchte sie hier erzählen, denn sie ist ausschlaggebend für mein späteres Leben: Ostern 1964 sind wir nach Tirol zum Skifahren unterwegs gewesen. Am schlimmsten war dabei die tägliche Anfahrt in das Skigebiet. Ich erinnere mich an einen sonnigen Apriltag in einer in einer riesigen Autoschlange. Wir haben uns in der Kolonne langsam den Berg hinaufgequält. Plötzlich höre ich drei, vier Kurven hinter uns ein toll klingendes Horn und einen unendlich röhrenden Motor. Ein offener Maserati flitzt vorbei. Der Fahrer überholt alle, und eine wunderschöne Frau sitzt neben ihm. Die Ski ragen aus dem Verdeckkasten. Diesem Moment bin ich verfallen. Während alle fluchten, hatte ich diesen Menschen als „meinen Gott" identifiziert. So wollte ich werden. Das will ich schaffen. Und genau daran habe ich mich wieder erinnert.
Ein Maserati war damals nicht drin. So habe ich begonnen, mein erstes Geld in englische Sportwagen zu investieren. Leoben, das Studium und diese tollen Jobs haben mir früh die Möglichkeit eröffnet, sehr gut zu verdienen und damit zumindest teilweise meiner Passion nachzugehen. Nach erfolgreichem Studienabschluss als Ingenieur habe ich bei Shell in der Nordsee offshore begonnen und war zumindest anfänglich

ganz zufrieden. Nach einer Weile ist mir klar geworden, dass ich nicht nur Ingenieur bleiben möchte. Ich hatte das Gefühl, dass das nicht mein letztes und bestes Talent ist. So habe ich die Entscheidung getroffen, noch einmal zur Schule zu gehen.

_ **Was war Dein Plan?**

Ich wollte nach Amerika gehen, um einen Master of Business Administration (MBA) zu machen. Ich fing an, mich mit dem Thema auseinanderzusetzen, und bewarb mich an den damals besten Business Schools. An der University of Virginia - Darden School of Business Administration, die damals Nummer fünf war, bin ich akzeptiert worden und war sehr stolz. Ich habe ziemlich viel von dem, was ich besaß, verkauft, um das Studium zu finanzieren. Das waren damals ungefähr 150.000 DM. Es war viel, aber machbar. Zusätzlich habe ich einen Kredit aufgenommen und dann – gegen den Wunsch meines Vaters – das Studium in den USA begonnen. Ich war alt genug. Virginia war für mich eine nächste große Hürde, denn ich bin als relativ naiver europäischer Ingenieur dorthin gekommen. Das System sah vor, dass am Ende jeden Quartals die unteren 25 Prozent das Programm verlassen mussten. Am Anfang war ich ziemlich in der Todeszone. Dabei ist mir ein prägendes Ereignis im Kopf geblieben: Nach rund acht Wochen habe ich jemanden gebeten, mir etwas zu erklären. Die Antwort war simpel: „Warum sollte ich Dir das erklären? Besser, Du fliegst, als ich." In diesem Moment habe ich verstanden, worum es geht. Und meine Geschichte wiederholte sich:

» *Ich habe gekämpft, nächtelang dafür gearbeitet und erfolgreich überlebt.*

Es folgten vier wunderbare Jahre bei der Unternehmensberatung Booz Allen Hamilton, davon je ein Jahr in Chicago und Düsseldorf sowie zwei Jahre in München. Im Wesentlichen habe ich mich mit Problemstellungen und Herausforderungen im Automobilbereich beschäftigt.

_ **Neuen Stationen, Städten und Herausforderungen hast Du Dich immer gestellt.**

Ja, das war vollkommen normal. Umziehen war kein Problem. Es hat eine Phase gegeben, da bin ich in acht Jahren siebenmal umgezogen. Ich muss dazu sagen, dass ich damals leicht gereist bin, mit wenig Gepäck. Insofern war es nicht schwierig. Die Zeit war für mich wichtig, denn ich habe intellektuell viel dazugelernt, das heißt, komplexe Themen auf den Punkt zu bringen und die Essenz komplizierter Fragestellungen herauszuarbeiten. Auch hatte ich großartige Kollegen, die ich bis heute schätze. Es war anspruchsvoll mit rund 90 Arbeitsstunden pro Woche, aber spannend und motivierend. Eine fantastische Zeit. Ich bin dann bei einem meiner Kunden hängen geblieben, Mitsubishi Motors Deutschland, der Import-Gesellschaft für Mitsubishi Automobile in Deutschland. Dort bin ich mit 34 Jahren Marketing- und Vertriebsleiter geworden, was jung war. Auf diesen ersten Job in der Industrie war ich stolz, und ich habe mit Autos zu tun gehabt, was meine Passion war. Das war mein erster Kontakt zum Handel, zu Händlern, zum Verkauf.

Eine Änderung der dortigen Eigentümerstruktur motivierte mich, zu wechseln, nämlich zum Caterpillar-Importeur für Deutschland, der Firma Zeppelin. Fasziniert hat mich dabei der nächsthöhere Level an Vertriebskompetenz. Der Verkauf von Baumaschinen erfordert eine wesentlich tiefere technische Expertise, da hier komplexe Maschinen, spezifische Anforderungen und Prozesse der Branche eine zentrale Rolle spielen. Es ist anspruchsvoller, wenn man ganze Systeme und die Reduktion von Produktionskosten verkauft. So bin ich zunächst Geschäftsführer

in Österreich geworden. Nachdem Caterpillar entschieden hatte, den ehemaligen russischen Markt nicht mehr selbst zu bearbeiten, sondern an ausgewählte Händler zu vergeben, hat Zeppelin als einer der Caterpillar-Händler, ein großes Gebiet in Russland erhalten. Zur weiteren Entwicklung suchte Zeppelin einen Verantwortlichen. Ich war damals der jüngste Geschäftsführer im Unternehmen und derjenige, der gut Englisch sprach und zudem ein internationales Umfeld nachweisen konnte. Deshalb fiel die Wahl auf mich.

_ **Ging das auf Deine Initiative zurück oder ist man auf Dich zugekommen?**

Ich wollte überhaupt nicht. Ich war mit meiner damaligen Frau glücklich in Wien. Wir waren zu diesem Zeitpunkt 18 Jahre zusammen, hatten aber nur eineinhalb Jahre lang wirklich zusammengelebt. Diese eineinhalb Jahre waren in Wien. Insofern hatte ich kein Interesse. Es war für mich eher ein Schock.

_ **War das ein Entweder-oder?**

Ich habe das Angebot vom damaligen Vorsitzenden der Geschäftsführung bekommen, der mich durchweg gefördert und geschätzt hat. Insofern sah ich mich auch in der Pflicht. Da ich eigentlich nicht gehen wollte, stellte ich viele Bedingungen und dachte, dass diese sowieso nie erfüllt werden würden. Aber das Gegenteil war der Fall. Eigentlich unfassbar. Da konnte ich nicht mehr heraus. Zeppelin in Moskau war zu diesem Zeitpunkt mit vierzehn Mitarbeitern klein. So war das auch eine Riesenchance.

_ **Welches Jahr war das?**

Das war 2002. Ich habe einen guten Zeitpunkt erwischt, Russland war im Umbruch. Die ganze Mining- und Bergbauindustrie wurde neu strukturiert. Es war eine große Chance. Es war auch insofern spannend, als damals die Bergbaubetriebe, die alle aus Gulags, also ehemaligen Strafgefangenenlagern, entstanden waren und unter fürchterlichsten Verhältnissen die Sowjetzeit überlebt haben, massiv modernisiert wurden. Diese Betriebe mussten sich auch deshalb modernisieren, weil die Menschen nicht mehr ortsgebunden waren, sondern auf einmal frei reisen und umziehen durften. Das war zu Sowjetzeiten nicht so. Damals waren die Menschen festen Standorten zugewiesen, und ein Umzug war de facto unmöglich. Man war an einen Ort nördlich des Polarkreises oder an andere, noch unangenehmere Orte verbannt. Doch nach dem Zerfall der Sowjetunion durften sie plötzlich umziehen; diese Chance haben sie für sich genutzt. Ich habe dort Städte gesehen, in denen früher 100.000 Menschen gearbeitet haben, und plötzlich waren es 2000. Das war die Chance, mit modernster und produktivster Bergbautechnologie anzugreifen. Modernisierungen, die normalerweise – aus sozialpolitischen Gründen – niemals zu installieren gewesen wären. Wir haben dort etliche Betriebe (Eisenerz, Gold, Kalium und andere) auf modernste Förder- und Transportfahrzeuge umgestellt. Es war ein Traum für jeden Geologen oder Bergbau-Ingenieur. Man kommt selten dazu, ein Unternehmen zu verbessern. Dort konnten wir riesengroße Betriebe komplett neu aufbauen und organisieren.

_ **Die Leute haben Dir vertraut.**

Ja. Es war zu meiner Zeit, die bis Ende 2010 ging, eine Zeit, in der ich mit tollen Leuten zu tun hatte. Das gesprochene Wort galt – mehr als ich es vorher und nachher je erlebt habe. Schlechte Erfahrungen sind mir erspart geblieben. Ich glaube aber auch, dass wir alle in einem Boot gesessen haben: Die Eigentümer der Betriebe benötigten hochproduktive Technik und Abläufe, welche wir bereitstellen oder unterstützen konnten. Die wirkliche Errungenschaft lag aber darin, die damals in diesen Werken vorherrschende russische, industrielle Logik von einer nachschuborientierten Denkweise zu einer vertrauensorientierten, vorbeugenden und angebotsorientierten Philosophie zu verändern. Serviceorientierung war ungewohnt. Dem Konzept einer vorbeugenden Instandsetzung vertraute man nicht. Wir haben nicht nur Maschinen verkauft, sondern mit den dortigen Unternehmen auch riesige Reparaturbetriebe aufgebaut, um diese Maschinen mit Full-Service-Verträgen zu warten und instand zu halten.

Es war auf der einen Seite die Herausforderung, Vertrauen aufzubauen und Zuverlässigkeit zu beweisen, die anfänglich nicht erwartet wurde. Auf der anderen Seite war es sehr lukrativ. Wir haben es geschafft, von der dort bislang vorherrschenden Philosophie des „Betreibens einer Maschine bis zum Bruch" zu einer „vorbeugenden, zustandsorientierten Wartung" überzugehen. Das heißt, anstatt das Equipment einfach zu betreiben, bis es sich auflöst oder komplett zerstört ist, plant man den vorbeugenden Ersatz in Abhängigkeit des Verschleißgrades. Man entscheidet zum Beispiel, nach 18.000 Betriebsstunden in Abhängigkeit des Motorzustandes (Öldruck etc.), den Truck in die Werkstatt zu bringen und den Motor gezielt auszutauschen. Das geht dann ohne die unvorhersehbaren Schäden, die entstehen, wenn ein Motor bei einem ungeplanten Bruch komplett zerstört wird.

_ **Von den Zeitausfällen gar nicht zu sprechen.**

Eine Entwicklung weg von unkontrollierbaren zu kontrollierbaren Reparaturen. Einer der bedeutendsten Erfolge war die Umsetzung dieser Veränderungen, die vorwiegend im Kopf stattfinden mussten: Fahrer mussten lernen, die Veränderungen an ihren Maschinen zu registrieren und zeitnah zu kommunizieren. Diesen Informationen musste vertraut und Austauschkomponenten rechtzeitig bereitgestellt werden. Dieser Ansatz erwies sich als äußerst vorteilhaft für Kunden und unser Unternehmen.

_ **Wie war das sprachlich zu lösen? Auf Englisch?**

Ich hatte das Glück, relativ schnell eine gute Mannschaft aufbauen zu können. Zum allergrößten Teil war das Team russischer Herkunft oder kam aus den neuen Bundesländern. Es waren großartige Menschen, die neben vielen anderen Aufgaben dankenswerterweise auch die Übersetzungsarbeit geleistet haben. Ich habe Englisch gesprochen, aber sehr schlecht Russisch. Gemeinsam haben wir es zum Erfolg geführt.
In dieser Phase habe ich aber nicht nur Moskau kennengelernt, sondern auch das Land. Die meisten unserer Kunden waren nördlich vom Polarkreis, die unwirtlichste Gegend. Zu Beginn hatte ich vier Monteure. Bei meinem Weggang hatten wir 1050. Wir hatten vier Schulen, in denen wir die Monteure ausbildeten, sowie zehn Recruiter, die sich auf die Rekrutierung ehemaliger Soldaten spezialisierten. Außer diesem Gebiet in Russland kamen später noch ein Teil in der Ukraine dazu sowie Territorien in Usbekistan, Tadschikistan und Turkmenistan. Die Gesellschaften waren in einer Holding in der Schweiz organisiert. Rund zehn Jahre lang saß ich 250-mal pro Jahr im Flugzeug.

_ **Disziplin war das Zauberwort?**

Ja. Disziplin und persönliche Organisation sind das A und O. Das betraf auch das Packen und die Reisen. Alles war perfekt durchorganisiert, sonst wäre das so nicht machbar gewesen. Ich habe verrückte Geschichten erlebt. Eine davon möchte ich erzählen. Es ging um ein kleines Geschäft in Tadschikistan. Dort war das Straßenbauministerium unser Kunde. Für den Straßenbau brauchte man Baumaschinen. Wir hatten einige wenige Monteure vor Ort und einen Geschäftsführer. Einmal im Jahr gab es eine Ausschreibung vom Straßenbauministerium, an der wir teilgenommen haben. Verhandlungen erstreckten sich oft bis weit in die Nacht. Der Minister für Straßenbau hat sich dann nach unserer Abflugzeit am nächsten Morgen erkundigt. Um 9 Uhr sollte unser Flug starten. Daraufhin lud er uns am frühen Morgen zu Plov ein, einem Nationalgericht. Eine Einladung zu Plov ist die höchste Ehre. So gingen wir um 6 Uhr in der Früh hin. Wir saßen an einem riesigen, voll gedeckten Tisch. Es wurde jede Menge Wodka ausgeschenkt, was einfach dazugehörte. Um kurz nach acht haben wir vorsichtig nochmals auf unseren Flug hingewiesen. Die Antwort lautete: „Sitzen bleiben." Ich hatte mich innerlich schon darauf eingestellt, dass wir erst das nächste Flugzeug nach Moskau nehmen können und zwei Tage länger bleiben müssen. Da sagte der Minister: „Reg Dich nicht auf. Ich bin der Minister für Straßenbau. Das ist mein Handy. Und dieses Flugzeug wird nicht fliegen, bevor ich es sage." Genauso kam es. Um 10 Uhr, nach einem fantastischen Essen und gefühlt zu vielen Wodkas, wurden wir direkt zum Flugzeug gefahren. Keine Security, keine Kontrolle. Die armen Passagiere dieses Fluges hatten eine Stunde bei 40 Grad im Schatten ohne Klimaanlage im Flugzeug gesessen und unseretwegen gewartet. Unfassbar. Wir sind in die erste Reihe gerutscht und direkt eingeschlafen.

_ **Verrückte Erinnerungen an einzigartige Momente. Nach knapp zehn Jahren hast Du Russland verlassen?**

Ja. Ich habe sehr umfassende Gestaltungsmöglichkeiten gehabt, die man normalerweise wahrscheinlich nicht bekommt. Im Nachgang muss ich sagen, dass man an einem bestimmten Punkt ein bisschen die Bodenhaftung verliert. Das ist einfach so. Man wird sehr selbstbewusst. Caterpillar war unser wichtigster Lieferant und vertrat eine bestimmte Verkaufsphilosophie, die sich nicht mit meinem Marktverständnis deckte. Mein Ansatz – in Anbetracht des riskanten Umfeldes – war es, das Geschäft so zu betreiben, dass minimales operatives Risiko einem maximalen Return gegenüberstand. Das war in erster Linie mit den beschriebenen Bergbaubetrieben möglich: Bei Zahlungsausfall bietet sich die Option, offene Forderungen mit Rohmaterial zu bedienen.

Caterpillars Interesse lag auf der Vermarktung einer sehr breiten Produktpalette. Damit war zwangsweise auch die Notwendigkeit verbunden, deutlich riskantere Kundensegmente (Straßen-, Garten- und Landschaftsbau etc.) zu bearbeiten. Ich wollte diese Risiken nicht eingehen. Dies war ein sehr wesentlicher Grund, warum sich ein Konflikt aufbaute. Nach zehn Jahren war es zu Ende.

Schließlich spürte ich zunehmend diesen Traum in mir, das zu tun, was ich immer schon tun wollte: Ich wollte mit klassischen Autos zu tun haben und eine Werkstatt führen.

**_ Du hast Dich an den Maserati
aus dem Skiurlaub erinnert?**

Genau. Ich besaß damals zwei Maseratis. Eine Werkstatt in Köln, die ich unheimlich bewunderte, hat sich in dieser Zeit um meine Autos gekümmert. Das wollte ich dann selbst aufbauen. Jeder weiß, dass man wichtige Schritte tiefgreifend durchdenken und sich Gedanken machen sollte, wie sich das neue vom bisherigen Umfeld unterscheidet. Auch sollte man sich bewusst sein, welche Qualitäten man für das Geschäft mitbringt. Obwohl ich rational um die Bedeutung überlegter Entscheidungen wusste, ist mir heute bewusst, dass mein Start nicht sehr gut überlegt war. Ich war emotional, getrieben von der Überzeugung, dass ich bislang geschäftlich erfolgreich war und mir alles gelingt. Es konnte in meiner Wahrnehmung kein Problem geben, sondern nur erfolgreich werden. Das ist nicht die beste Voraussetzung, um solche Schritte zu tun. Aber es war, wie es war.

_ Du hast grundsätzlich schnell entschieden?

Nicht unbedingt schnell. Ich habe Dinge für mich lange herumgetragen. Aber wenn ich dann eine Entscheidung getroffen habe, bin ich in die Umsetzung gegangen.

_ Konsequent.

Genau. So war es in diesem Fall auch. Ich habe mich von Zeppelin und Caterpillar getrennt. Was ich drei Wochen später tun würde, stand zu diesem Zeitpunkt fest. Wie schon erwähnt, hatte ich in Köln eine kleine Werkstatt, die meine Autos betreut hat. Der Werkstattinhaber war ein guter Bekannter. Ihn habe ich überzeugt, gemeinsam mit mir eine neue Firma in neuer Umgebung und anderen Räumlichkeiten zu gründen. Wenn ich genau hingehört hätte, hätte ich wahrscheinlich gemerkt, dass er nicht wirklich dahinterstand. Aber er wollte oder konnte nicht Nein sagen, und ich wollte es nicht hören. So starteten wir. Ich habe dann mit viel Glück und Mühe einen neuen Standort gefunden, die Halle, in der wir heute noch sind. Innerhalb eines Vierteljahres haben wir sie komplett saniert. Ich habe die vorhandene Mannschaft übernommen. Erst da habe ich verstanden, worauf ich mich eingelassen hatte: Die Autos und Kunden waren nicht auf dem Niveau, das ich mir vorgestellt hatte. Meine privaten Autos waren die Ausnahme. Weder Ablauf noch Tagesgeschäft entsprachen dem Niveau, das ich mir ausgemalt hatte. Es war schlampig, unkoordiniert und furchtbar. Eine Geldvernichtungsmaschine. Natürlich habe ich die schlechte Wirtschaftlichkeit indirekt durch hohen Investitionen gefördert (neue Halle, Computerausstattung, beste Heizung etc.). Wir haben viele 100 Meter Kabel verlegt, in neue Hebebühnen investiert und so weiter. Alles vom Feinsten. In den ersten Tagen kam ein Typ mit einem Triumph zu uns. Er hat mir eine Kanne Öl hingehalten und bat um einen Ölwechsel. Das Öl bringe er mit, und den Robert, der das macht, zahle er schwarz. In dem Moment habe ich verstanden, was das für Kunden sind und wie schwierig dieses Geschäft ist.

Mit Maseratis habe ich zunächst noch nichts zu tun gehabt, und eigentlich wollte ich mich genau damit beschäftigen. Es war mühsam. Niemand ist pünktlich gekommen. Rechnungen sind geschrieben worden, ohne dass alle verwendeten Ersatzteile darauf verbucht waren. Bei Bestellungen haben die wichtigsten Teile gefehlt. Ich habe aber verstanden, dass es zu spät war, auszusteigen.

**_ Aber wie in Amerika damals,
man muss sich durchsetzen?**

Interessante Frage. Das ist eben genau das, was mich bis heute am meisten beschäftigt: In Amerika hing alles allein von meiner eigenen Leistung ab.

Ich habe gewusst, dass ich es drehen kann. Allein. In der Werkstatt war das nicht so. Es gibt ein Übersetzungsverhältnis zwischen den Mitarbeitern und mir, das heißt, letztendlich kommt das, was ich oben tue, unten oftmals nicht an oder kann dramatisch reduziert sein. Diese Erfahrung und der Frust waren für mich schwierig zu verdauen. Heute achte ich sehr auf diese Übersetzungsleistung.

» *Es geht darum, den Qualitätsanspruch und das Versprechen, das wir unseren Kunden geben, auch umzusetzen.*

Letzten Endes war ich viel zu stolz, das zuzugeben und mir einzugestehen, dass ich eigentlich die Reißleine ziehen sollte. Ich hätte nicht aufgegeben. Doch Ende gut, alles gut: Wir haben ein erstes, sehr schwieriges Jahr gehabt und waren weit weg von dem, was ich gerne tun wollte. Aber dann sind ein paar glückliche Umstände zusammengekommen. Zum einen habe ich durch viel Glück einen fantastischen Werkstattmeister gefunden, der bis heute bei mir arbeitet. Damit hatte ich schlagartig jemanden, der das vertreten und gelebt hat, was ich mir vorstellte. Es hat gut gepasst. Damit war zumindest auf der Werkstattseite jemand, auf den ich mich verlassen konnte.

_ Ihr hattet auch dieselben Ansprüche?

Die Ansprüche sind gleich. Die Umsetzung bleibt immer noch eine Herausforderung. Aber wir haben erhebliche Fortschritte gemacht. Das war möglich, weil mein Werkstattleiter ein Team mit wirklich guten Mitarbeitern aufgebaut hat. Ein weiterer wichtiger Punkt ist, dass die Preise und die Nachfrage für klassische Maseratis in den Jahren 2011/2012 regelrecht explodierten. In dieser Phase erlebten klassische Autos einen starken Aufschwung, und Menschen, die zuvor nie darüber nachgedacht hatten, beschäftigten sich plötzlich intensiv mit ihnen. Insbesondere klassische Maserati GT waren sehr gefragt, und wir konnten davon profitieren. Zu guter Letzt habe ich durch unsere Präsenz nach und nach Kunden kennengelernt, die uns ihr Vertrauen schenkten, was zu Restaurationsaufträgen führte.

_ Aber sie haben Dir vertraut. Langjährige Kunden, die Du bis heute betreust?

Es war eine glückliche Fügung. Es ist uns auch gelungen, Services und Restaurationen anzubieten, die damals niemand auf diesem Niveau erbrachte. Ich habe durch diese Unternehmung Menschen kennengelernt, die ich in höchstem Maße schätze. Sie sind langjährige Kunden und Begleiter geworden, oftmals sogar Freunde. Wir haben aber auch immer versucht, klassische Maseratis noch besser zu machen. Niemand hat vorher Karosserien auf diese Weise restauriert. Wir waren zum Beispiel die Ersten, die eine Karosseriehülle vom Rahmen abgehoben haben. Damit haben wir Autos mit einer einzigartigen Qualität und Tiefe restaurieren können. Natürlich braucht es Kunden, die bereit sind, so etwas zu tun. Die Karosserie abzunehmen, heißt, ein Auto komplett zu zerlegen und wieder zusammenbauen. Eine solche Entscheidung kann leicht mehrere hunderttausend Euro kosten. Es sind bekannte Autos entstanden, die unsere Branche geprägt haben. Wir waren auch die Ersten, die bei Maserati-Motoren angefangen haben, Stirn- und Kettenräder anzufertigen. Am Markt war oft zu hören, ein Maserati-Motor müsse rau klingen. Das stimmt nicht. Es ist unendlich aufwendig, aber mit den richtigen Schritten klingen die Motoren wie eine Turbine. Solche Schritte haben uns nach vorne gebracht. Und es war einfach gerade der Markt für diese Autos. Ich war einige Jahre bis zu hunderttausend Kilometer pro Jahr unterwegs, habe mir europa- und weltweit Autos angeschaut, gekauft, verkauft. Wir haben langsam begonnen, einen Auto- und Kundenstamm aufzubauen. Heute betreuen wir 138 klassische Maseratis. Von diesen 138 Autos habe ich 60 selbst verkauft, die anderen haben wir bekommen, weil die Besitzer eine Werkstatt suchten.

_ Die Autos waren Einzelstücke.

Es sind immerhin die schwierigsten Karosserien, die je gebaut wurden. Italienischer Karosseriebau at its best. Karosseriebau hieß damals, Strukturen auszuprobieren. Es gab keine Vorschriften, sonst wären diese Formen nicht entstanden. Sie haben schöne Formen gebaut und Gebilde, die nicht für die Ewigkeit, sondern vielleicht für zwei oder drei Jahre waren. Alles war außerdem handgefertigt, 100 Prozent ohne irgendwelche Vorrichtungen.

_ Du sprichst von Unikaten?

Ja, jedes Auto ist ein Einzelstück. Es war Glück, dass wir in eine solche Phase gekommen sind, und ich diese Mitarbeiter und Zulieferbetriebe hatte. Einer der größten Pluspunkte, die diese Firma hat, sind handverlesene, gute Zulieferer. In der Branche denkt jeder, er könne es, aber in Wirklichkeit kann es kaum jemand. Es ist schon eine Herausforderung, jemanden zu finden, der nicht nur fachlich versiert ist, sondern auch Termine einhält. Wir sind diejenigen, die alle Teile zusammenführen und letztendlich den Endtermin einhalten müssen. Das macht es besonders anspruchsvoll. Das Finden des richtigen Teams ist definitiv eine positive Facette.

_ Da geschieht das, was ich gerade erlebte, als ich hier durch die Hallen gehen durfte. Man sieht diese Autos. Am Ende ist das vermutlich täglich wieder ein schönes Gefühl, oder?

Ganz offen gesagt, wenn ich am Abend hier durch diese Werkstatt gehe, diese Autos und Karosserien sehe, ist alles gut. Dann freue ich mich unendlich. Ich möchte noch einmal betonen, dass es sich um handgefertigte Einzelstücke handelt. Es sind Kunstwerke, jedes für sich.

__ Man könnte wahrscheinlich über jedes ein Buch schreiben.

Ja, man könnte über jedes Fahrzeug ein Buch schreiben. Jedes Auto hat eine irre Geschichte, nicht nur über die Menschen, die es besessen haben, sondern auch darüber, was mit dem Auto passiert ist und wie es gebaut worden ist. Das zu erleben, ist etwas Großartiges. Am schönsten ist es, ein Auto nach einer Reparatur oder Restauration wieder so zu sehen, wie es einmal war und wie es sein sollte.

__ Es ist bewundernswert, dass Du diesen Schritt gewagt und trotz aller Herausforderungen durchgezogen hast.

Ich bin froh, dass ich es verwirklichen konnte. Dazu muss ich sagen, ich konnte es tun, weil ich finanziell unabhängig war. Ich denke oft, wenn es manchmal knirscht, dass es ein glücklicher Zeitpunkt in der Geschichte war. Der richtige Ort und die richtige Zeit haben mir natürlich in die Hände gespielt.

__ Es gibt immer Gründe, so etwas nicht zu tun. Viele schaffen es mit ihren Ideen nicht über die Vorstellungsebene hinaus. Du hast es gemacht.

Heute ist das alles anders. In meiner Generation gibt es sicher pro zehn Männer zwei bis vier, die so etwas zu einem bestimmten Zeitpunkt gerne gemacht hätten. Fast jeder aus dieser Generation hat sich zumindest einmal mit Fahrzeugen auseinandergesetzt, ein Auto repariert oder getunt. Zeitweise fand das fast jeder gut und hat sich mit klassischen Autos beschäftigt. Ich glaube schon, dass man der Materie leicht verfallen kann.

_ **Es ist eine großartige Geschichte. Jede ist auf ihre Art neu, weil man stets neue Kunden, Autos und einzigartige Biografien kennenlernt.**

Damit verbunden sind spannende, neue Projekte. Ein Beispiel dafür ist die Nachfertigung eines Zylinderkopfs, ein Projekt, das über sieben Jahre gedauert hat. Wirtschaftlich betrachtet sind wir ein kleines Unternehmen mit sehr beschränkter Kapazität. Einen Monteur für zwei Monate aus dem laufenden Betrieb zu nehmen, um an einem Zylinderkopf arbeiten zu lassen, impliziert eben, dass diese Person zwei Monate nicht an anderen Kundenprojekten arbeitet. Das sind wirtschaftliche Risiken, die man bei einer Projektplanung immer im Hinterkopf haben muss.

_ **Lass uns noch ein bisschen weitergehen. Wer inspiriert Dich? Wie entstehen frische Ideen oder neue Ansätze?**

In dieser Branche gibt es einige Personen, die ich bewundere. Bei genauer Betrachtung haben sie entweder strategisch alles richtig gemacht oder sind wirklich herausragend. Interessanterweise gehören diese Menschen zu den fokussierten Leisen, nicht den Lauten. Man kann nur gut sein, wenn man sich fokussiert und konzentriert. Man muss sich nicht nur auf eine Marke spezialisieren, sondern, wenn es geht, sogar nur auf ein Modell oder wenige Modelle. Neue Ansätze entstehen manchmal aus alltäglichen Anfragen: Die Autos, die wir betreuen, haben in der Regel keine Klimaanlage. Die starke Wärmeentwicklung im Betrieb eines klassischen Maseratis kann vor allem für Beifahrer unangenehm sein. Hier war es für manche unserer Kunden unendlich wichtig, ihren Ehefrauen oder Partnerinnen angenehme Fahrten zu ermöglichen. So haben wir für diese Modelle Klimaanlagen entwickelt. Ein großes Projekt, da die Modelle unterschiedliche Anlagen brauchen. Das sind dann unternehmerische und auch strategische Entscheidungen, die uns am Markt einen Vorsprung geben und Kunden bzw. Besitzern das Fahren noch angenehmer machen.

_ **Zufriedenheit und Glück: Was erfüllt dich?**

Glück empfinde ich, wenn ich mich durch Herausforderungen kämpfe. Die wahre Zufriedenheit kommt nicht nur vom Erreichen eines Ziels, sondern von dem Wissen, dass man die letzten, schwierigsten Meter gemeistert hat, selbst wenn man kurz davorstand, aufzugeben. Die Fähigkeit, durchzuhalten, ist für mich eine starke Motivation. Es erfüllt mich zudem mit großer Freude, das Zuhause zu haben, das ich heute mein Eigen nenne. Eine Form von Glück, die ich in der Art und Weise im größeren Teil meiner ersten Ehe nicht erlebt habe. Meine jetzige Frau und ich haben uns erst vor etwas über fünf Jahren kennengelernt. Das brachte ein neues Gefühl, das ich eigentlich schon fast abgeschrieben hatte, da ich dachte, es würde nicht mehr kommen. Diese Geborgenheit, Liebe und Zusammengehörigkeit sind etwas Wunderbares. Auch die Tatsache, dass wir gemeinsam an kleinen und großen Projekten arbeiten, bereitet mir großes Glück. Manchmal genügt es auch, einfach nur am Sonntag beisammen zu sein.

_ **Es sind doch die kleinen Dinge und Momente, die zählen. Gibt es einen Widerspruch in Deinem Leben?**

Manchmal schütteln mich die Extreme. Es gibt Tage, an denen ich mich zwischen himmelhoch jauchzend und zu Tode betrübt bewege. Ich neige dazu, Dinge sehr ernst zu nehmen, insbesondere wenn sie nicht wie geplant verlaufen. Meine reflexartige Reaktion besteht darin, die Verantwortung zuerst bei mir selbst zu suchen, ohne auf andere zu zeigen. Selbst wenn ich ins Außen gehe, um Probleme zu lösen, beginne ich im Innen, bei dem, was ich persönlich und direkt verändern kann. Das macht es für mich manchmal schwierig. Ich weiß, dass ich nicht immer einfach bin – ich kann fordernd und unbequem sein. Das hat aber nur mit den Anforderungen zu tun, die ich an mich selbst stelle. In Situationen, in denen ich mich bedroht fühle oder das Gefühl habe, nicht angemessen geschätzt oder sogar ignoriert zu werden, weil meine Anliegen nicht ernst genommen werden, kann mein Verhalten unangenehm werden. Es ist eine Schwäche, der ich mir bewusst bin. Ich arbeite daran.

_ **Ist es wichtig für Dich, was die Außenwelt über Dich denkt?**

Es ist mir sehr wichtig, dass unsere Kunden mit unseren Services und Ergebnissen zufrieden sind.

_ **Kannst Du Dir noch einen anderen Platz vorstellen in Deinem Leben?**

Man sollte sich immer fragen, welchen Beitrag man für die Menschheit leistet. Ich könnte sagen, dass mein Betrieb einigen Menschen Brot gibt, was gut und wichtig ist, oder dass wir handwerkliche Fertigkeiten entwickeln, die sonst verlorengehen könnten. Doch beim Betrachten der Welt fällt auf, dass wir wunderschöne Dinge allerdings nur für wenige großartige Menschen bauen. Die Not in der Welt ist jedoch enorm, und das beschäftigt mich sehr. Wenn sich die Gelegenheit böte, würde ich aus meinem derzeitigen Umfeld aussteigen und mich konkret bei einem Start-up im Bereich erneuerbare Energien engagieren. Ich glaube, ich könnte aufgrund meiner jahrzehntelangen Managementerfahrung helfen, den Umgang mit Kunden zu verbessern, Projekte zu managen und finanzielle Aspekte zu überwachen. Es erscheint mir eine unendliche Notwendigkeit, bei der ich mehr für die Menschheit tun könnte als mit meiner aktuellen Tätigkeit. Das wäre wirklich ein Traum.

_ **Toll. Danke für das offene Interview.**

....

→ **Homepage:** leo-peschl.de
→ **Email:** leo.peschl@leo-peschl.de

MADJID DJAMEGARI

> *There is only one thing that makes a dream impossible to achieve: the fear of failure.*
>
> Paulo Coelho

MADJID DJAMEGARI

Gestalter von Hospitality-Träumen.

Wer er ist.
Innovationsarchitekt mit Biss

Was er tut.
Hospitality-Koryphäe und Konzeptentwickler

Was ihn auszeichnet.
Kreativität. Flexibilität. Resilienz.

MUTMACHER > MADJID DJAMEGARI

Die Gastronomie-Welt mit all ihren Facetten ist seine Spielwiese. Selbst Corona konnte seinen Ideenreichtum nicht bremsen.

In Frankfurt am Main sind berühmte Klubs und Restaurants direkt mit seinem Namen verbunden. Tops und Flops sind in der finanzintensiven und volatilen Branche nahe beieinander. Madjid hat beide Seiten kennengelernt und den Kopf immer über Wasser gehalten. Stillstand war für ihn keine Option. Auch ehrenamtlich engagiert er sich für seine Branche.

_ Würdest Du uns kurz durch die wichtigsten Stationen Deines Lebens führen?

Gerne. Ich bin Deutsch-Iraner, in Teheran geboren. Meine Mutter ist Deutsche und damals nach Teheran geflogen, um mich zur Welt zu bringen. Mein Vater hatte in Braunschweig studiert und geheiratet. Er versprach meinem Opa, dass das zweite Kind in Teheran geboren würde. So reiste meine Mutter im Jahr 1968 allein dorthin – ohne meinen Vater, der in dieser Zeit Klausuren schreiben musste. Man muss sich das vorstellen: Sie sprach weder Persisch noch Englisch und brachte mich dort zur Welt. Danach flogen wir zurück nach Braunschweig. Später mussten wir dort wegziehen, weil ich als Kind an Bronchialasthma litt. Braunschweig war von schwermetallhaltiger Luft geprägt, also folgten wir der Empfehlung der Ärzte und zogen um. Von Braunschweig ging es nach Bad Homburg. Später, als ich sieben Jahre alt war, zogen wir von Bad Homburg nach Teheran. Dort blieben wir bis 1978. In dieser Zeit besuchte ich die deutsch-iranische Schule. Mein Vater erkannte schon früh, dass es politisch nicht gut aussieht in einem Konflikt, der schon Jahrzehnte schwelte.

_ Das Schicksal vieler Familien.

Ja, das Schicksal hat viele getroffen, und viele haben rechtzeitig die Zeichen erkannt. Wir haben das Land nur ein halbes Jahr vor der Revolution verlassen. Mein Vater ahnte, dass etwas passieren würde, und so sind wir nach Kronberg gezogen, wo ich bis zum Abitur zur Schule ging. Eine Banklehre folgte, die Bundeswehr blieb mir aufgrund gesundheitlicher Gründe erspart. Ursprünglich hatte ich vor, in London zu studieren, aber ich entschied mich letztendlich für BWL in Frankfurt.
Nebenbei habe ich als Barkeeper gearbeitet und hatte das Glück, an die Hoechst AG zu geraten. Das Unternehmen gibt es heute in dieser Form nicht mehr, es

wurde aufgeteilt und umbenannt, dürfte aber vielen noch so bekannt sein. Mein Job war cool: Ich mixte Cocktails auf Messen rund um die Welt. Eine aufregende Zeit, in der ich viel erlebt und gutes Geld verdient habe. Die Cocktails waren oft alkoholfrei, denn in Amerika durfte auf Messen kein Alkohol ausgeschenkt werden. So mischten wir Säfte. Nebenbei gab es ein bisschen Entertainment für die Gäste. Parallel zum Studium arbeitete ich als Researcher im Headhunting, wo ich einige Zeit blieb. Dann wagte ich den Schritt, meine eigene Research-Agentur aufzubauen und investierte in das erste Klub-Projekt – den Frankfurter King Kamehameha Club (oder kurz: KingKa).

__ **Das klingt vielseitig.**

Ja, in der Tat. Entstanden ist die Idee, als Radu und ich in London auf einer Messe für die Hoechst AG waren. Er ist der Kopf vom King Kamehameha gewesen und eine Frankfurter Gastronomie-Legende. Sobald die Hoechst AG zwei Barkeeper brauchte, habe ich Radu mitgenommen. Einen Abend verbrachten wir im Ronnie Scott's – ein berühmter Jazzklub im Londoner Soho. Wir sind beide Jazz-Fans und haben an eben diesem Abend von einem eigenen Projekt geträumt, das genau diese Komponenten haben sollte: eine Location in Frankfurt mit Essen, coolen Leuten, Musik, Jazz und ein bisschen tanzen. Ein halbes Jahr später kam Radu auf mich zu und sagte: „Hör mal zu, Madjid, ich habe da den perfekten Raum für diese Idee." Das war die Union-Brauerei auf der Hanauer Landstraße in Frankfurt. Es dauerte nicht mehr lange, bis die Gesellschaft mit vier Partnern gegründet wurde. Ich war stiller Gesellschafter, da ich schon meine eigene Research-Firma hatte. Und so beteiligte ich mich am King Kamehameha Club. Das war 1999. Ich blieb dem Headhunting bis 2001 treu, als der neue Markt zusammengebrochen ist. Wir haben im Headhunting sehr viel für IT-Positionen

recherchiert, da die Unternehmen nach C++- und Java-Programmierern schrien. Es gab keine und war damals ein bisschen nervig (Lacht).

_ Das hast Du im Rahmen der Executive-Search-Tätigkeit gemacht?

Genau, mit meiner Agentur. Ich habe für zahlreiche Headhunting-Companies in Deutschland gearbeitet. Ich muss zugeben: Das war mehr Schmerzensgeld als Leidenschaft.

_ Zu dieser Zeit war die Internetnutzung nicht so weit fortgeschritten wie heute.

Wir haben damals viel telefoniert. Lustiges und kreatives Vorgehen war gefragt: „Ja, mein Name ist Schmidt von der XY-Behörde. Ein Mitarbeiter von Ihnen, den ich suche, hat einen Unfall gebaut. Ich habe den Namen aufgeschrieben, aber finde den Zettel nicht mehr. Wenn Sie den Namen nennen, fällt er mir bestimmt wieder ein." Die Antwort zumeist: „Er ist da in der Abteilung so und so." Dann haben sie in der Regel Namen heruntergerattert, ich habe alles schnell mitgeschrieben und versucht, Informationen zu sammeln. Die Uhren tickten damals anders: Zum Beispiel waren wir damit beschäftigt, vertrauliche Telefonbücher von Unternehmen zu besorgen. Das war Detektivarbeit.

Als der neue Markt zusammenbrach, traf ich die Entscheidung, dem Research den Rücken zu kehren. Meine Leidenschaft waren der King Kamehameha und die Gastronomie. Dort sah ich Möglichkeiten, mit der Gastronomie bzw. mit dem Konzept King Kamehameha zu expandieren und zu wachsen. Im Herzen bin ich Markenmensch und Stratege, und so war mein Ziel gesetzt: Ich bringe mich jetzt hundert Prozent ein und bin als geschäftsführender Gesellschafter eingestiegen. Ziel war eine Expansion, und so bin ich mit einer Brauerei in Verhandlungen eingetreten. Die Brauerei hatte zu dieser Zeit gerade eine Beteiligungsgesellschaft gegründet, um sich vermehrt an spannenden Gastro-Konzepten zu beteiligen. Und wir haben es geschafft: Das Unternehmen hat sich mit 25,1 Prozent an unserem Konzept beteiligt. Das erste Problem ließ aber nicht lange auf sich warten, denn nur ein halbes Jahr später war die

Brauerei an ein belgisches Unternehmen verkauft worden, das nicht an diesem Beteiligungskonzept festhalten wollte. Glücklicherweise konnten wir aufgrund guter Beziehungen rechtzeitig alle Anteile zurückkaufen, bevor das Unternehmen irgendwann nach Belgien abwanderte.
So standen wir unerwartet schnell wieder bei null. Schlussendlich ist uns die Expansion mit der Gruppe trotzdem geglückt – auf anderen Wegen: Neben einem Beachklub und dem KingKa haben wir in der Alten Oper ein Restaurant betrieben, das sogar einen Michelin-Stern verliehen bekam. Als ob alles nicht spannend genug war, haben wir nach Mallorca expandiert – was ein großer Fehler war. Der bisherige Erfolg vernebelte uns ein bisschen und ließ uns in dem Glauben, alles schaffen zu können. Mallorca erst recht. Leider mussten wir feststellen, dass auf der Insel mafiöse Strukturen herrschten, die eine Geschäftstätigkeit sehr schwierig machten. Insgesamt haben wir dort drei Betriebe eröffnet. Und das Pendeln zwischen Frankfurt und Mallorca wurde zur echten Herausforderung: Ich bin wöchentlich von Frankfurt nach Mallorca und zurück. Am Ende war ich der letzte übrig gebliebene Gründungsgesellschafter vom King Kamehameha. Ich habe dann spannenderweise einen Gesellschafter dazubekommen, der seinerzeit im Aufsichtsrat bei Wirecard war.

_ Aus heutiger Sicht klingt das besonders verrückt, wenn man an die Wirecard-Affäre zurückdenkt.

Er hat sich beteiligt und zwei mallorquinische Betriebe mit eingebracht. So war das damals mit den Investitionen. Unser Unternehmergeist blieb uns trotz der schwierigen Erfahrung erhalten, und die Idee war, ungeachtet der Herausforderungen oder vielleicht gerade mit ihnen, weiter zu wachsen. Und so ließ das nächste Konzept nicht lange auf sich warten, nämlich ins Hotel-Business einzusteigen. Aus der Idee ist das Kameha Grand in Bonn entstanden. Für unsere Idee haben wir mehrere Manager von einer großen Hotelgesellschaft gewinnen können, sind dann gemergt, und haben die strategische Entscheidung getroffen, sowohl einen Gastro- als auch Hotel-Arm zu etablieren. Das alles brachte zahlreiche unternehmerische Aspekte mit sich: Überkreuzbeteiligungen und vieles mehr. Relativ schnell mussten wir feststellen, dass das alles nicht passt. Es folgten die klassischen Unstimmigkeiten, mit der Konsequenz, dass ich 2008 die Gruppen verließ.

_ Das klingt nach einem harten Schnitt.

Ja, denn ich musste mir schlagartig darüber klar werden, was der nächste Schritt für mich sein könnte. Und da kam ein Anruf. Es ging um die Sturmhaube auf Sylt. Ein Objekt, das mich wesentlich früher bereits interessiert hatte. Der Anruf kam von Unternehmern aus München, welche die Sturmhaube gepachtet hatten, aber von Gastro keine Ahnung hatten. Und so fand ich mich auf Sylt wieder. Es war ein totales Himmelfahrtskommando. Wir hatten Angestellte aus dem vorherigen Betrieb übernommen. Das totale Chaos. Und ich entschied mich dafür, dieses Projekt als Beratungsjob zu übernehmen. Also – ab auf die Insel. Ich helfe dort.
Der erste Anruf galt Freunden in Hamburg mit der Aufforderung: „Schickt mir Leute nach Sylt." Ostern stand vor der Tür. Rückblickend darf ich sagen, dass ich mich noch nie so viel entschuldigen musste, wie in den zwei Wochen der kurz darauffolgenden Osterferien. Aber wir haben es überlebt, und im Anschluss habe ich ein umfassendes Konzept entwickelt. Die Sturmhaube wurde umgebaut und außen eine Terrasse erstellt. Ausgelegt war der Job für ein halbes Jahr. Am Ende sind es zwei Jahre geworden. In dieser Phase zeichnete sich schon das Projekt „Gibson Club Frankfurt" ab.

Madjid und Xavier Naidoo im Jahr 2012

_ Es blieb über all die Zeit hinweg bewegt und spannend bei Dir.

Es war nicht ganz einfach. Entscheidend war: Ich habe diesen Keller auf der Zeil in Frankfurt angeschaut – die ehemaligen Zeil-Kinos. Vierzig Jahre Kinobetrieb und dann stand das Gebäude bzw. der Keller acht Jahre leer, weil er nicht mehr den gültigen Brandschutzbestimmungen entsprach. Als ich den Raum sah, war klar: Das ist der perfekte Raum für mein Vorhaben. Von der Hausverwaltung erfuhr ich, dass das Haus einer älteren Dame gehört, die in Kanada lebt und Gastronomie an diesem Standort kategorisch ablehnt. Eine Belebung des Hauses war zwar gewünscht, aber der Mieter im oberen Teil des Haus sollte nicht gestört werden. Ein für mich weiterer wichtiger Hinweis war der auf die Enkelin, die vielleicht Spaß an einem solchen Thema haben könnte. Und Frankfurt ist ein Dorf. Ich habe über Freunde Kontakt herstellen können, um ihr das Konzept vorzustellen. Wir hatten damals schon die Söhne Mannheims mit Xavier Naidoo als Partner gewinnen können. Es waren andere Zeiten. Die Enkelin der Eigentümerin wurde zu einer Schlüsselfigur. Irgendwann kam die Nachricht, dass das kategorische Nein aufgehoben sei, und wir in Verhandlungen treten könnten.

Es folgten viele Treffen und komplexe Vertragsverhandlungen. Nach dem Tod der alten Dame dauerte es einige Zeit, bis der Nachlass geregelt war. Während meiner Zeit auf Sylt war irgendwann klar, dass Frankfurt starten kann. Auf zu neuen Ufern. 18 Monate dauerte der Umbau und 2012 eröffnete der Gibson Club. Sehr erfolgreich von Anfang an. Er ist durch die Decke gegangen. Wir veranstalteten Konzerte mit namhaften Bands, obwohl wir eigentlich total grün hinter den Ohren waren, was dieses Thema anging. Bis dahin hatten wir nur ein paar Klub-Bands auf Bühnen gehabt. Ich erinnere mich gut an unser erstes Konzert mit Lieberberg. Da kam Kasabian – eine superbekannte Band.

_ Kasabian ist sensationell.

Sie wollten nach Rock am Ring noch mal zwei bis drei Klub-Shows spielen. Das Lustige war: Sie kamen mit dem Equipment vom Rock am Ring angefahren, also zwei Riesen-Trailern. „Guten Flug", dachte ich bei mir – denn bei uns ging die Treppe steil herunter. Einen Aufzug gab es nicht. Und so mussten sie alles schleppen. Dieses erste Konzert war geil, aber aus heutiger Sicht betrachtet waren wir Amateure. In all den Jahren haben wir viele großartige Bands im Klub gehabt. Das ist das, was uns am Ende am meisten Spaß gemacht hat, weil wir das Klubleben kennen und immer wieder neu erfinden. Dieses Livemusik-Thema war einfach spannend. Wir haben von Capital Cities bis Dua Lipa, Billie Eilish und, und, und auf der Bühne gehabt. Sie waren alle bei uns. Jeder Newcomer, der seinen ersten Top-Ten-Hit hatte, hat bei uns gespielt. Ich war für die Künstler-Auswahl verantwortlich.

Manchmal schimpfte das Team mit mir: „Das geht doch nicht, die kannst Du nicht ablehnen." Doch, ich kann, denn ich wollte das nicht spielen. Ich wollte keine Schlager und keine ethnische Musik. Wir haben sehr früh für uns beschlossen, dass wir nur auf Deutsch oder Englisch singen lassen bei uns, keine andere Sprache. Das war eine Grundsatzentscheidung. Ich habe mich immer um die Strategie und Raumplanung gekümmert, die Räume alle in regelmäßigen Abständen bewusst geändert. Ich war immer das Gesicht des Klubs, zwar nicht mehr an der Tür, aber in der Öffentlichkeit. Das beinhaltete darüber hinaus die ganze politische Arbeit. Weitere Ämter kamen dazu als Vorstandsmitglied der Dehoga in Hessen und Vorsitzender der Initiative Gastronomie Frankfurt e. V. Strategien und Geschäftsentwicklung sind meine Themen: Ich erarbeite das Grundkonzept und die räumliche Planung. Insgesamt waren wir drei aktive Partner. Einer kümmerte sich um das operative Tagesgeschäft, ein weiterer um Einkauf und Controlling. Im Klub war ich selbst nur noch zwei- oder dreimal pro Jahr. Ich musste da nicht mehr eingebunden sein.

_ Lass uns einen Schritt zurückgehen. Du hast vorhin vom Übergang des Search-Unternehmens zu Deiner Herzensentscheidung Gastronomie gesprochen. War das eine mutige Entscheidung? Was hat Dich dazu bewegt, diesen Schritt zu gehen? Es ist allgemein bekannt, dass die Gastronomieszene nicht immer einfach ist.

Ja. Es war eine andere Zeit. 1999 haben wir den Klub aufgemacht, 2001 kam die Entscheidung. Die Situation war in der Tat nicht ganz einfach. Wie schon gesagt: Zusammenbruch, neuer Markt, Krise, Euro – viele Themen kamen auf uns zu. Es war keine einfache Zeit, aber ich habe in den 90ern die schönen Seiten und Gastro-Jahre erlebt. Die Gründung des King Kamehameha war ein unglaublicher Erfolg. Wir haben in einem Raum, der 750 Personen fasst, 1500 Gäste im Durchlauf gehabt und haben jeden Abend über tausend weggeschickt. Die Zeit war anders und irgendwie noch unbeschwert.

_ Hast Du jemals in Erwägung gezogen, dass etwas schiefgehen könnte?

Ja und nein. Ich war zwei Jahre als Gesellschafter dabei und das gab mir genügend Zeit, es anzuschauen. Mutiger wäre es gewesen, von Anfang an dabei zu sein und alles auf eine Karte zu setzen. Aber wir schauten auf eine gewisse Historie, und ich hatte Ideen, wo es hingehen könnte. Ich würde es nicht als gemachtes Nest bezeichnen, aber es war zumindest nicht ganz so mutig, wie es vielleicht klingt. Auf jeden Fall eine Entscheidung, die ich nie bereut habe. Ich war viel jünger, habe das Projekt und das Gewerbe gemocht. Heute würde ich mich nicht mehr so offen der Gastronomie zuwenden. Wir sind in einer anderen Zeit. Doch die damalige Entscheidung würde ich wieder genauso treffen. Jeder macht Fehler auf seinem Weg, und auch ich habe viele Fehler gemacht. Es gab sicher Momente, da hätte ich mich vielleicht eher entscheiden sollen, rauszugehen oder Dinge anders zu gestalten, aber in dem Moment war das gerade gut.

_ Teilst Du eines dieser Beispiele mit uns?

Ja, Gibson war mit Sicherheit eine wesentlich mutigere Entscheidung. Gibson war kein Himmelfahrtskommando, aber mit einem erheblichen Risiko verbunden: Wir sind mitten auf die Zeil gegangen. Das war eigentlich eine No-Go-Area. Ein riesiger Raum, also eine sehr große Fläche. Jeder hat uns von der Lage abgeraten.

_ Was heißt großes Risiko? Finanzielles Risiko?

Ja, hohes finanzielles Risiko, denn wir haben sehr viel Geld investiert. Und mit unserem Anspruch an die Klientel folgte immer wieder ein Argument: Der Raum ist so groß, dass ihr es gar nicht schaffen könnt, ihn zu füllen. Dieser Weg war deutlich mutiger. Ich war davon überzeugt, dass es funktioniert. Auch das würde ich heute wieder genauso machen. Aber es gab durchaus schwierige Situationen. Ein Thema, das sich wie ein roter Faden durch meine berufliche Karriere zieht, ist die Tatsache, dass ich immer viele Bälle in der Luft halten muss, weil ich nie wusste, welche runterfallen: Ich diskutierte immer sechs Locations parallel, habe immer ein ABC-Szenario. Das heißt, ich hatte immer 18 Szenarien im Kopf, wie Dinge laufen könnten. In dem Moment wusste ich nicht, ob es funktioniert oder nicht. Und so habe ich parallel noch etwas anderes angestoßen. Hier hätte ich eigentlich ablehnen sollen. Ein Restaurantkonzept, das ich mit Partnern aufgesetzt hatte. Es gab nur Stress unter den Partnern und am Ende ist es total in die Grütze gegangen. Hinterher ist man immer schlauer, aber ein Beispiel, wo ich im entscheidenden Moment hätte nein sagen sollen. Man lernt daraus, und es sind teure Fehler. Man muss dabei eines im Kopf haben: Am Ende des Tages ist es etwas anderes, ob ich meine Zeit und mein Know-how in ein Projekt investiere oder wie in der Gastronomie viel Geld einbringe.

_ Wie wichtig ist für Dich externes Feedback, und wann entscheidest Du Dich, unabhängig von anderen zu handeln?

Man muss da differenzieren, von wem ein Rat kommt: Ist es jemand, der gut situiert ist und totales Sicherheitsdenken hat? Diese Person wird in der Regel einen ganzen anderen Blick auf diese Art Unternehmertum haben. Heute weiß ich, dass man mehr Risiko eingehen muss, wenn man alles selbst aufbaut. Nehmen wir ein Beispiel: Wenn ich von Haus aus fünf Immobilien geerbt hätte, dann wäre ich nie in die Gastronomie gegangen. Wenn man eine gewisse Sicherheit hat, warum soll man dann so ein Risiko eingehen? Gleichzeitig bietet die Gastronomie unheimlich viele Chancen, wenn man weiß, was man tut. Gerade in Deutschland gibt es immer viele Zweifler und Schlechtredner. Ich kann das gut vergleichen, wenn ich auf meine Frau schaue. Sie ist Amerikanerin. Dort geht man die Dinge anders an und riskiert viel mehr. Hinfallen und wieder aufstehen. Das ist in Amerika nicht verpönt, sondern gehört dazu. Deswegen schaue ich genau darauf, wer einem etwas sagt und wie viel Wissen die Person in Bezug auf das Geschäft hat, das man betreibt. Letztendlich muss man auch auf sein Bauchgefühl hören. Ich folge meistens meinem Bauchgefühl und schalte manchmal das Gehirn ab. Das setzt dann wieder ein, wenn der Business Case kommt, aber in dem Moment, wo die Entscheidung getroffen werden muss, da muss man sich ehrlich fragen: Traue ich es mir zu oder nicht? Bei diesen Entscheidungen stand das Geld nie im Vordergrund.

_ Was steht im Vordergrund?

Umzusetzen, was einen bewegt. Dieser Tatendrang. Klar, irgendwann setzt das Gehirn ein und der Business Case wartet, aber für den Erfolg ist es genauso wichtig, Feuer für etwas zu fangen. Ein Feuer, das der Umgebung ein echtes „Wow!" entlockt.

_ Ich brenne dafür?

Es ist eine schwierige Aufgabe, und genau das macht es spannend für mich. Einfache Aufgaben waren nie mein Ding. Kopieren von Erfolgskonzepten schon gar nicht. Ich habe immer versucht, Dinge neu zu erdenken und zu entwickeln.

__ **Bringt das Zufriedenheit?**

Beides. Meine Zufriedenheit und meine Unzufriedenheit. Es gibt Augenblicke, in denen ich denke, es wäre leichter gewesen, die Dinge einfacher zu halten und weniger ambitionierte Ziele zu setzen. Sicherlich könnte ich meine Geschäfte wirtschaftlich effizienter führen, aber dann wäre es nicht mehr dasselbe.

__ **Du meinst, dann hätten sie nicht Deinen individuellen Fingerabdruck?**

Ja, genau. Es wäre nicht so, wie ich mir das vorstelle. In der Konsequenz eckt man damit gelegentlich bei den Partnern mal an. Mein Geschäft hat immer Partnerschaften gefordert in den meisten meiner Unternehmungen. Am Ende des Tages schließt man damit Kompromisse. Es wäre vermutlich leichter gewesen, es allein zu machen, mit der Folge, dass man auf Abstimmungen und Kompromisse verzichtet. Aber die Triebfeder war für mich nie das Geld. Die Triebfeder war nie die öffentliche Meinung oder besondere Anerkennung. Vom Wesen her bin ich eher introvertiert. Ich habe meine damalige Rolle angenommen, weil ich wusste, dass einer an der Front stehen musste. Eine Person muss das Gesicht der Gesellschaft sein, aber am liebsten hätte ich einfach nur getüftelt.

__ **Du engagierst Dich auch ehrenamtlich.**

Ja, ich engagiere mich ehrenamtlich. Unter anderem, weil es so wenige andere gibt, die nach vorne treten. Wir hatten zum Beispiel diese Initiative Gastronomie Frankfurt e. V. gegründet, deren Bedeutung in der Pandemie wuchs. Denkt zurück an diese schwierigen Phasen für die Branche, besonders in den ersten drei Monaten, wo kein Mensch wusste, was passiert. Damals gab es noch keine finanzielle Unterstützung der Regierung. Dann folgten zwanzig- oder dreißigtausend für die ersten Monate. Aus der Perspektive

von Unternehmern mit Fixkosten, die monatlich sechsstellig sind, klingt das wie ein Hohn: „Du hast jetzt mal den nächsten Monaten dreißigtausend Euro und sieh zu, wie Du zurechtkommst." Eine sehr schwierige Situation für die Branche. Deshalb ist es in solchen Momenten wichtig, gemeinsam nachzudenken. Alle saßen im selben Boot. Dehoga ist ein ähnliches Thema. Ich habe viel Bewunderung für Menschen, die sich sozial engagieren. Ich setze mich ehrenamtlich für meine Branche ein. Es kostet viel Zeit, aber es ist mit einem gewissen Eigeninteresse verbunden, während andere völlig uneigennützig Projekte unterstützen, die anderen Menschen helfen und gar nichts mit ihrem sonstigen Leben zu tun haben. Dazu fehlt mir die Zeit. Überhaupt war Zeit immer ein Thema für mich.

_ Wenn Du auf Dein Leben und Deine Karriere als einen Kurvenverlauf schaust: Womit hast Du nicht gerechnet – positiv wie negativ?

Positiv mit Sicherheit, erneut Vater zu werden und dann wieder zu heiraten. Das empfinde ich als Glück, dass ich während einer Geschäftsreise in New York einer Frau begegne. Es ist mir zugefallen. Und ich erinnere mich daran, was ich zu meiner Frau gleich zu Beginn sagte: „Ich will weder heiraten, noch Kinder kriegen, das habe ich alles hinter mir." Und jetzt sind wir verheiratet und haben ein Kind. Ein unfassbares Geschenk. Bei den negativen Punkten gab es eine Menge Misserfolge, sowohl im Beruflichen als auch im Privaten. Ich glaube nicht, dass man bewerten kann, was negativer war oder ist. Genauso wie ich im Positiven die Ehe sage, kann ich es im Negativen auf das Scheitern der ersten Ehe beziehen. Ungeplant mit zwei kleinen Kindern aus der Ehe rauszugehen, das war eine harte Zeit. Schuldgefühle, die Kinder zurückzulassen, weil ich gegangen bin. Das Berufliche und der Erfolg im Beruf kommen gar nicht so nah an mich heran.

In meiner Branche ist es nicht wie in anderen Zweigen, wo man ein Produkt entwickelt, und idealerweise vierzig Jahre lang erfolgreich vertreibt. Mein Leben war leider nicht so.

__ **Du befindest Dich gewissermaßen in einem dauerhaften Innovationsprozess.**

» *Es gilt, sich immer wieder neu zu erfinden. Was heute funktioniert, sieht morgen ganz anders aus und hat möglicherweise am Ende des Tages keinen Bestand.*

Gerade im Klubleben gilt es immer wieder, innovativ zu arbeiten. Bei Restaurants ist etwas anders gelagert. Im Restaurant-Bereich bin ich allerdings auch nicht der klassische Gastronom, der in seinem Laden steht und sich zwanzig Jahre freut, dass er einen Laden hat.

__ **Wie gehst Du mit Krisenmomenten um?**

Ganz unterschiedlich. Mit dem Alter wird man rationaler und kann Dinge besser einordnen. Wenn man jung ist, ist die erste große Krise wirklich eine große Krise und viele sind total aus dem Häuschen. Mit der Zeit lernt man, damit umzugehen. Es ist wichtig, nicht zu verzweifeln und es nicht zuzulassen, sondern weiterzugehen. In der Regel merkst Du, was Dir in dem Moment guttut oder nicht bekommt. Zum Beispiel trinke ich grundsätzlich weniger oder gar keinen Alkohol, wenn ich angestrengt oder konzentriert bin. Mit Alkohol hat man vielleicht kurzfristig den Eindruck, sich besser zu fühlen, aber der Kater ist schlimm. Danach fühlt man sich noch schlechter. Das ist wie bei jemandem, der ein Rockkonzert gibt vor achtzigtausend Menschen und in diesem absoluten High ist und am nächsten Morgen aufwacht. Ich stelle mir das krass vor. Es ist schwierig, von der Bühne zu gehen und wieder ein normaler Mensch zu sein, wenn achtzigtausend Menschen dein Lied singen. Mit Alkohol ist es genauso. Das sind Dinge, von denen man weiß, dass sie nicht guttun. Ich mache seit jeher viel mit mir selbst aus. Das hat möglicherweise mit der Erziehung zu tun. Man kennt sich irgendwann. Ich regele die Dinge. Nur wenige Menschen verstehen meinen Job wirklich. Es ist tatsächlich so, dass die wenigsten nachvollziehen können, was ich als Unternehmer und Gastronom verantworte.

» *Es ist wichtig, darauf zu schauen, was einen positiv unterstützt. Ist es Sport? Ist es einfach, ein bisschen ruhiger zu werden, in sich gehen, immer hart arbeiten, und immer wieder aufstehen? Der Selbstmitleid-Modus ist kein Weg und es gilt, ihn zu vermeiden.*

Wenn es beruflich ist, dann denke ich mir oft, dass große Unternehmen hier und da ebenfalls Modelle oder Produkte auf den Markt bringen, die scheitern.

__ **Und sie gehen weiter.**

Ja, es geht weiter. Warum soll dann meine Welt untergehen? Aufstehen und weitermachen ist der Weg. Mich interessiert wenig, was Menschen über mich sagen. Ich höre da gar nicht hin. Sie reden heute gut und morgen schlecht. Es ist wie es ist. Dann loben sie einen in den Himmel. Das hat mich noch nie interessiert.

__ **Gibt es Menschen, die Dich inspirieren?**

Es gibt viele Menschen, die mich inspirieren. Ich bin jetzt nicht auf der aktiven Suche nach Inspiration. Da gibt es viele, die das sind, gerade in der heutigen Zeit.

__ **Viele Menschen scheinen mehr zu suchen als zu finden.**

Ja, und das merkt man. Ich bin beruflich aktiv auf Social Media, privat nicht. Es interessiert mich nicht. Warum sollte man Mahlzeiten, Urlaub, Kinder oder das Privatleben posten? Mir fällt auf, dass zunehmend Lebensweisheiten gepostet und geteilt werden. Reisen ist das, was mich am meisten inspiriert. New York ist für mich die Inspirationsquelle hoch zehn. Meine Frau und ich sind die ersten zwei Jahre gependelt. Ich war immer zwei Wochen dort, eine hier – zwei Jahre lang. Das ist schon irre, was man sieht, wenn man mit offenen Augen durch diese Stadt geht. Aber jeder Ort inspiriert mich, egal wo ich bin.

__ **Neugier, die Dich treibt?**

Ja, die Neugier. Ich gehe selten essen oder irgendwo hin, ohne eine Entdeckung zu machen. Sei es nur eine Dekoration. Da ist stetig die Suche nach Inspiration in mir. Architektur, Essen, Trinken, Kultur, Zeitschriften, Bücher – das alles sind Inspirationsquellen. Und Reisen fasst das alles zusammen, denn dort erlebt man es gebündelt. Frankfurt ist eine kleine Stadt, fast ein Dorf. Wer in dieser Enge gefangen ist, kann davon verrückt werden. Doch sobald man die große, weite Welt gespürt hat, verspürt man den Drang, auszubrechen und Neues zu entdecken.

__ **Wie gehst Du mit Komplexität um? Du erwähntest 18 Bälle in der Luft ….**

Komplexität war immer das beherrschende Thema in meinem Leben mit 18 Bällen in der Luft, zwei Kindern aus erster Ehe, einem Kind aus aktueller Ehe, meinen Eltern und Schwiegereltern in Amerika. Auch das Privatleben ist komplex. Über die Komplexität des Metiers haben wir schon angesprochen. Als ich selbstständig war, wachte ich auf und wusste nicht, welche Probleme mich erwarten. Jeden Tag warteten gefühlt hunderte Aufgaben, die unerwartet dazukamen – aus ganz unterschiedlichen Bereichen. Dabei muss man nicht alles wissen, aber es in der Komplexität verstehen, um Entscheidungen treffen zu können. Vielleicht schwer nachzuvollziehen, wenn man es nicht erlebt hat. Das Unternehmergehirn rattert eigentlich 24/7, Sonn- und Feiertage eingeschlossen. Der Kopf hört nicht auf. Beim Aufwachen fragt man: „Wie mache ich das heute?" Beim Schlafengehen: „Was möchte und muss ich morgen alles erledigen?" Sieben Tage pro Woche. Vieles davon war nicht zu delegieren. Ich bewunderte immer Menschen, die einen Konzern leiten können. Wie kann eine Person wie Elon Musk überhaupt auf Dauer wissen, was in seinem Unternehmen passiert? Wenn Du von 24 Stunden am Tag 17 Stunden im Flieger bist, von A nach B und das häufig an sieben Tage pro Woche, wie bekommst Du alles mit? Bei Politikern würde ich dasselbe sagen. Sie haben in der Regel keine Ahnung, aber sie tun eben so und müssen zu allem etwas kommentieren können. (Lacht)

__ **Ja, und sie sind keine Fachkräfte auf ihrem Gebiet.**

Komplexität ist jedenfalls etwas, was ich bewusst reduziert habe, um mich vor Fehlentscheidungen zu schützen.

__ **Wo findest Du privat Ruhe, wenn Du mal herunterfährst?**

Ich finde keine wirkliche Ruhe, außer mit und bei meinen Kindern. Mit ihnen versuche ich, die Zeit und die Augenblicke zu genießen – mit Blödeleien und Spielen. Das sind die Momente, wo ich dann den Kopf abschalte. Ansonsten nur auf Reisen, wenn ich nicht in Frankfurt bin.

_ **Wenn Du einen anderen Weg oder Platz für Dich wählen könntest, was würdest Du Dir aussuchen?**

Ich scherze oft darüber, dass ich im nächsten Leben Notar werde und mich in etwas Unkreativem verliere. Kreativität ist zweifelsohne schön, aber anspruchsvoll – es ist nicht leicht für andere, dem ständigen Fluss meiner Ideen zu folgen. Eine Tätigkeit als Notar hingegen scheint wie eine andere Welt – und ich kann schnell und laut lesen! Das reizt mich. (Lacht) Der Immobiliensektor interessiert mich von jeher, jedoch nicht unbedingt auf der Investitionsseite. Architektur und Innenarchitektur spielen dabei eine entscheidende Rolle. Dafür kann ich mich wirklich begeistern.

_ **Das klingt nach einer interessanten Bandbreite.**

Und nicht zu vergessen: Ich schätze die Weite des Landes und bin ein Landmensch, obwohl für mich keine Stadt groß genug sein kann. Mein Wohlbefinden ist universell. Ich bin nicht der Typ, der sich mit Vergleichen aufhält. Meine Ausrichtung ist stets nach vorne gerichtet. Ein gutes Beispiel dafür ist der Winter auf Sylt, wo die Bevölkerung noch geringer ist als in Kronberg. Ich komme gut mit Menschen aus, ebenso wie mit mir selbst, dank meiner Offenheit. Die Entscheidung zwischen New York und Frankfurt fiel damals auf Frankfurt, besonders wegen unserer beiden kleinen Kinder. Glücklicherweise ist meine Frau mitgekommen. Die Zukunft bleibt offen – wer weiß, vielleicht ändert sich das irgendwann.

_ **Im Alter?**

Als Kind bin ich häufig umgezogen und habe Diskussionen zwischen meinen Eltern mit ihren unterschiedlichen Nationalitäten mitbekommen.

Mit der Entfernung, dem Altern der eigenen Eltern und anderen Aspekten kommen Fragen auf: Wie geht es weiter für die Kinder, vor allem in Bezug auf Schule und Umgebung? Scherzhaft gesagt, würde ich am liebsten irgendwo auf dem Land Wein anbauen. Das mag nicht romantisch klingen, denn Weinanbau, selbst in Südfrankreich, ist harte Arbeit – und nicht etwa, weil man es delegiert und eine Hundertschaft Mitarbeiter hat. Nein, ich würde den Wein selbst herstellen wollen. Das ist für mich eine Vision, eine völlig andere Richtung.

_ Nun hast Du den Gibson Club und die Taquería hinter dir gelassen und Dich wieder verändert.

In der Tat. Ich bin nun Teil der Compass Group Deutschland. Dort bin ich jetzt in neuer Position als Geschäftsführer für zwei Sektoren verantwortlich. Mein Bereich nennt sich Levy Venues & Events. Bei Venues dreht es sich um die öffentliche Gastronomie, bei Veranstaltungen sind alle Event Caterings inkludiert, deutschlandweit.

_ Warum dieser Schritt?

Es gibt eine fantastische Chance: mein Herzensprojekt, an dem ich schon seit mehreren Jahren dran bin. Es handelt sich um einen Foodmarkt in Frankfurt auf einer 3000 Quadratmeter großen Fläche. Es entsteht eine Markthalle mit 13 verschiedenen Food-Ständen. Kochschulen, Events und weitere kulinarische Formate gehören ebenfalls dazu.

_ Eine Herzensangelegenheit und gleichzeitig Lebensprojekt?

Ja, das Unternehmen ist von dieser Projektidee infiziert und will es mit mir unbedingt umsetzen. In meiner Rolle verantworte ich diesen Prozess für die nächsten zwei Jahre und kann mich der Aufgabe mit ganz Kraft und einem großartigen Team widmen. Endlich kann ich mich fokussieren und alle meine Erfahrungen mit den neuesten gastronomischen Trends kombinieren, um etwas Nachhaltiges zu erschaffen.

_ Wunderbar, dass Frankfurt sich auf ein weiteres Projekt von Dir freuen darf! Eine letzte Frage: Welchen Ratschlag würdest Du Deinen Kindern, 19, 17 und 9 Jahre alt, als liebender Vater und aufgrund Deiner bisherigen Erfahrung mitgeben?

» *Glaubt an Euch. Wenn Ihr hinfallt, steht wieder auf. Ihr könnt Euch einmal kurz schütteln, dann geht es weiter. Es geht immer weiter.*

_ Danke Dir sehr für diese Einblicke und das interessante Gespräch.

MALTE HILDEBRANDT

> "Life shrinks or expands in proportion to one's courage."
>
> Anais Nin

MALTE HILDEBRANDT

Die Reise eines Medien-Marketeers in die Bergwelt der Projekte.

Wer er ist.
Visionär für Bildschirm und Backstein

Was er tut.
Medienberater und Projektentwickler

Was ihn auszeichnet.
Offenheit und Reflexion

MUTMACHER > MALTE HILDEBRANDT

Seine Begeisterungsfähigkeit und seine Fröhlichkeit sind ansteckend. Die Begegnung mit Menschen ist für ihn ein wahres Lebenselixier.

Hinter dem Macher verbirgt sich ein reflektierter Kopf, der die geplanten und ungeplanten Veränderungen seines Lebensweges offen anspricht. Die Maxime „Der Weg ist das Ziel" scheint auf ihn mehr zuzutreffen als auf viele andere.

_ Nimmst Du uns mit auf Deinen Lebensweg und verrätst uns, wer oder was Dich besonders geprägt hat?

Gerne. Mein Lebensweg teilt sich in zwei markante Abschnitte, die mich maßgeblich geprägt haben: Alles, was ich mit meinen Wurzeln in Hamburg verbinde und die Phase danach, die mich 1990 nach München geführt hat. Zu meiner Zeit in Hamburg gehört eigentlich auch mein Studienjahr in Amerika, das eine große Wirkung auf mich hatte. In Hamburg bin ich in einem behüteten Umfeld aufgewachsen, umgeben von großartigen Geschwistern, liebevollen Eltern und wertvollen Freunden, vor allem aus dem Hockeysport. Trotz meiner langen Abwesenheit von Hamburg haben erstaunlicher- und glücklicherweise viele dieser Freundschaften bis heute Bestand. Das finde ich bemerkenswert. Nach meinem Abitur fühlte ich mich in Hamburg sehr wohl und sehr gefestigt, aber ich wusste, dass ich mich auf den Weg machen würde, um die Welt und mich selbst zu entdecken.

Ohne Stress und mit klarem Kopf habe ich mir schon früh in meiner Jugend tiefgreifende Gedanken über meine Zukunft gemacht. Die konkreten Entscheidungen fielen oft spontan, im Einklang mit dem Moment oder aus kurzfristigen Perspektiven. Vielleicht ist das sogar eine meiner Stärken – nicht jede Entscheidung zu sehr infrage zu stellen, sondern einfach loszulegen.

So entschied ich mich nach dem Abitur für eine Berufsausbildung zum Industriekaufmann bei Colgate Palmolive, was von Teilen meines Freundeskreises als eher spießig abgetan wurde. Doch die Ausbildung erwies sich als solide Basis. Danach wagte ich den Sprung nach Amerika – eine einschneidende Erfahrung: Plötzlich war ich auf mich allein gestellt, weit weg von zu Hause. Damals war der Kontakt zu Familie und Freunden noch kostbarer, weil die digitalen Medien von heute damals noch nicht verfügbar waren.

Ich erinnere mich, dass ich meine Mutter nur zweimal angerufen habe. Damals war das Telefonieren über den Atlantik unfassbar teuer. Ansonsten schrieb ich, glaube ich, zwei Postkarten an Freunde. Erkläre das mal den WhatsApp- und Social-Media-Junkies von heute …

— Am Anfang warst Du in Oklahoma.

Da würde man tendenziell fragen, warum Oklahoma? Die Carl Duisberg Gesellschaft, die mir das Stipendium für die USA gewährt hatte, hat die Universität in Norman, Oklahoma, für mich ausgesucht. Es war eine fantastische und wichtige Zeit für mich. Zu sehen, dass die Welt nicht nur so behütet ist wie in Hamburg, sondern dass es auch ganz anders sein kann, war eine beeindruckende Erfahrung.

— Ich erinnere mich an meinen Besuch bei Dir in Oklahoma.

Und ich erinnere mich an meinen Besuch bei Dir in Arizona mit Footballspielen, Partys und vielen unvergesslichen Erlebnissen – Erlebnisse, die allein ein Buch füllen könnten. Wir beide waren schon vor unserer Zeit in den USA gute Freunde, aber durch unsere Treffen „far away from home" ist unsere Freundschaft noch enger geworden.

Doch in diesem Kontext geht es um Lebenswege. Meine Zeit in Oklahoma war für mich ein erster und äußerst bedeutender Meilenstein. Obwohl es schon eine Weile her ist, kann ich die Tage, die ich dort verbracht habe, noch fast vor mir sehen, denn diese Zeit war intensiv und prägend. Ich bin fest davon überzeugt, dass die Zeit in Amerika entscheidend zu meiner Persönlichkeitsentwicklung beigetragen hat. Der Zwang zur Selbstständigkeit war für meine Selbstfindung sehr wertvoll. Das hat auch mein Lebensgefühl nachhaltig geprägt: das Bewusstsein, Herausforderungen gemeistert zu haben und dabei unbehütet auf eigenen Beinen zu stehen. Es war nicht immer einfach, auch wenn man relativ schnell Englisch lernt. Gerade zu Beginn des Studiums war nicht alles sofort verständlich. Eine bedeutende Zeit, in der man lernt, sich durchsetzen und mit Rückschlägen umzugehen. Als ich schließlich nach Hamburg zurückkehrte, war ich viel selbstbewusster und gefestigter als vorher.

— Bevor es zurückging nach Hamburg, warst Du noch in New York.

In New York hatte ich das Gefühl, als betrete ich die Hauptstadt der Welt. Jeder Tag war ein Abenteuer, selbst mit knappem Budget. Coole Bars, immer Spaß und immer pleite – das war *mein* New York. Und das Arbeiten beim Colgate Headquarter – fantastisch! Hier war ich angekommen. Doch das Leben hatte andere Pläne für mich. Meine Rückkehr nach Deutschland war geprägt von Tatendrang und Freude. Trotzdem stand ich vor Herausforderungen: Wo studiere ich weiter? Wie ist der Numerus clausus?

Der Studienplatz in München war ein Glücksfall. Nicht zuletzt durch die große Hockeyfamilie kannte ich überall Leute, wodurch ich mich in München schnell heimisch fühlte. Anders als andere, die anfangs mit der Stadt fremdelten, erkannte ich rasch die Vorzüge und die Schönheit Münchens. Das Studium der Betriebswirtschaftslehre verlief erfolgreich, und mein Arbeitsleben bei Philip Morris begann. Es war aus damaliger Sicht der attraktivste Arbeitgeber für mich. So war ich fest in ein angenehmes Leben eingebunden und immer offen für die Zukunft. Mein Motto war und ist, offen zu sein und es auch zu bleiben.

_ Du konntest als Youngster bei Philip Morris viel gestalten.

Absolut. Abgesehen von der Zigarettenproduktion, die – gerade aus heutiger Sicht – sicher nicht optimal war, bot Philip Morris seinen Mitarbeitern damals schon alles, was heute im Arbeitsleben selbstverständlich ist. Ich habe diese Ressourcen genutzt und merkte, dass das Marketing wirklich meine Leidenschaft ist. Nach fünf Jahren überraschte ich mit meiner Kündigung und erhielt daraufhin sogar einen Anruf von Paul Hendrys, dem globalen Chef von Philip Morris, der mich noch einmal umzustimmen versuchte. Trotz der beeindruckenden Bemühungen von Philip Morris, Mitarbeiter zu halten, war ich sicher, dass ich in die Medienbranche wechseln wollte.

Ich wollte die Vielseitigkeit der Medien intensiv erleben und wechselte 1998 zu ProSiebenSat1. Damit begann in den späten 1990er-Jahren meine Reise durch die Medienwelt in verschiedenen Positionen und Unternehmen. Trotz oder gerade wegen der Herausforderungen, vor denen die Medienbranche durch den digitalen Wandel steht, fasziniert mich die Medienindustrie bis heute. Eine spannende Zeit, in der ich unglaublich interessante Menschen kennenlernen und erleben durfte. Die Medienwelt bietet eine beeindruckende Vielfalt an faszinierenden Persönlichkeiten, nicht nur im Programm oder in der Redaktion, sondern auch in der Rechts- und Personalabteilung, im Marketing, in der Technik und in vielen anderen Bereichen. Die Heterogenität der Menschen ist vielleicht das Wichtigste, was ich in all den Jahren bei den Medien am meisten genossen habe.

_ Du hast Dich schon immer für Menschen interessiert.

Da bin ich sicher nicht der Einzige – aber ja, Menschen stehen immer im Mittelpunkt meiner Aufmerksamkeit. Viele sagen, dass sie sich für Menschen interessieren,

aber bei mir ist das Teil der DNA und irgendwie war das schon immer meine Stärke. Ich war nie ein Einzelgänger, man hat mir sogar vorgeworfen, dass ich nicht gut allein sein kann. Vielleicht ist da etwas Wahres dran. Auch während meines Studiums in den USA oder in München habe ich immer im Team mit Kommilitonen gelernt. Ich bin ein Teamplayer und schöpfe meine kreative Energie aus der Zusammenarbeit mit anderen. Mein Umfeld im Fernsehen bei ProSiebenSat1 von 1998 bis 2000 passte perfekt zu meiner Arbeitsweise.

Danach ging ich nach London und erlebte dort die Dotcom-Ära in all ihren Facetten hautnah und intensiv als Geschäftsführender eines Start-ups. Konkret hatte ich Anteile an Sports Interactive, einem Start-up mit Peter Kabel (Kabel New Media Hamburg) und der ISL in der Schweiz. Alles war damals verrückt und schnell. Neben der Faszination, in London zu leben und ein Unternehmen aufzubauen, gab es durchaus auch die Vision und Hoffnung auf schnellen finanziellen Erfolg. Leider kam es anders als erhofft.

_ Träumen ist erlaubt. (Lacht)

Der Job war wirklich aufregend, aber es hat aus verschiedenen Gründen nicht funktioniert, vor allem aber, weil die ISL & Kabel New Media pleite ging. Das war einfach zu viel für unser kleines Start-up. Aber es war eine lehrreiche Erfahrung, die ich nicht missen möchte. Also kehrte ich nach einem Jahr nach Deutschland zurück und arbeitete einige Jahre bei Home Shopping Europe. Dort wartete dann die nächste harte Lektion auf mich. Ich hätte es damals nicht für möglich gehalten, dass sich ein Arbeitgeber von mir trennt. Das lag außerhalb meiner Vorstellungskraft. Ich dachte, ich sei jemand, den man so sehr mag und schätzt, dass ich in gewisser Weise unkündbar bin. Zugegeben, das war doch etwas unrealistisch.

Ich bin überzeugt, dass ich einen hervorragenden Job mache. Meine Erfolgsbilanz bestätigt das. Wenn ich eine Firma verlasse, dann bitte auf eigenen Wunsch. Bei Home Shopping Europe war ich Geschäftsführer für Marketing und Programm. Als Georg Kofler Home Shopping Europe verließ, wurde die gesamte Firma umstrukturiert. Einige verdiente Kollegen verließen das Unternehmen – aber ich dachte tatsächlich, dass es mich nicht treffen könnte.

Plötzlich rief mich der CEO ins Büro und teilte mir mit, dass sie in Zukunft ohne mich auskommen wollten. Das hat mir buchstäblich den Boden unter den Füßen weggezogen. Diese unerwartete Wendung hat mich tief getroffen, und es war schwer, damit umzugehen. Heute teile ich diese Erfahrung mit Menschen, die ihren Job verlieren und kann ihnen oft helfen, mit der Situation umzugehen. Damals war es für mich eine echte Krise. Ein harter Schlag für mein Selbstvertrauen, aber auch ein wichtiges Learning.

Ich bin anschließend zu Braun nach Frankfurt gegangen, weil Braun ein äußerst erfolgreiches Unternehmen war. Das ist es bis heute. Allerdings hatte ich von Anfang an Zweifel, ob Braun auch *meine Firma* ist – eigentlich sträubte sich meine innere Stimme dagegen, den Job anzunehmen. Aber ich hatte diverse Auswahlrunden erfolgreich bestanden und wollte es einfach darauf ankommen lassen.

_ Es ist geschafft, und man fühlt sich gleichzeitig geschmeichelt.

Ja, genauso war es. Ich hatte das Gefühl, wieder aufrecht gehen zu können. Als das Vertragsangebot vorlag, ergriff ich die Chance. Eine Stelle als Global Business Director bei Braun – das klang fantastisch. Doch dann kam das Unerwartete: Ich habe vom ersten Arbeitstag an gespürt, dass diese Position nicht das Richtige für mich ist. Aus der Medienbranche war ich es gewohnt, direkt zum Punkt zu kommen. Mit einem Chef wie Georg Kofler bei ProSiebenSat1 oder bei Home Shopping Europe hatte ich stets die Chance, Ideen einzubringen. Zwei Minuten später hatte ich ein Okay und los ging's. Bei Braun war alles anders. Hier arbeitete man hinter verschlossenen Türen, die Entscheidungsprozesse waren langwierig, das Arbeitstempo langsam, die Meetings endlos. Das hat mich ausgebremst.

_ Wie bist Du mit diesem Gefühl umgegangen?

Zu Beginn habe ich versucht, meine Arbeit zu machen, aber ich hatte das Gefühl, nicht mein Bestes zu geben. Meine innere Stimme hinderte mich ständig daran, voll einzutauchen. Der Job und ich passten einfach nicht zusammen. Aber ganz wichtig: Braun (heute Teil von Procter & Gamble) ist eine großartige Firma. Schlaue, engagierte Menschen haben diese Firma aufgebaut und geführt – aber das Unternehmen und die Menschen müssen zusammenpassen, und das war bei mir nicht der Fall.

Ich spürte, dass es die Medien waren, die mich wirklich fesselten. Deshalb kehrte ich 2004 zu ProSiebenSat.1 zurück. Es fühlte sich großartig an, wieder in München zu sein. Die Jahre bei ProSiebenSat.1 haben mich wirklich erfüllt. Trotz der Herausforderungen, denen die Mitarbeiter und die Sendergruppe gegenüberstanden, ging es voran. Die Menschen dort sind fantastisch, und ich schätze ihre Unterstützung bis heute.

_ Gab es auch kritische Stimmen zu Deiner Rückkehr?

Nein. Natürlich ist es ein Thema, zu einem früheren Arbeitgeber zurückzukehren. Man könnte denken, dass das ungewöhnlich ist – wie ein Buch, das man schon einmal gelesen hat. Warum sollte man es noch einmal lesen? Doch es gab keine negativen Reaktionen. Im Gegenteil, diejenigen, die mich kannten, haben sich sehr gefreut. Es ist wichtig zu erwähnen, dass ich ProSiebenSat.1 zuvor aus eigener Entscheidung verlassen hatte. Die „passive Trennung" betraf nur Home Shopping Europe. Auch das obere Management hat sich über meine Rückkehr gefreut – sie sahen in meinem Wiedereinstieg ein Zeichen für die Attraktivität von ProSiebenSat1.

_ Es ist wichtig, nach einem Misserfolg wieder aufzustehen und weiterzumachen.

Das ist wahr. Erfolgreiche Menschen betonen oft, dass sie am meisten aus ihren Misserfolgen gelernt haben. Über Elon Musk kann man denken, was man will, aber bevor er mit PayPal, Tesla und SpaceX Erfolg hatte, scheiterte er mit vielen anderen Unternehmen. In Amerika wird man dafür gefeiert, dass man immer wieder aufsteht. Das ist sicher auch der große Unterschied zum Scheitern in Deutschland. In Deutschland ist man der „Loser", der es mit einem Unternehmen nicht geschafft hat – in den USA ist man der kraftvolle Macher, der sich nicht unterkriegen lässt. Keine Angst – ich werde mich nicht mit Elon Musk vergleichen, aber ich finde ihn nach wie vor außerordentlich faszinierend. Abgesehen von der sicherlich berechtigten Kritik um den Kauf von Twitter und was er damit macht, ist er ein Genie in Sachen Mut, Durchsetzungsvermögen und Kreativität.

» *Meine wichtigste Erkenntnis ist, dass man nicht zu lange warten sollte, wenn man mit einem neuen Job unzufrieden ist. Entweder es passt, oder es passt nicht. Dann ist es wichtig, schnell zu handeln.*

Das ist leichter gesagt als getan, aber die heutige Generation handelt schneller als wir damals. Früher hielten wir oft länger an Jobs fest, obwohl wir unzufrieden waren. Laut aktuellen Studien verlieren die Themen Erfolg und Geld zunehmend an Bedeutung, während Selbstverwirklichung, Freiheit und Ökologie in den Fokus rücken. Viele stecken in Jobs fest, die sie nicht erfüllen, aber es ist wichtig zu handeln und sich vom Frust nicht bremsen zu lassen.

— **Zurück zu ProSiebenSat1. Gehört nicht auch ein bisschen Glück dazu, wenn man die Chance bekommt, in verschiedenen Positionen in einem Konzern zu arbeiten?**

Absolut. Dafür bin ich wirklich dankbar. Insgesamt war ich 15 Jahre dort. Das lag daran, dass ich die Möglichkeit hatte, innerhalb der Gruppe verschiedene Positionen zu übernehmen. So konnte ich Karriere machen. Anfangs war ich *nur* der Marketingleiter von ProSieben, in den letzten Jahre war ich als CMO für das Marketing der Sender und des Vermarkters verantwortlich. Im Laufe der Jahre kamen immer wieder neue Aufgaben hinzu, und andere gingen. Das war definitiv eine wichtige Erfahrung. Ich war immer offen für Veränderungen, vielleicht aufgrund meiner Vergangenheit und der Meilensteine. Ich habe gelernt, dass es nicht gut ist, zu lange an einer Sache festzuhalten. Man muss offen sein für Neues, und das war ich. Nur deshalb konnte ich meinen Weg so gehen.

Aber es gab einen entscheidenden Wendepunkt. Obwohl ich mich für belastbar halte, bin ich 2015 und 2016 an meine Grenzen gestoßen. Es war eine Phase, in der ich erkennen musste, dass ich einfach nicht mehr konnte. Es war kein Burn-out, aber ich spürte, dass ich Gefahr lief, ernsthaft krank zu werden. Das war ein schleichender Prozess und er hatte sicher auch mit der Managementstruktur zu tun. Mein CEO, Thomas Ebeling, hat mich stark gefordert und gefördert. Einerseits bot er mir Verantwortung und finanzielle Anreize, andererseits war die Belastung

immens. Doch ich mache ihm keinen Vorwurf. Ich habe die Herausforderung bewusst angenommen. Am Ende war ich im unermüdlichen Dauereinsatz, nicht nur physisch, sondern vor allem auch mental.

_ Und die Quoten waren Dein täglicher Begleiter.

Das kennt jeder, der beim Fernsehen arbeitet. Täglich zwischen 8 und 8.15 Uhr, wenn die Quoten per Mail kamen, wusste ich, ob es ein stürmischer, windiger oder sehr schöner Tag mit viel Sonnenschein wird. Im Marketing hieß es dann: Wie lassen sich schlechte Quoten erklären? Warum hat die Kampagne nicht funktioniert? Oder war die Kampagne besser als das Programm? Oder war alles zusammen ein Riesenerfolg? Ich will das nicht dramatisieren, jeder erlebt in seinem Job Höhen und Tiefen. Die Zeit war intensiv und hat mich körperlich an meine Grenzen gebracht. Zuvor konnte ich Job und Privatleben klar trennen. Nach Feierabend konnte ich abschalten, im Urlaub ließ ich den Job hinter mir. Doch in dieser Zeit war das nicht mehr möglich. Arbeit ist für mich eine Energiequelle, aber tatsächlich muss die Balance zwischen Energie geben und bekommen ausgeglichen sein. Leider war die Bilanz damals nicht ausgeglichen. Ich habe mehr investiert, als ich zurückbekommen habe. Daher war ich erleichtert, als diese Phase vorbei war.

_ Du hast die Phase für Veränderung genutzt und beschlossen, Deine Arbeitszeit neu zu verteilen, wieder mehr Sport zu treiben, Dich fit zu halten.

So war es. Am Anfang war es aber nicht einfach. Viele, die ihren Job verloren haben, genießen zwar ihre Freizeit, stellen sich aber die Frage: Was nun? Das Thema Selbstwert spielt dabei eine große Rolle. Plötzlich war das nicht mehr der Fall. Das war sehr gewöhnungsbedürftig, um es sanft zu formulieren.

_ Der ehemalige Vorstand von Gruner + Jahr, Rolf Wickmann, hat mir einmal gesagt: „90 Prozent meiner Einladungen bekam ich nicht, weil ich nett bin, sondern wegen meiner Position. Als ich diese nicht mehr innehatte, erhielt ich sie nicht mehr. Aber ich war mir dessen zum Glück bewusst." Warst Du Dir dessen bewusst oder bist Du davon ausgegangen, dass es so weitergeht?

Nicht wirklich. Klar, ich wurde auch wegen meiner beruflichen Position eingeladen. Doch ich habe solche Einladungen weitgehend gemieden, da ich keine Abhängigkeiten eingehen wollte. Wenn jemand dreimal eine Einladung ausspricht und glaubt, er hätte dadurch ein Anrecht auf einen Auftrag oder ähnliches, dann ist das der falsche Ansatz. Als ich ProSiebenSat.1 tatsächlich verlassen habe, war das aber ein großer Einschnitt.

Plötzlich war ich allein, ohne Team, musste mich wirklich um alles selbst kümmern. Es dauerte etwa ein halbes Jahr, bis ich eine neue Routine gefunden hatte. Sicher war es sehr hilfreich, dass ich direkt nach meinem Ausscheiden bei ProSiebenSat.1 verschiedene Beratungsmandate angenommen habe. Und ich habe gemerkt, dass die freiberufliche Beratung sehr gut in mein neues Leben passt. Es war eine andere Art zu arbeiten. Besonders die Arbeit für Screenforce[1], das Gattungsmarketing der deutschen TV-Industrie, war großartig und ist es immer noch. Ich war nicht mehr in diesem Corporate-Umfeld gefangen, und das war von großer Bedeutung. Obwohl ich Angebote hatte, wieder in Medienunternehmen einzutreten, habe ich mich dagegen entschieden, weil die Beratung einfach gut funktioniert hat. Mit jeder Woche, die ich „frei" war, wurde ich selbstbewusster. Der Anfang war aber nicht leicht, das muss ich ganz klar sagen.

---

[1] Screenforce ist die Initiative der TV-Vermarkter in Deutschland, Österreich und der Schweiz für Fernsehen und Bewegtbild. Siehe auch: www.screenforce.de

_ Auch für Dein Umfeld?

Das war wirklich kein Segen, besonders nicht für meine Frau. Wenn man von zu Hause aus arbeitet, kann das für das Umfeld schon belastend sein. Glücklicherweise konnte ich mir ein eigenes Büro einrichten, sodass ich morgens „physisch" zur Arbeit gehen konnte. Es war einerseits ein Loslöseprozess von der Unternehmenswelt, andererseits bedeutete es eine neue Freiheit. Doch es war nicht einfach, sich neu zu organisieren, da alles anders war. Heute denke ich mit einem dankbaren Lächeln an meine Zeit bei ProSiebenSat.1 zurück.

Jetzt habe ich das Mandat bei Screenforce und auch wenn ich in meiner Geschäftsführerposition keine direkten Mitarbeiter habe, arbeite ich im Team mit überaus engagierten Kolleginnen und Kollegen aus den Häusern der TV-Vermarkter zusammen, was mir große Freude bereitet. Wir arbeiten ohne Hierarchien, nur aus gegenseitigem Interesse und mit großer Sympathie. Das ist für mich die Essenz der puristischen Zusammenarbeit. Intrinsische Motivation – großartig.

» *Manchmal schmunzele ich über die vergangene Zeit, mich selbst und wundere mich ein wenig über die Menschen, die so dermaßen unter Strom stehen. Mir ist aber bewusst, dass man es sich nicht immer aussuchen kann, ob man als Angestellter oder Freiberufler arbeitet und mit welchen Abhängigkeiten man zurechtkommen muss. Trotzdem ist es gesund, als erstes auf sich zu schauen – ein gesunder Egoismus ist sicher hilfreich.*

Malte und Wolfram Kons bei den Screenforce Days

_ Man wird nicht jünger.

In den Medien zählt das Alter mehr als in anderen Branchen. Ein CMO in den Medien wird normalerweise auch nicht in die Rente verabschiedet. Ich glaube, ich bin ein guter Marketingmann, aber mit 57 Jahren ist man nicht mehr zu 100 Prozent up to date mit den digitalen Technologien. Außerdem wirkt man unglaubwürdig, wenn man von Medienkonvergenz spricht und dann TikTok- und Instagram-Strategien vorschlägt. Selbst wenn ich mir das zutrauen würde, so würde es mir einfach niemand glauben. (Lacht)

Bei einem Anwalt oder einem Arzt werden Berufserfahrung und Alter positiv bewertet. Im Marketing zählen Erfahrung und Alter oft weniger. Das war und ist mir bewusst. Die Konvergenz der Medien, der digitale Wandel lässt einen CMO oft nicht alt werden – er wird dann von jüngerem, digitalem und vielleicht auch günstigerem Personal abgelöst. Das kann man unemotional und nüchtern sehen, auch wenn es in letzter Zeit – bedingt durch den allgegenwärtigen Fachkräftemangel – wieder mehr Wertschätzung und Respekt gegenüber den älteren Generationen gibt, auch im Marketing.

_ Du hattest trotz Deiner neuen Mandate mehr Zeit und musstest Dir überlegen, wie Du damit umgehst.

Genau. Wir haben uns 2016 ein Haus in den Bergen gekauft. Damit ging ein großer Traum in Erfüllung. So lebe ich seither halb in München und halb in Österreich. Es ist kein klassisches Wochenenddomizil, sondern unser Wohlfühlort zum Arbeiten und zum Entspannen. Immobilien hatten mich schon länger interessiert und während meiner Zeit bei ProSiebenSat.1 verantwortete ich sogar zwei Projekte in dieser Richtung: Ich habe die Sanierung von zwei großen Bürogebäuden mit 600 und 400 Arbeitsplätzen geleitet. Es war damals überraschend für mich, als Thomas Ebeling zu mir sagte: „Schau Dir mal die Pläne an. Die sind nicht gut." Also habe ich mich erstmals mit dem Thema Bauen beschäftigt, unterstützt von meinem Schwiegervater, einem Architekten, und meiner Frau, einer Designerin. Rückblickend war auch das ein Meilenstein in meinem Leben.

Die Bauprojekte erstreckten sich über einige Jahre, von der Entkernung bis zum Neuaufbau. In diesem, für mich neuen Bereich, fühlte ich mich überraschend wohl. Neben der Welt der Markenmagie konnte ich so erstmals eintauchen in die Welt der Mauerträume. Das fand ich spannend und auch wohltuend haptisch. Als wir uns in unserem österreichischen Haus eingelebt hatten, entdeckte ich das enorme Potenzial des Immobilienmarktes rund um die Orte Kitzbühel und Kirchberg. Das hat mich dazu bewogen und angespornt, selbst als Projektentwickler aktiv zu werden.

Gemeinsam mit meinem Partner Willi Steindl gründeten wir die Firma Mountainview Tirol GmbH und begannen, die Möglichkeiten für Projektentwicklungen zu erkunden. Von Willi hatten wir unser Haus gekauft und waren schnell gute Freunde geworden. Es war eine spontane Entscheidung, mit dem ersten Projekt zu starten – ohne viel Reflexion und umfangreiche Risikoabwägung. Wir waren beide so etwas wie unerschrockene Immobilien-Rookies. Willi ist ein junger Tiroler und hat von seinem Vater das größte Hotel in Kirchberg übernommen. Willi führt den Betrieb mit großer Leidenschaft und großem Erfolg. Als Hotelier ist er aber auch sehr gut ausgelastet. Und ich bin mit meinen Medienjobs ebenfalls gut beschäftigt. Aber wir hatten beide große Lust, gemeinsam als Projektentwickler Häuser zu bauen. Also haben wir unsere freien Kapazitäten ausgelotet und einfach losgelegt. Wir beide passen gut zusammen. Mit einem klassischen Projektentwickler hätte ich das wahrscheinlich nicht gemacht und dieser nicht mit mir. Ich möchte aber betonen, dass meine Frau Kyra maßgeblich mitverantwortlich dafür ist, dass unsere Projekte bisher erfolgreich umgesetzt und abgeschlossen werden konnten. Sie verantwortet den gesamten Innenausbau und ich bin jedes Mal beeindruckt, welche Traumhäuser dabei entstehen.

_ Und Willi sieht das auch so?

Wahrscheinlich. Aber Willi hat sich am Anfang sicher auch gefragt, warum er mit einem Fernsehmann Häuser bauen soll. Doch Willi war genauso offen für Neues wie ich. Wir haben die Idee gemeinsam erarbeitet, und es hat mir von Anfang an unheimlich viel Spaß gemacht. Ich kann genau beschreiben, was mich an Bauprojekten begeistert. Wenn man als CMO Verantwortung im Marketing übernimmt, gehen etwa 40 Prozent der Arbeit „verloren". Das passiert in fast allen Marketingabteilungen. Kampagnen werden entwickelt, Formate wieder abgesagt. Präsentationen werden erstellt, am Ende kommt es anders und muss wieder neu entwickelt werden. Das gehört einfach dazu.

Beim Bauen hingegen geht jede investierte Minute direkt in dein Projekt. Ich liebe die kurzen, konzentrierten Baubesprechungen. Und es ist großartig, mit den extrem zuverlässigen Österreichern – allen voran unsere hervorragenden Architekten Michael Stöckl und Hannes Misslinger – zusammenzuarbeiten. Wenn man mit ihnen zusammensitzt und 20 Dinge bespricht, werden auch alle 20 umgesetzt. Das war ich nicht gewohnt. Es wird diskutiert, entschieden und umgesetzt. Und das bereitet mir bis heute große Freude. Aus der Anfangsidee haben sich inzwischen mehrere Firmen und Projekte entwickelt.

_ Eine Wende vom Medienmanager zum Mitinhaber eines Familienunternehmens.

Na ja – es ist keine Wende, es ist eine Erweiterung. Die Arbeit für die Medien und das Bauträgergeschäft sind in ihrer Art natürlich komplett unterschiedlich. Beides verbindet allerdings, dass es nur im Team geht: Die Mannschaft ist der Star. Das ist wichtig, zu betonen.

Viele fragen mich, wie ich es schaffe, diese vielen Prioritäten und Anforderungen zu managen. Die Antwort ist einfach: Ich plane meinen Tag sehr genau, bin einigermaßen diszipliniert und hoch motiviert und – ganz wichtig – die Aufgaben sind unterschiedlich und konkurrieren nicht miteinander. Ich nutze die Energie aus dem einen Bereich für den anderen.

_ Ist es nicht sogar zeitgemäß, verschiedene Projekte parallel zu entwickeln?

Das ist heutzutage sehr zeitgemäß. Ein Freund von mir führt erfolgreich eine Anwaltskanzlei. Dort bietet er jungen Mitarbeitern die Möglichkeit, fest angestellt zu sein, aber nur auf Basis von 70 bis 80 Prozent. Für den Rest der Zeit können sie anderen Projekten nachgehen. Früher wäre das undenkbar gewesen. Man musste entweder 120 Prozent geben oder sich nach einem neuen Job umsehen.

_ Was ist Dein Hauptfokus?

Mein Hauptfokus liegt auf meinem Mandat für Screenforce, da mich die Konvergenz der Medien nach wie vor sehr interessiert. Hier kann ich meine langjährige Erfahrung, die ich durch die verschiedenen Jobs gewonnen habe, perfekt einbringen. Die Koordination der elf Gesellschafter aus Deutschland, Österreich und der Schweiz ist anspruchsvoll, aber es sind ausnahmslos großartige Kolleginnen und Kollegen, und wir sind als Team sehr gut zusammengewachsen.

_ Hattest Du trotz Deines gesunden Selbstbewusstseins jemals Zweifel, ob Du mit Deiner neuen Aufgabe in der Fernsehwelt zurechtkommen würdest?

Zweifel eher nicht, aber ich hatte und habe großen Respekt vor den Aufgaben. Das Fernsehen steht vor großen Herausforderungen, jedes Medienhaus ist im Wandel begriffen. Das führt zwar zu einer Aufbruchstimmung, aber auch zu einer gewissen Instabilität und das wiederum beeinflusst die Arbeit für unsere Gattung. Es gibt keine Routine. Jeden Tag passiert etwas anderes, und wir müssen alle sehr wachsam sein, um die richtigen Entscheidungen zu treffen.

_ Eine kleine Zwischenbilanz: Du bist jetzt in einer Lebensphase, in der Du beruflich eine Balance zwischen Deinem erlernten Fachgebiet und Deiner neu entdeckten Leidenschaft gefunden hast.

Diese Leidenschaft kam spät. Als ich 2016 im Alter von 50 Jahren ProSiebenSat.1 verließ, habe ich mich gefragt, wohin die Reise geht. Viele Menschen in meinem Alter denken vielleicht darüber nach, wie lange sie überhaupt noch arbeiten müssen. Ich persönlich stelle mir diese Frage nicht. Ich denke an die Maslowsche Bedürfnispyramide. Ich bin zwar noch nicht an der Spitze der Pyramide, also der Selbstverwirklichung, angekommen, aber ich kann sie zumindest sehen. Die Kombination aus dem TV-Geschäft mit der Welt von Screenforce und meinem Hobby funktioniert für mich. Es ist schön, die Projektentwicklung als mein Hobby zu bezeichnen, denn das trifft es genau. Natürlich spielen auch wirtschaftliche Aspekte eine Rolle, aber letztendlich macht es mir einfach Spaß. Es ist ein sehr befriedigendes Gefühl, im Team ein Haus zu bauen, den Fortschritt zu sehen und am Ende neue Besitzer glücklich zu machen. Es ist aber wichtig zu betonen, dass die Kombination aus beidem für mich entscheidend ist.

_ Rückblickend oder auf die Gegenwart bezogen: Wer oder was beeinflusst Dich?

Es gibt das tolle Buch „Tipping Points" von Malcolm Gladwell, in dem Menschen von oft kleinen Begegnungen erzählen, die ihr Leben nachhaltig verändert haben. Bei mir war es nicht der eine Aha-Moment, sondern es gab immer wieder einzelne Tipping Points.

Durch meine extrovertierte Art und den intensiven Austausch mit vielen verschiedenen Menschen habe ich meine Einflüsse eher eingesammelt. Rückblickend sahen einige in meinem Umfeld das auch kritisch: „Malte ist wie ein Chamäleon, das sich überall anpassen kann." Das kann man negativ sehen, denn sich überall anzupassen, kann oberflächlich wirken. Diese Kritik nehme ich an. Auf der anderen Seite hat es mir geholfen, mich schnell in neuen Umgebungen zurechtzufinden. Ich kann mich mit einem Polier auf einer Baustelle genauso gut unterhalten wie mit einem Top-Manager aus der TV-Industrie. Das ist ein Talent, und nicht jeder kann das. Aber um Deine Frage direkt zu beantworten: Ich habe von all diesen Einflüssen profitiert. Es war nicht eine einzelne Person oder ein einzelnes Ereignis, sondern die kontinuierliche Reflexion und Verarbeitung meiner Erfahrungen. Andere Leute reflektieren vielleicht nach einem einzigen Gespräch und ziehen daraus ihre Lehren. Das respektiere ich, aber mich beeinflussen eine Vielzahl von Gesprächen und Reflexionen mit ganz unterschiedlichen Menschen.

_ Du hattest nicht nur Medienfreunde. Du hattest auch ...

...ganz viele andere. Das ist ein Glück. Wenn man nur mit Medienleuten über Medien redet, dann fehlt der neutrale, unverstellte Blick auf das Ganze. Ich profitiere sehr von meinen Freundschaften.

» *Ob Ärzte, Papierhändler, Künstler, Anwälte – es ist gut, Freunde zu haben, die die Dinge aus komplett anderer Richtung sehen und beurteilen. Sie halten mir vielleicht auch den wichtigen Spiegel vor, in dem man die Dinge dann oft anders sieht.*

Mit den Lebensjahren entwickelt sich aber auch eine gewisse Lockerheit und Entspanntheit. Die hat man mit 25 oder 35 noch nicht, aber mit 57. Dann stellen sich auch eine Leichtigkeit und das Lächeln ein, wenn es mal nicht so läuft und einem deswegen kein Zacken aus der Krone bricht. Dann geht es eben einfach in eine andere Richtung weiter.

_ Du hast den Luxus, mit Deiner Frau zusammenzuarbeiten, die die Dinge konsequent angeht.

Kyra hat ein großes Talent dafür, das Wesentliche vom Unwichtigen zu trennen. Wenn ich mit vermeintlichen Herausforderungen komme, fragt sie oft: „Malte, ist das wirklich ein Problem?" Meistens hat sie Recht. Unsere Zusammenarbeit ist einerseits sehr vorteilhaft, weil wir an verschiedenen Orten gemeinsam arbeiten können. Andererseits kann es auch herausfordernd sein. Schließlich bin ich nicht nur ihr Ehemann, sondern auch ihr Kunde und gelegentlich auch ihr Mitarbeiter, wenn ich ihr bei bestimmten Dingen helfe.

_ Es klingt anspruchsvoll und schön, gemeinsam mit dem Partner beruflich aktiv zu sein.

Ja, das ist ein großes Glück. Aber es ist wichtig, klare Grenzen zu ziehen, wer wofür die Verantwortung trägt – sonst ist die Ehe in Gefahr. (Lacht) Die Grenzen haben wir klar gefunden und wir haben gemeinsam eine großartige Dynamik entwickelt, die es uns ermöglicht, Entscheidungen schnell zu treffen und umzusetzen. Das bringt Geschwindigkeit und ermöglicht es, Freiräume für andere Dinge zu schaffen.

_ Gibt es Widersprüche in Deinem Leben?

Widersprüche sind allgegenwärtig. Mein Weg macht Sinn, aber ich frage mich fast täglich, ob das, was ich tue, wirklich richtig ist. Gerade in meinem Alter denkt man viel über die Zukunft und den Sinn des Lebens nach. Die Arbeit gibt mir zwar Kraft, aber ich frage mich trotzdem: Wofür mache ich das alles? In meinen 30ern war das noch klar: Familie, Selbstwertgefühl und so weiter. Jetzt aber, frage ich mich: Wie lange werde ich das noch machen? Wie lange kann ich das noch gut? Wie lange wird es mir noch Spaß bringen? Diese Fragen beschäftigen mich. Aber ich beantworte sie weiterhin positiv. Im Moment ist alles in Ordnung, auch wenn ich nicht garantieren kann, dass ich diese Fragen in ein paar Jahren noch genauso beantworten kann.

_ Was sind für Dich Zufriedenheit und/oder Glück?

» *Für mich ist Zufriedenheit die Summe der kleinen guten Momente und nicht ein großes, besonderes Ereignis. Ich finde Erfüllung darin, mit dem zufrieden zu sein, was ich mir erarbeiten konnte und was ich mit Begeisterung weiterhin tun kann.*

Erfüllung empfinde ich auch, wenn ich an der Seite oder im Kreise geliebter Menschen sein kann. Glückliche Momente erlebe ich oft in der Natur oder wenn ich sehe, dass es meiner Familie und meinen Freuden gut geht.

Allerdings habe ich manchmal den Nachteil, dass ich die positiven Momente im Leben zu wenig genieße, weil ich oft zu gehetzt bin. Für die Zukunft möchte ich lernen, mehr zu entschleunigen und wichtige Augenblicke bewusster zu erleben.

» *Es geht darum, seine Erfolge, das Miteinander und seine Gesundheit zu feiern, Glücksmomente bewusst auszukosten, anstatt gleich zum nächsten Ziel zu eilen. Daran möchte ich arbeiten.*

_ Es fällt uns oft schwer, den positiven Moment zu genießen. „Schnell weitermachen" ist uns irgendwie anerzogen.

Die Achtzigerjahre haben meine Generation geprägt. Verglichen mit heute war das eine traumhafte Zeit! Unsere größte Sorge war damals, das nächste kalte Bier aufzutreiben und genug Konzertkarten für Earth, Wind and Fire zu bekommen. (Lacht) Alles andere schien in Ordnung zu sein.

Heute tragen wir den Rucksack des Familienlebens, der Trauer, der Krankheit und der Herausforderungen, die sich auftun. Corona, Krieg, Umwelt, Inflation – es gibt keine Ruhe mehr. Es ist offensichtlich, dass es für Menschen, die nicht gut verdienen, immer schwieriger wird, ihren Lebensunterhalt zu bestreiten. All das lässt uns nicht los und macht etwas mit uns. Bisher waren Kriege, Klimakatastrophen oder wirtschaftliche Engpässe geografisch eher weit weg. Jetzt berührt mich die globale Situation zum ersten Mal in meinem Leben wirklich. Es ist alles näher an uns herangerückt. Das macht mich nachdenklich. Bei diesen Gedanken schaut man auf sich selbst und fragt sich, was es für einen selbst bedeutet. Wo findet man Glück in diesem Kontext? Welche Sorgen und Ängste plagen mich? Was muss man tun, um sie zu überwinden? Gibt es

Möglichkeiten, Gutes zu tun? Kann man irgendwo helfen? Das sind Fragen, über die ich heute viel mehr nachdenke als früher.

— **Kann es sein, dass man sich dadurch ein bisschen von der Außenwelt abschottet?**

Das Phänomen des „Cocooning" ist in der Gesellschaft durchaus spürbar, auch bei mir persönlich. Unser Haus in Österreich, eingebettet in die Berge, ist für uns eine Quelle der Freude und des Rückzugs.

» *In der heutigen Zeit, mit all ihren globalen Herausforderungen suchen viele Menschen einen Ort, an dem sie sich sicher fühlen können, fernab der beängstigenden Gesamtsituation. Sie suchen einen Ort, an den sie sich zurückziehen können, um der Welt da draußen ein wenig zu entfliehen. Und mir geht es nicht anders.*

— **Obwohl Du gerne unter Menschen bist?**

Du hast vorhin Widersprüche erwähnt – das könnte einer sein. Ich sehe mich als jemanden, der gerne klare Linien zieht. Ich bin sehr gerne unter Menschen, freue mich auf jede Begegnung, auf jede Reise. Gleichzeitig genieße ich es aber auch, mit Kyra oder allein in den Bergen zu sein und eine entschleunigte Welt zu erleben.

— **Dank Teams und Zoom kannst Du das häufiger genießen.**

Ja, durch Corona hat sich die Arbeitsweise definitiv verändert. Heute kann ich einen Großteil meiner Fernseharbeit problemlos mit Teammeetings, Telefonaten und Emails erledigen. Ob ich in München oder Österreich bin, spielt dabei keine Rolle. Interessanterweise scheint das auch niemanden mehr zu stören. Es ist noch gar nicht so lange her, dass man misstrauisch war, wenn jemand nicht aus dem Büro heraus arbeitete. Heute ist das nicht mehr relevant. Das ist ein bemerkenswerter Wandel.

_ Hast Du schon einmal darüber nachgedacht, ob es für Dich einen anderen Lebens- oder Berufsweg gegeben hätte? Was hätte Dich gereizt?

Absolut. Ich bin ein Hamburger, der jetzt glücklich in München und Österreich lebt. Wenn ich durch die Welt reise und andere Orte erlebe, denke ich manchmal darüber nach. Ich habe ja auch einige Zeit in Oklahoma und New York verbracht und ein Jahr in London gelebt. Im Nachhinein hätte ich gerne noch mehr Zeit im Ausland gehabt, vielleicht ein Jahr in Barcelona oder in anderen Städten.

Obwohl ich mich früh für den Marketingbereich entschieden habe, interessiere ich mich immer noch sehr für Meeresbiologie. Dazu eine kleine Anekdote: In Hamburg besuchte ich nach dem Abitur eine Uni-Vorlesung über Meeresbiologie und war fest entschlossen, das zu studieren. Der Professor sagte damals: „Das ist ein großartiges Studium, dauert jedoch zehn Jahre. Danach könnten Sie noch promovieren und dann wären sie ziemlich sicher arbeitslos." Das hat mich wirklich getroffen. Trotzdem interessiere ich mich sehr für das Thema Meeresbiologie, lese Bücher darüber und schaue mir viele Dokumentationen an. Es wäre ein völlig anderer Lebensweg gewesen, auf den ich heute noch mit Sehnsucht zurückblicke.

_ Das kann ja noch kommen. Was könnte so ein Ziel sein?

Ein Ziel könnte sein, die Balance zwischen einem arbeitsreichen Leben und persönlicher Entspannung auf einem noch besseren Niveau zu finden. Ich bin absolut kein Typ, der in zwei Jahren aufhört oder auf die Rente wartet. Ich will aktiv sein und bleiben. Das Konzept der Work-Life-Balance ist heutzutage weit verbreitet und ich fühle diese Balance jetzt auf einem weniger intensiven Level. Ich setze weiterhin Dinge um und handle nachhaltig. Doch im Moment arbeite ich auch daran, mich zu entschleunigen, nicht immer im Hochgeschwindigkeitsmodus zu sein, Momente des Glücks zu zelebrieren und Erfolge zu feiern. Erfolge zu feiern bedeutet für mich nicht nur, eine große Party zu veranstalten, sondern sich auch Zeit zu nehmen, um darüber nachzudenken, was gut gelaufen ist und warum. Mein Ziel ist es, diese Balance zu finden. Ich habe jetzt die Zeit zum Nachdenken, die ich nicht hatte, als ich rund um die Uhr in einer Unternehmenskultur eingebunden war und gearbeitet habe.

_ Wenn man Dir zuhört, klingt es, als gäbe es im Leben noch viel zu tun.

Ja, das stimmt. Vielleicht kommt irgendwann die Phase in meinem Leben, in der ich finanziell sagen kann: Es ist alles gut, so wie es ist. Die nächsten Jahre sind gesichert. Dann könnte ich NGOs mit meiner Zeit und meinem Know-how unterstützen. Ich kann mir sehr gut vorstellen, meine Managementerfahrung einzubringen, um Dinge zu organisieren. Meistens sind die Gründer solcher NGOs mit 100 Prozent Herzblut und Überzeugung dabei, was für die Bewegung fundamental ist. Wenn ich dann mit meiner Organisationskraft und Leidenschaft helfen könnte, wäre das eine wunderbare Synergie sein. Ein neuer Aspekt in meinem Leben, der viel Sinn machen würde.

_ Herzlichen Dank für Deine Offenheit. Es warten noch viele reizvolle Aufgaben.

Auf geht's.

MICHAEL VON KUNHARDT

May you live every day of your life.

Jonathan Swift

MICHAEL VON KUNHARDT

Vom Leistungssportler zum Menschenflüsterer.

Wer er ist.
Mentalgigant

Was er tut.
Menschen begeistern, motivieren,
befreien, begleiten

Was ihn auszeichnet.
Fokus. Selbstvertrauen. Sport.
Verbindungen schaffen.

Michael, heute als erfolgreicher Coach und Speaker bekannt, hat nach vielen Jahren zurück in seine Heimatstadt Limburg gefunden - inspiriert durch persönliche Umwege sowie berufliche und private Herausforderungen.

Dort hat er eine Akademie ins Leben gerufen, die mittlerweile vielen Menschen als Quelle der Inspiration dient. Michaels Präsentationen zeichnen sich durch eine besondere Atmosphäre aus, die die Zuhörer berührt. Seine außergewöhnliche Gabe besteht darin, die Fantasie und Leistungsfähigkeit seines Publikums zu entfesseln und es auf eine spannende Reise der Selbstentdeckung mitzunehmen.

_ Wenn Du auf Deinen beruflichen wie privaten Lebensweg schaust, welche Erlebnisse und Erfahrungen haben Dich zu der Person gemacht, die Du heute bist?

Da fallen mir verschiedene Dinge ein, fangen wir chronologisch an. Eine Sache, die mir direkt in den Sinn kommt, waren Besucher bei meinen Eltern. Damals war ich ungefähr 13 Jahre alt. Ich habe gerne die Verhaltensweisen der Gäste beobachtet und versucht, sie nachzumachen, eine Art Parodie. Daran kann ich mich gut erinnern, als ich zu meiner Mutter sagte: „Mama, ich habe da irgendwas."

_ Ahnte sie, worauf Du hinauswolltest?

Eher nicht. Sie schaute mich fragend an und erwiderte „Ja, was hast Du?" Und ich erzählte ihr von meinem besonderen Talent. Meine Mutter schaute mich liebevoll an und sagte mit einem Lachen: „Ich weiß, was Du hast: einen Knall." Bis heute habe ich ein super Verhältnis mit meiner Mutter. Doch was heißt das im Rückblick? Ich weiß heute, dass ich mich schon damals gerne auf Menschen eingelassen und mit ihnen beschäftigt habe, Menschen beobachtet und auf eine besondere Art etwas herausgelesen habe.

_ Die Arbeit mit Menschen hast Du beruflich später zu Deinem Fokusthema gemacht.

Ja. Ein weiterer Meilenstein war Paul Lissek, unser damaliger Hockeytrainer. Wir waren in der Jugend eine erfolgreiche Mannschaft – einige Male Hessenmeister und süddeutscher Meister. Paul war damals schon Bundesligatrainer. Er hat mich begeistert, denn er hat Limburg – eine eher kleine Stadt – zur besten Hockeymannschaft Deutschlands gemacht.

> *Er war fantastisch, und mich begeisterte die Tatsache, dass er so exzellent war, dass er keine Werbung für sich machen musste. Das hat mich getriggert, in irgendeiner Sache richtig gut zu werden.*

Ich war so angetan, dass ich selbst mit dem Gedanken spielte, Hockeynationaltrainer werden zu wollen. Unerwartet traf mich ein Lebensumbruch: Meine ganze Familie zog weg aus Limburg. Weg aus der Stadt, in der ich mich pudelwohl gefühlt hatte. Damals war ich 20 Jahre alt und in der Sportfördergruppe in Köln im Wehrdienst. Somit konnte ich nicht mitziehen. Man sollte meinen, dass man mit fast 21 reif genug sei, sein Ding zu machen. Aber es macht einen großen Unterschied, zurückgelassen zu werden. Meine Schulfreunde sind weggezogen, um zu studieren. Sie konnten jederzeit zurückkommen. Ich hatte diese Option, nach Hause zu kommen, nicht mehr. Mein Zuhause war weg.

— Der unerwartete Umzug der Familie hat Dich geschwächt und Dir Deinen Fokus genommen?

Es war schlimm für mich. Ich hatte mein Nest verloren, das ich liebte und wiederhaben wollte. Die Gedanken kreisten. Ich war ratlos. Mir war eines klar: Wenn ich mich entscheide, zum Studium in eine andere Stadt zu gehen, dann habe ich noch weniger Nest, weil Limburg dann ganz von meinem Radar verschwindet. Meine Eltern waren in Sigmaringen, in der schwäbischen Provinz. Parallel hatte ich in Limburg noch in der Bundesliga gespielt. Das war vermutlich die beste Hockeyzeit meines Lebens. In meiner Ausweg- und Ahnungslosigkeit habe ich mich in Sigmaringen bei der Hohenzollerischen Landesbank beworben, wo meine Eltern mit meinen Geschwistern lebten. Aus heutiger Sicht muss ich sagen: Blöderweise wurde ich genommen – mit einer für mich fast fatalen

Konsequenz: Die Bank verlangte, das Hockeyspielen aufzugeben, da es als Risikosportart eingestuft wurde. Ich habe dann selten – mehr oder weniger heimlich – gespielt, wenn Paul Lissek mich angerufen hat, weil er keine Spieler hatte. Das war die Zeit des Umbruchs für Hockey in Limburg.

— Was passierte damals?

Die ganze Limburger Meistermannschaft ist damals zum SC 1880 Frankfurt gewechselt. Ich war zwar vorher schon weg, bin aber immer mal wieder in die alte Heimat gefahren, um zu spielen. 1988 war dann sehr hart für mich, als ich meinen Mannschaftskameraden Andreas Molladin bei den Olympischen Spielen in Seoul sah. Ich saß vor dem Fernseher, habe Rotz und Wasser geheult. Dabei fragte ich mich, was ich liegengelassen hatte. In diesem Moment fühlte ich tief in mir, dass ich noch mal richtig Hockey spielen wollte. Meine Entscheidung stand fest: Ich gehe zu meiner damaligen Mannschaft zurück. Wir waren ein Team, und auch ich spiele für den SC 1880 Frankfurt.

_ Eine bewusste Entscheidung für Hockey und ein Leben an einem neuen Ort. Weg aus Sigmaringen und auf zu Deiner „alten" Mannschaft, die dann Heimatgefühl war?

In Frankfurt habe ich mich spontan für einen Studienplatz beworben: BWL im Hauptfach, Soziologie und Sport im Nebenfach. Einfach so zum Spaß habe ich dann beim SC 1880 Frankfurt noch ein paar Jahre Bundesliga gespielt. Später bin ich zurück nach Limburg gewechselt, um weitere sieben Jahre zu spielen. In Summe sind es 15 Jahre Bundesliga geworden. Darauf bin ich stolz. Es war eine großartige Zeit. Sie war auch geprägt von vielen Operationen und Verletzungen. Die Verletzungen fingen an, als ich nach Sigmaringen gezogen bin. Eine Phase, in der ich einfach gegen mich gelebt hatte.

_ Du meinst emotional und ohne Hockey?

Ich habe zwar Sport getrieben, das heißt ich habe Tennis gespielt und bin gelaufen, konnte aber meine Faszination, den Hockeysport, nicht mehr täglich leben. Meine größte emotionale Herausforderung blieb die Tatsache, dass ich mein Nest verloren hatte, und diese Tatsache musste ich lernen anzunehmen. Wirklich besser wurde es erst, als ich mich in Sigmaringen verliebt hatte. Irgendwann war der Schmerz überwunden, und ich hatte mich mit Sigmaringen angefreundet. Und da kam der nächste Schritt, erneut loszulassen. Limburg war nicht mehr mein Nest, Sigmaringen war es jetzt schon eher, und wie gerade erwähnt, ging es dann auf zu neuen Ufern nach Frankfurt.

_ Du hast jetzt häufiger den Begriff Nest fallen lassen: Welche tiefere Bedeutung hat Nest für Dich? Warum war es so zentral?

Es hat eine ganz enorme Bedeutung. Nest ist für mich Heimat. Am richtigen Platz zu sein. Ich reise gerne und war auf allen Kontinenten. Allein die Antarktis fehlt noch. Reisen macht mich glücklich. Gleichzeitig hat es eine große Bedeutung für mich, nach Hause zu kommen.

_ Es klingt so, als ob die innere Unruhe und Suche nach Geborgenheit sich im Äußeren gespiegelt hat, mit Umzügen sowie sportlichen und beruflichen Entscheidungen. Wie ging es dann weiter?

Als Student hatte ich einen Job an der Frankfurter Börse und bei der Lufthansa, wo ich Flugzeuge beladen habe. Dadurch konnte ich günstig reisen und war viel unterwegs. Und dann dachte ich, dass es cool wäre, Reisen mit Sportcharakter anzubieten – kombiniert mit Teambuilding. Und so entwickelte sich dieser Gedanke weiter, vielleicht auch Expeditionen einzubeziehen. Nach erfolgreichem Studienabschluss stellte sich mir eine Frage: Wie geht es weiter? Und dann hatte ich immer noch die Überlegung im Hinterkopf: Nationaltrainer wie der Paul Lissek oder einen Job in die Wirtschaft? In der Geschäftswelt fehlte mir der sportliche Aspekt, beim Sport fehlte mir der wirtschaftliche Aspekt.

_ Klingt irgendwie unentschlossen.

Ja, das war ich tatsächlich. In dieser Phase der Unentschlossenheit schrieb ich zwei Bewerbungen: Eine Bewerbung ging zu einer Bank im Schwäbischen, in der Nähe meiner Eltern. Noch im Bewerbungsgespräch sagte der Personalleiter zu mir: „Wir nehmen sie nicht, weil sie sowieso wieder gehen." Die zweite Bewerbung

schickte ich an Decathlon, den Sportartikelhersteller. Es ging um die Stelle des Expansionsleiters. Das Unternehmen hatte damals nur einen deutschen Standort in Dortmund. Für diese Stelle erhielt ich eine Zusage und habe sie abgelehnt. Eine Kommilitonin fragte mich daraufhin, ob ich plemplem sei. Aber ich habe sie abgelehnt, weil ich nicht bereit war, erneut soziale Bindungen aufzugeben.

_ Du bist zu diesem Zeitpunkt wieder in Deiner „alten" Heimat sesshaft geworden.

Genau. Hockey in Limburg und regelmäßiges Pendeln nach Frankfurt. Schritt für Schritt hatte ich begonnen, mir Limburg wieder als Standort aufzubauen. Mit 28 hatte ich eine WG mit meinem Mannschaftskameraden Mario Müller. Wir lebten drei Jahre zusammen, als ich vor der bereits erwähnten Entscheidung stand: Was mache ich jetzt? Dann reifte die Entscheidung, mich selbstständig machen zu wollen – mit dem für mich unschlagbaren Vorteil der freien Standortwah Und so entschied ich mich, Teambuildingreisen anzubieten: Expedition durch den Dschungel von Venezuela, Segeln auf original America's-Cup-Yachten.

_ Ist es bei großen Entscheidungen wichtig, mit der Außenwelt verbunden zu sein und Informationen zu bekommen? Zu welchem Zeitpunkt sollte man sich von der Außenwelt abkoppeln? Wann ist es ratsam, bei sich zu bleiben?

» *Die richtige Antwort ist, so früh wie möglich Verantwortung für sein eigenes Leben zu übernehmen und für die eigene Entscheidung nicht die Bedürfnisse, Ansichten und Dogmen anderer zu leben.*

Man kann es nicht am Alter festmachen, und doch ist es natürlich ein Prozess, der oft viele Jahre dauert. Wir wissen, dass wir uns entwickeln müssen, um nicht zu stagnieren. Auf die Kinder- und Jugendjahre betrachtet gibt es drei zentrale Phasen: die Prägung, Konditionierung und eigene Intuition.

» *Es geht darum, das ernst zu nehmen, was man in seiner Kindheit und Jugend über sich erfahren hat.*

Und dann besteht die Aufgabe darin, diese Erkenntnisse angemessen einzuordnen und seine Überzeugungen und Glaubenssätze gegebenenfalls neu auszurichten. Dazu zählen neben der Verantwortung für sich selbst, Dinge wie das Friedenschließen, die Vergebung, das Loslassen und ein bewusstes und befreites ‚Nach-vorne-leben'.

_ Welche Personen inspirieren Dich? Gibt es Menschen, deren Rat Du schätzt?

Ja, ich frage heute viel mehr als früher – und viele Menschen inspirieren mich. Ohne ihn persönlich zu kennen: Unternehmerisch ist es Richard Branson, der mir regelmäßig mit seinem Optimismus auffällt und betont: „Arbeiten und Spaß gehören zusammen." Freude, leben, positiv sein, Lösungen suchen. Give it a yes, give it a try, give it a go. Früher hat mich John McEnroe begeistert. Er hat sein Ding gemacht, auch wenn er oft überzogen hat. Ebenso inspirieren mich alltägliche Begegnungen. Im Speaking war es Hermann Scherer.

_ Du bist angekommen – beruflich wie privat. Trotzdem befindest Du Dich auf einer stetigen Entwicklungsreise. Hast Du aktuell eher eine innere Ruhe oder Unruhe in Dir, weil es noch viel zu erleben gibt?

Das ist eine gute Frage. Ich habe eine tiefe innere Ruhe und bin resilient geworden. Interessanterweise hat sich das, was früher nicht meine Qualität war, enorm entwickelt. Eine unserer Töchter hat mal gesagt: „Papa, Dich regt nichts auf, das regt mich auf." Im Coaching beschäftigen wir uns mit inneren Antreibern, um mehr über uns zu erfahren. Antreiber sind über viele Jahre verinnerlichte Verhaltensregeln, auf die wir regelmäßig und besonders in Stresssituationen zurückgreifen. Mein innerer Antreiber war immer „Beeile Dich!" – daran habe ich viele Jahre mit gutem Ergebnis gearbeitet. Ich habe Lust, das Leben gut zu nutzen und viel zu erleben, aber mit einer tiefen inneren Ruhe.

Das merke ich beispielsweise, wenn ich reise und Dinge schiefgehen, Verspätungen oder ähnliches. Es braucht in der Regel wenige Sekunden, bis ich zurück zu meiner inneren Ruhe finde.

_ **Würdest Du Dich als neugierigen Menschen bezeichnen?**

Voll! Ich bin interessiert, neugierig, und je älter ich werde, umso optimistischer werde ich. Ich bin 1965 geboren. Ein 1965 geborener Mann hat eine Lebenserwartung von ungefähr 80 Jahren. Jetzt bin ich 59, das heißt, in 20 bis 25 Jahren bin ich wieder weg, wenn alles normal läuft. Folglich habe ich keine Zeit, Potenziale nicht zu nutzen. Es macht mich mutig, entschlossen und optimistisch.

» *Dass ich die Dinge leben kann und darf, die mir guttun, nehme ich dankbar und wertschätzend an.*

_ **Gab es Rückschläge in Deinem Leben? Kein Nest zu haben, ist eine Entwicklung. Vermutlich gibt es weitere Themen. Du erwähntest Verletzungen und Krankheiten. Wie gehst Du damit um?**

Absolut. Zum Nest noch einen Satz: Ich habe es mir mit meiner eigenen Familie wieder aufgebaut, und das macht mich glücklich. Es ist geheilt. Damals meiner Intuition vertraut zu haben, einen Job abgelehnt zu haben, eine tolle Position, wo alle sich an den Kopf gefasst haben – das war die für mich die richtige Entscheidung. Goldrichtig. Nun zu den Rückschlägen. Ich wurde während meiner aktiven Bundesligakarriere achtmal operiert, danach noch dreimal. Dabei habe ich etwas Wichtiges gelernt: Die Rückschläge sind doch meistens ein Hinweis, dass man selbst etwas zu überdenken und anders zu machen hat. In meinem damaligen Fall als Spieler war zum einen mein Spannungszustand zu hoch, weil ich durch die an sich ungewollte Pause Entwicklungszeit verloren hatte und beim erneuten Spiel in der Mannschaft, einem enormen Druck standzuhalten hatte. Aus heutiger Sicht würde ich mich in dieser Phase ganz gezielt um Entspannung, eigenes mentales Training und körperliche Mobilität kümmern. Letztlich ist eine klare, schonungslose und lösungsorientierte Reflexion von zentraler Bedeutung. Das hat am Anfang ein bisschen gedauert. Heute könnte ich das schneller beantworten.

Oft habe ich den Sport zu früh wieder aufgenommen. Die Pausen waren zu kurz. Besonders in Bezug auf Spannungsreduktion hätte ich noch einiges tun können. Selbstständigkeit aufbauen plus Bundesliga, das war einfach viel.

» *Aber das Entscheidende ist wahrscheinlich die Freude am Leben.*

Ich bin, wie gesagt, jetzt 59 und habe 2022 die WM der Masters gespielt. Das war intensiv, mit sieben Spielen über die volle Spielzeit in zehn Tagen. Heute bin ich in besserer körperlicher Verfassung als vor 20 oder 30 Jahren. Das finde ich klasse! Es macht Mut.

_ **Warum nehmen sich viele Menschen kaum oder keine Zeit für Sport?**

Zwei Anmerkungen dazu: Sport und die Zeit dafür sollten nicht diskutabel sein. Für mich ist er fester Lebensbestandteil. Als absolute Untergrenze gilt zweimal pro Woche. Jeden Tag Gymnastik. Das morgendliche Ritual der Bewegung ist unumstößlich – ein bisschen Yoga, Sonnengruß etc. – seit Jahrzehnten. Jeder sollte sich Standards setzen.

_ ...die zu Ritualen werden.

Genau – es werden Selbstverständlichkeiten. Darüber hinaus sollte man sich Minimumstandards setzen – zum Beispiel mindestens zweimal pro Woche Sport oder gesunde körperliche Betätigung auf irgendeine Art und Weise. Es muss weder teuer noch kompliziert sein. Und wenn es sich darauf beschränkt, die Joggingschuhe anzuziehen und zehn Steigerungsläufe zu machen. So kann man sich in nur 30 oder 40 Minuten wunderbar fit halten und an der Fitness arbeiten. Dabei ist Disziplin nicht diskutabel.

» *Es ist eine Form der Disziplin, den Sport zu priorisieren, wann immer sich die Möglichkeit bietet.*

_ Ein paar Kernthemen ziehen sich durch Dein Leben: Beharrlichkeit, Struktur, In-sich-Reinhören. Ist es das, was Deine Akademie, Deine Veröffentlichungen und Deine Marke „Mentalgigant" erfolgreich gemacht hat? Oder gibt es darüber hinaus noch etwas?

Vorweg sei angemerkt, dass ich mich selbst gar nicht als Mentalgigant bezeichnen möchte. Wenn andere das meinen – okay. Letztlich sehe ich mich als mental stark an. Es gehören wahrscheinlich viele Dinge dazu, aber ich finde das Wichtigste, dass ich mich rein höre, mir selbst vertraue und für mich spüre: Ist das förderlich für mich? Tut mir das gut? Fühlt es sich stimmig an? Ist das eine positive oder negative Energie? Möchte mich da jemand instrumentalisieren oder vor den Karren spannen? Ich spüre immer in mich hinein und treffe erst dann eine Entscheidung, die mittlerweile meistens sehr schnell erfolgt.

_ Trotz Deiner vielen Aktivitäten strahlst Du innere Ruhe aus. Im Gegensatz dazu erledigen viele Menschen ihre Aufgaben oft in Hektik und verlieren dabei die Verbindung zu sich selbst. Beobachtest Du Ähnliches?

Dem kann ich absolut zustimmen. Ich nenne es schwerwiegende Unbewusstheit. Bewusstlosigkeit. Die meisten tappen im Dunkeln. Ich hatte heute Morgen ein dreistündiges Coaching, in welchem ich mehrfach betont habe, dass es darum geht, eine Erhellung herzustellen. Es handelt sich um eine Reise zu sich selbst – ein inneres Kennenlernen, das dazu befähigt, Selbstvertrauen zu entwickeln und der eigenen Intuition Raum zu geben. Da dreht es sich häufig zunächst um das Vertrauen in die eigenen Grundbedürfnisse. Leider wird genau dort zu oft an der Oberfläche und im Außen agiert.

_ Dein Weg zeigt, dass Lebenswege und -modelle einem fortlaufenden Prozess unterliegen, dem man sich stellen muss, um sich weiterzuentwickeln – selbst wenn man anfänglich keinen konkreten Plan hat.

Genau wie Du sagst, ich hatte bis Ende 20 keinen Plan. Es war nichts klar, bis zu dem Punkt, wo ich entschieden hatte, Sport und die Arbeit mit Menschen mit etwas Wirtschaftlichem zu verbinden. Das war das erste Mal, dass sich alles in ein initiales Bild bzw. eine initiale Idee fügte. Damals habe ich aus meinem Umfeld vielfach gehört, dass „ich mich entscheiden müsse", ob ich Nationaltrainer im Hockey oder eine Karriere anstreben wolle.

» *Zu diesem Zeitpunkt wusste ich nur eins: „Ich muss überhaupt nichts. Ich bringe das auf meine Art zusammen."*

Das war eine zentrale Erkenntnis. Damals noch mit touristischen Elementen, die dann wegfielen, weil mir ab einem gewissen Zeitpunkt die inneren Reisen wichtiger waren als die äußeren. Bei anderen Menschen ging es mir nicht darum, sie von A nach B zu bringen, sondern sie zu begleiten – auf ihrer individuellen Reise als Mensch.

_ Als Du merktest, „Nationaltrainer" ist es nicht. Hat es wehgetan, sich davon zu verabschieden?

Man muss loslassen – oder besser gesagt: Man darf und sollte loslassen. Es ist eine klare Entscheidung gewesen. Einen Teil dieses ursprünglichen Traums habe ich mir trotzdem erfüllt, indem ich alle Trainerlizenzen gemacht habe. Natürlich habe ich die Lizenz auch gemacht, um mir das Türchen offenzuhalten. Zugetraut habe ich es mir. Vor einiger Zeit habe ich in Köln beim Trainersymposium einen Vortrag für andere Teilnehmer zur Lizenzverlängerung gehalten. Das fühlt sich jetzt wirklich gut an. Ich liebe das, was ich mache – angekommen und am richtigen Platz.

_ Etwas hinter sich zu lassen, ist für viele Menschen ein herausforderndes Thema. Sie versuchen stattdessen, im Außen zu kontrollieren.

Loslassen bedeutet, Unsicherheiten auszuhalten. Du lässt etwas los, um etwas anderem Platz zu geben. Etwas Neuem. Es ist nicht möglich, das eine festzuhalten, und in dem anderen erfolgreich sein. Ich halte es für ein zentrales Prinzip, dass wir das Gute erst dann empfangen können, wenn wir wirklich bereit sind, loszulassen. Es ist eine Lebensweisheit, denn es ist unverzichtbar, Unsicherheit aushalten zu müssen/können/dürfen – je nachdem, wie man das betrachten möchte. Schlussendlich ist es eine Frage

der Bewertung und eigenen Definition, um auf eine höhere Ebene der Selbstentwicklung zu kommen. Man kann es auch anders formulieren: Unsicherheit aushalten zu können, ist die Vorbereitung auf langfristiges Glück – denn wenn ich Unsicherheit aushalte, gewinne ich irgendwann eine neue Sicherheit. Dann beginne ich, in Richtung meiner Ziele, Träume, Visionen sowie Vorstellung zu agieren, und bin einen Schritt weiter.

_ Ist es ratsam, diesen Weg allein oder mit jemandem zusammen zu gehen? Beispielsweise mit einem Coach wie Dir?

(Michael lacht und sagt mit einem Grinsen) Mit mir ist es natürlich sensationell. Da fällt mir der portugiesische Fußballtrainer José Mourinho ein. Auf die Frage „Stimmt es eigentlich, dass Sie sich für den besten Trainer der Welt halten?" antwortete er: „Nein, das stimmt nicht. Das habe ich so nicht gesagt. Ich sagte nur, ich kenne keinen besseren." Das ist schön gesagt. Nun aber zu einer ernsthaften Antwort: Ich bin der Überzeugung, dass jeder Mensch einen Coach braucht. Damit können wir unsere Perspektive erweitern und haben einen Spiegel. Dies wiederum kann viel Ärger, Irritation und Negativität ersparen. Es wäre mal eine Idee, das im Schul- und Bildungssystem einzuführen. Kinder sollten lernen, sich im Dialog zu reflektieren. Es erweitert ungemein. Ein Coach ist eine Art neutrale Instanz. Sehr viele Menschen suchen inspirierende Gespräche oder sind offen für gute Fragen, um herauszufinden, was sie eigentlich wollen. Das ist sogar bei Menschen so, die wissen, was sie wollen. Sie suchen in der Regel ebenfalls eine Art Gegenpol.

_ Welche wichtigen Themen siehst Du noch für die Lebensgestaltung?

Neugierde ist ein zentrales Thema. Wie sehen manchmal die Chancen vor dem eigenen Haus nicht. Die meisten Menschen haben weder eine Vision noch Ziele. Es ist eine Verkettung von Themen: Vision, Ziele, Mut, gefolgt von Fähigkeiten und Unterstützung. Irgendwo auf dieser Strecke steigen viele Menschen aus. Sie leben ja bei weitem nicht das, was sie eigentlich sein wollen. Dabei wären sie viel glücklicher, wenn sie die Dinge umsetzen, die sie wirklich faszinieren.

_ Vermutlich trauen sich viele nicht. Schauen wir in einen klassischen Unternehmensalltag. Viele großartige Menschen. Doch Inspiration, Kreativität und Potenzial leiden oft unter starren Routinen, etablierten Kulturen und hierarchischen Strukturen.

Es ist wichtig, Mut, Kreativität und Intuition zuzulassen und sich zu erlauben, es anders zu machen. Genauso wichtig ist es, die eigene Kompetenz zu entwickeln und etwas Eigenes zu kreieren.

_ Eine Persönlichkeitsentwicklung braucht Zeit, so wie Du es beschrieben hast. Man darf gütig mit sich umgehen und sollte sich auf den Weg einlassen.

Ja, es ist wichtig, bewusst zu entscheiden, was nicht mehr zu einem passt oder was man heute anders handhaben würde. Es ist wichtig, als Gesellschaft gut damit umgehen können, zu lernen und vor allem der Jugend beizubringen, dass es völlig normal ist, Misserfolge zu haben oder Niederlagen zu erleiden. Es ist normal, zu scheitern, wobei ein Scheitern oft ein rein temporäres Scheitern ist. Es geht darum, aus diesen Misserfolgen und Niederlagen Schlüsse zu ziehen, um dann etwas neu oder anders anzugehen, oder woanders hinzukommen, wo man besser aufgehoben ist. Es ist nicht schlimm. Wir sind nur aus einem Grund gehemmt: Wir haben immer das mögliche Scheitern im Kopf. Das ist jedoch ein fiktives Bild. Dabei ist es doch nur so, dass etwas schiefgeht. Es ist eine Frage der Perspektive und der Bewertung. Ich finde, das ist ein wichtiger Unterschied.

_ Wie definierst Du Glück und Erfolg?

Ich bin im Leistungssport und ambitionierten Business unterwegs und habe dazu eine feste Meinung: Der größte Erfolg ist, glücklich zu sein. Das ist für mich wichtiger als jede olympische Goldmedaille. Was hat man zu tun, um glücklich zu sein? Unsicherheiten aushalten? Glück ist eine Überwindungsprämie. Permanente Weiterentwicklung macht glücklich. Das Leben intensiv und aktiv nutzen sowie die positiven Dinge höher gewichten als die schlechten. Grundsätzlich das positive Erleben höher gewichten. Eine Balance herstellen. Das, was nicht funktioniert, müssen wir annehmen. Natürlich kann man sich kurz ärgern. Aber der Grenznutzen des Ärgers ist schnell verpufft. Klug sein heißt, lernen und verstehen. Ich ärgere mich gerade. Warum ärgere ich mich? Warum ist mir das passiert? Weil ich das so gemacht habe? Kann ich es optimieren? Wie könnte ich es umsetzen? Nun habe ich etwas gelernt. Lernen, dem Ärger zu danken, denn er ermöglicht uns, in die „Eigenmacht" zu kommen, welche uns Gestaltungsmöglichkeiten aufzeigt. Wenn es funktioniert, ist man glücklich. Wenn es nicht klappt, gilt es, etwas daraus zu machen. Eine zentrale Erkenntnis ist, das Leben zu akzeptieren mit allem Auf und Ab. Ich bin unglaublich dankbar, auf der Welt zu sein.

» *Es ist ein Geschenk, dass bei den zig Trillionen Chromosonenkombinationen ausgerechnet ich herausgekommen bin. Ob meine Mitmenschen das genauso sehen, weiß ich nicht, aber ich finde es großartig und werde jetzt etwas daraus machen.*

_ Ein wunderbarer Abschluss. Vielen Dank für das Teilen Deiner Gedanken und Deine Zeit.

→ **Webseite:** vonkunhardt.de
→ **Instagram:** vonkunhardt
→ **LinkedIn:** michael-von-kunhardt-47055049
→ **Facebook:** michael.vonkunhardt

REINHARD GEDACK

> "You are never too old to set another goal or to dream a new dream."
>
> C. S. Lewis

REINHARD GEDACK

Wenn Alter keine Rolle spielt.

Wer er ist.
Lebensbejahender Kreativkopf

Was er tut.
Werbefilmproduzent

Was ihn auszeichnet.
Durchhalten. Aufstehen. Sich neu erfinden.
Aus jeder Situation das Beste machen.

MUTMACHER > REINHARD GEDACK

Von Hamburg aus hat er über Jahrzehnte hinweg die Welt kennengelernt und in seinem Universum erobert.

Ein facettenreicher internationaler Berufs- und Lebensweg: Ein Mann, der Werbefilm-Geschichte geschrieben hat.

Reinhard ist mittlerweile über 70 Jahre alt und nach wie vor im Filmgeschäft sowie der Kunstszene aktiv. Sein Wissen und kreativer Umgang rund um die künstliche Intelligenz haben bereits bundesweit Aufmerksamkeit bekommen. Ein wacher Geist, vielfältig interessiert und ein Paradebeispiel dafür, dass Berufstätigkeit und Aktivität nicht zwingend an ein Alter geknüpft sind.

_ Leitest Du uns durch die wichtigsten Stationen Deines Lebens? Wie bist Du der Mensch geworden bist, der Du heute bist?

Die Grundlagen meiner Fähigkeiten wurden durch meinen Vater gelegt, der nach dem Krieg eine Schlosserei in Hamburg betrieb. Geboren wurde ich im Jahr 1949, und bis zu meinem Geburtsjahr leitete er diese Werkstatt. Danach gab er den Betrieb auf, weil er betrogen worden war. Er war ein sehr guter Handwerker, aber kein guter Geschäftsmann. Er ging an eine Gewerbeschule und unterrichtete verschiedene mechanische Fertigkeiten wie Feilen, Schrauben, Bohren, Fräsen, Drehen und Schweißen – für Handwerker einfach unerlässlich. Frühzeitig erlernte ich diese Fertigkeiten von ihm. Anfangs empfand ich es oft als mühsam, da mir eigentlich die Lust dazu fehlte, und trotzdem nahm ich diese Dinge auf, die mir in meinem späteren Leben sehr halfen. Im Gegensatz dazu hatte ich große Lust auf die Filmerei und begann früh damit. Als ich etwa 12 Jahre alt war, konnte man beim damaligen Katalog-Versandhandel Quelle eine Filmkamera erwerben. Ich wünschte mir ein stabiles, auf meine Bedürfnisse zugeschnittenes Stativ. Also bauten mein Vater und ich gemeinsam eines. Es war viel zu schwer und kompliziert, doch dabei begriff ich plötzlich, dass praktische Fähigkeiten einen Sinn ergeben. Wir reparierten mehrfach gemeinsam unser Familien-Auto und setzten verschiedene handwerkliche Projekte um. Das Filmemachen begeisterte mich viel intensiver, und ich verfolgte es konsequent während meiner Schulzeit. Wir drehten Filme für Schulveranstaltungen und andere Aktivitäten, sogar zweimal mit der eigenen Klasse als Protagonisten. Ich stamme aus Harburg, einer Kleinstadt. Die lokalen Zeitungen berichteten über diese Projekte. So erhielt ich Anfragen und die Filme wurden auch in anderen Schulen gezeigt, weil sie das Thema Schule behandelten. Es waren meist richtige, kleine Inszenierungen.

_ Deine Karriere als Filmproduzent begann demnach vor dem Abitur.

Ja. Heutzutage würde man sagen: „Wir nehmen das mit dem Handy in zwei Nachmittagen auf, und fertig." Damals war es harte Arbeit mit dem Filmdrehen, Entwickeln, Schneiden, Vertonen und allem, was dazugehörte. Plötzlich meldete sich die Harburger Volkshochschule (VHS) und bat mich, den Filmkurs zu übernehmen. Das fand ich großartig, denn ich war gerade mal 16, und es brachte mir etwa 40 DM pro Abend ein. In jener Zeit gab es kein Taschengeld. Meine Eltern sorgten für das Nötigste, Kleidung und Schuhe. Sie hatten nicht viel Geld zur Verfügung, ermöglichten trotzdem alles, was darstellbar war. Mein Vater verdiente damals rund 900 DM im Monat. Da blieb nicht viel übrig, aber wir schafften es.

Ich setzte meine Leidenschaft für die Filmerei fort und half (neben der Schule und der VHS) in Zusammenarbeit mit der Jugendbehörde beim Aufbau des „Jugendfilmstudios Hamburg", indem wir – meist vom NDR ausrangiertes – professionelles 16 mm-Film-Equipment nutzen konnten. Wir waren eine Gruppe junger Leute, die sich entschlossen hatten, dieses Projekt zu realisieren. In den wöchentlichen Treffen brachten wir uns das Filmen bei und hatten recht gute Gebraucht-Geräte zur Verfügung. Zusätzlich nutzte ich eine 16-Millimeter-Kamera der Volkshochschule in Harburg, was großartig war. So begannen wir, semi-professionelle Filme zu drehen und machten mit kleinen Projekten von uns reden. Während meiner Schulzeit bot mir sogar das Studio Hamburg ein Praktikum an, ohne dass ich mich aktiv darum bemühen musste. Das Wort Praktikum war zu dieser Zeit nicht weit verbreitet, und ich nahm das Angebot sehr gerne nach meinem Abitur wahr. In dieser Zeit gab es eine andere Filmgruppe in Hamburg, mit denen wir uns stets in Konkurrenz befanden. Sie waren die filmischen Fundamentalisten, wir die Realos. Ihrem

Leiter, Werner Nekes, sollte ich einige Jahre später wieder begegnen.

_ Man spürt Deine Leidenschaft für das Filmen, während Du erzählst.

Das trifft es wohl. Irgendwann, als ich gerade 18 Jahre alt geworden war, gab es eine unerwartete Wendung meines filmischen Lebens, ausgelöst durch eine Klassenreise nach Berlin: Mit dem Auto nach Berlin zu fahren, war zu der Zeit extrem nervig und zeitraubend – die DDR hatte sich gerade mit Mauer und Stacheldraht abgeschottet. Eine Bus- oder Autoreise dauerte aufgrund der Staus an den Grenzübergängen neun Stunden oder länger. So saß ich zum ersten Mal in einem Flugzeug, flog mit meiner Schulklasse nach Berlin und beschloss auf der Stelle, Pilot zu werden. Ich bewarb mich bei der Lufthansa, bestand die Aufnahmeprüfung. Jedoch wurde ich direkt nach dem Abitur und dem Praktikum im Studio Hamburg zur Bundeswehr eingezogen, was mir ideologisch und aus pazifistischen Gründen missfiel. Ich wurde einer Fliegerstaffel in Holland zugeteilt, einem NATO-Flugplatz. Doch ich verweigerte den Dienst und wurde krankgeschrieben, was schließlich dazu führte, dass ich während der Grundausbildung nach Hause geschickt wurde. Kurzentschlossen schwenkte ich wieder um und begann ein Studium in Berlin an der DFFB, der damals gerade frisch gegründeten Deutschen Hochschule für Film und Fernsehen. Zu meinem Erstaunen gab es keine Kameras, nur theoretische Diskussionen, meist soziologisch geprägt. Parallel durfte ich erneut als ‚Assistenten-Assistent' im Studio Hamburg an Serien mitarbeiten. Mein Produktionsleiter, eine charismatische Persönlichkeit, machte mir klar, dass Film nicht nur Theorie sein kann. Irgendwann entschied ich mich also, mit dem Studium in Berlin aufzuhören und im Studio Hamburg für mehrere Monate praktisch zu arbeiten. Parallel schrieb ich mich in Hamburg an der Hochschule für bildende Künste (HfbK) ein, um Film und Fotografie zu studieren. Und da wartete ein Überraschung auf mich: Der für Film zuständige Professor war gerade Werner Nekes geworden, unser Konkurrent aus Zeiten des Jugend-Filmstudios, mit dem ich mich zuvor oft auseinandergesetzt hatte.

Hier eine kleine Zäsur: Ich erzähle mal eine für mein Leben typische Episode. Es geht um die parallel verlaufenden Stränge, die sich teilweise in so unterschiedliche Richtungen entwickelten, dass ich mich im Nachhinein selbst wundere, wie sie zustande kamen. Hier ein Beispiel. Als ich mich für die Filmklasse an der HfbK bewarb, musste ich einen „kürzlich gedrehten Film" einreichen. Ich hatte keinen passenden parat. Da ich zu dieser Zeit schon ein bisschen ‚Werbeluft' geschnuppert hatte und frisch mit meiner späteren Ehefrau (einer begabten Werbetexterin) liiert war, wollte ich einen Werbespot drehen. Einen Werbefilm – nur die zündende Idee fehlte mir.

Nun, woran denkt ein junger Mensch? Mir fiel etwas ein: Sie hatte einen Büstenhalter, der sich schwer öffnen ließ. „Vielleicht erfinden wir einen Verschluss für einen Büstenhalter, den man mit einer Hand öffnen kann", sagte ich. Natürlich mussten wir zeigen, dass es wirklich funktionierte, um es im Film darstellen zu können.

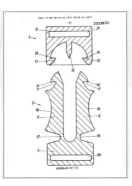

_ Das klingt nach einer Geschichte, die Aufmerksamkeit bekommt. (Lacht)

Im Jahr 1973 entwickelte ich das Patent, das das Zeitalter der Büstenhalter-Verschlüsse verändern sollte – so dachte ich zumindest. Zu dieser Zeit dominierten Haken aus gestanztem Aluminium den Markt, deren Achillesferse sich im Sommer offenbarte, wenn die brennende Sonne sie aufheizte und die Trägerinnen sich daran ihre Finger verbrannten. Da entschied ich: Es muss eine bessere Lösung geben. Eine aus Kunststoff, die einfach einrastet – ohne Fummelei. Das war der USP, den ich für den Film suchte! Mit dieser Idee begann mein Abenteuer. Nach einigen Experimenten wurde meine Vision Realität. Ein Verschluss, der nicht nur der Hitze widerstand, sondern das An- und Ausziehen mit einer Hand revolutionierte. Als ich den ersten Prototypen bastelte, wusste ich, dass dies die Zukunft der Bademode sein könnte. Ich setzte alle Segel, meldete das Patent an, drehte meinen Werbefilm und begann die Suche nach einem Käufer. Der Film sorgte zwar dafür, dass ich an der HfbK angenommen wurde, aber trotz des offensichtlichen Potenzials stieß meine Erfindung auf taube Ohren bei den Entscheidungsträgern der Branche. Die damaligen Größen der Unterwäsche- und Bademodenwelt zeigten leider kein Interesse. Es war ein Rückschlag, der mich jedoch nicht entmutigte. Nach drei Jahren erlosch das Patent, ich hatte keine Mittel, um es aufrechtzuerhalten. Einige Jahre später erschien derselbe Klick-Verschluss zunächst an Freizeit-Artikeln, Gürteln usw. Heute gibt es kaum einen Rucksack, der nicht solche Verschlüsse hat. Wenn ich zurückblicke, frage ich mich manchmal, was wohl aus mir geworden wäre, wenn die Welt damals bereit gewesen wäre. Vielleicht hätte ich keine Filme mehr gedreht.

» *Doch letztendlich geht es nicht immer nur um das Geld. Es geht darum, etwas zu schaffen, das die Welt verändert. Und die Entwicklung an sich ist bereits ein Erfolg.*

Ich war also trotz unserer gegenseitigen Abneigung von Werner Nekes an der HfbK angenommen worden. Wir einigten uns darauf, dass ich seinen Unterricht nicht störe, und er mir trotzdem meine Scheine gab, sodass ich – damals ziemlich ungewöhnlich – quasi außerhalb der Universität Film studieren konnte. Die Fotoklasse besuchte ich allerdings regelmäßig, denn der zuständige Professor vermittelte wertvolles Wissen. Nach meiner Tätigkeit im Studio Hamburg bekam ich eine Stelle als Assistent bei einem der zu der Zeit wichtigsten deutschen Fotografen, Reinhart Wolf. Reinhart Wolf war Werbefotograf, der drei Schwerpunkte hatte: People, Food und Autos, alle drei besonders komplexe Themenfelder in der Fotografie. Er war ein großartiger Lehrmeister. Von ihm habe ich das Fotografieren gelernt, das Licht-Setzen und Erkennen von Perspektiven. Die Marken-Einführung des ersten VW Golf war eines unserer Projekte. Man konnte damals nur Dias fotografieren, wenn man Großplakate drucken wollte. Das bedeutet, eine Nachbearbeitung mit Photoshop war damals nicht möglich. Es ging für den Fotografen um das Erkennen von Konturen und Formen: Wie bekomme ich es hin, dass man sieht, dass das Auto, zweifarbig ist und die zweite Farbe nicht für einen Schatten gehalten wird? Wie mache ich es, dass sich die Grashalme am Boden nicht in der Tür spiegeln? Davon habe ich gezehrt und tue es bis heute. Autos waren das, was ich mein Leben lang vornehmlich fotografiert und gefilmt habe, neben vielem anderem. Ab dem Moment ging es aber stringent vorwärts in der Filmerei.

Der Tchibo-Mann mit der Melone. Eine Erinnerung an die frühen 1970er-Jahre.
Bildquelle: Archiv der Filmproduktion von Reinhard Gedack

_ Bevor wir mit den Projekten weitermachen, gab es eine weitere Station: Du hast parallel Ingenieurwesen studiert, richtig?

Tatsächlich, das war parallel zu meiner Zeit bei Reinhart Wolf und an der HfbK. Ich begann das Maschinenbaustudium, als ich aus Berlin zurückkehrte – eher für meinen Vater als für mich selbst. Bereits nach den ersten Wochen wurde mir klar, dass ich zwar dorthin ging, aber meine Leidenschaft woanders lag. Nach fünf Semestern, in denen ich wenig anwesend war, beschloss ich, das Studium abzubrechen. Nun hatte ich nur noch mein Studium an der HfbK, wo ich fast ausschließlich die Fotoklasse besuchte und parallel meiner Tätigkeit bei Reinhart Wolf nachging. Auf meinen Wunsch hin gab mir Reinhart Wolf meinen ersten unbefristeten Arbeitsvertrag für nur 10 Tage im Monat.

_ Filmen als Bestimmung.

Ja, genau. Mein Mentor und Lehrmeister Reinhart Wolf war talentiert, aber er wurde eher als Fotograf angesehen, der sich an Filmprojekten versucht. Dies war die Ära, in der zum Beispiel Günther Herz 1972/73 damit begann, Tchibo weiter auszubauen. In der Werbung tauchte damals der berühmte ‚Mann mit der Melone' auf, das Gesicht des Kaffee-Einkäufers. Wir fotografierten ihn unzählige Male: hier, in Südafrika, und überall dort, wo wir so taten, als ob wir auf einer Kaffeeplantage wären.

Reinhart Wolf schloss sich nach einer Weile mit James Garrett und Partner zusammen. Garrett und Partner war die damals größte Werbefilmproduktion weltweit – mit Sitz in London, Filialen in New York, Kapstadt und Johannesburg. James Garrett war einer der Pioniere des britischen Werbefilms. Er hatte viele große britische und einige US-Regisseure unter Vertrag. Das Konzept war, Spielfilmregisseure in die Werbefilmproduktion einzubinden. Diese hatten häufig keine Zeit, weil sie für Spielfilme engagiert waren. Wenn sie aber Pause hatten, drehten sie gerne einmal für ein paar Tausender pro Tag einen Werbefilm. Und das waren Namen wie Richard Lester[1] und Nick Roeg[2], also gute und bekannte Regisseure.

Für mich begann damit eine aufregende Zeit im Filmgeschäft. Ich bekam einen internationalen Vertrag von James Garrett in London und wurde Regieassistent.

---

[1] **Richard Lester** ist ein US-amerikanischer Filmregisseur und -produzent. Er wurde unter anderem als Regisseur der Beatles-Filme ‚Yeah! Yeah! Yeah!' und ‚Hi-Hi-Hilfe!' sowie von Abenteuerfilmen wie ‚Die drei Musketiere', ‚Superman II' und ‚Superman III' international bekannt.

[2] **Nicolas Jack Roeg** britischer Filmregisseur. Der langjährige Kameramann etablierte sich in den 1970er-Jahren mit Filmen wie ‚Wenn die Gondeln Trauer tragen' und ‚Der Mann, der vom Himmel fiel' als international bekannter Filmemacher.

Mein Werdegang nahm eine besonders gute Entwicklung, als ich von der renommierten Firma Markenfilm abgeworben wurde, damals und auch heute eine der führenden Produktionsfirmen in Deutschland. Ich übernahm die Position eines Produktionsleiters, nachdem ich zuvor lediglich als Regieassistent und Aufnahmeleiter tätig war. Diese neue Herausforderung faszinierte mich zutiefst; wir realisierten zahlreiche großartige Filmprojekte. Zwar bedeutete dieser Schritt nicht unbedingt ein höheres Gehalt, jedoch erhielt ich einen Firmenwagen als Anreiz.

Im Alter von 29, nach zweieinhalb Jahren bei Markenfilm, kehrte ich zurück zu Garrett. Diese Rückkehr nutzte ich, um mir eine Auszeit von drei Monaten zu gönnen. Gemeinsam mit meiner Familie reiste ich nach Amerika, um Neues zu entdecken. Beim Anblick von Hollywood überkam mich das Gefühl, dass ich hier viel früher hätte sein sollen; vielleicht hätte ich sogar hier studieren sollen. Heutzutage ist das anders, denn die deutschen Filmhochschulen sind perfekt ausgestattet, haben gute Dozenten, während sich zu meiner Zeit alles in der Entwicklung befand.

Zurück in Deutschland arbeitete ich einige erfolgreiche Jahre an schönen Film-Projekten bei der Garrett-Film. Nach drei Jahren stieg ich bei Interteam, dem damals angesagtesten Unternehmen als Partner ein. Interteam hatte Standorte in München, Frankfurt und Hamburg, wobei der Inhaber des Hamburger Büros Nachfolger suchte.

Anfang der 1980er-Jahre drehte Reinhard mit Interteam und später mit seiner Firma Production International für Persil. Sie entwickelten später die bekannte Werbung mit der roten Persil-Schleife, die um das Brandenburger Tor in Berlin gelegt wurde.

Bildquellen: Archiv der Filmproduktion von Reinhard Gedack

Ein Kameramann und ich traten in eine Partnerschaft mit ihm ein und führten das Unternehmen zu dritt. Diese Zeit war von besonderer Bedeutung für mich: Wir arbeiteten mit großen Marken wie Lufthansa und Persil zusammen. Wir erfanden den Persil-Presenter, ein damals total neues Werbeformat. Es gab viele denkwürdige Projekte, darunter Kooperationen mit Gauloises und Mercedes, deren Werbung insbesondere im Kino besonders geschätzt wurden. Ich habe auf meinem Lebensweg immer das Glück gehabt, von genau denen angesprochen zu werden, bei denen aktuell etwas los war.

_ Glück gehabt und gutes Timing. Hatte es nicht auch damit zu tun, dass man gerne mit Dir arbeitet – kreativ wie menschlich?

Das nehme ich einmal an. Meine Fähigkeit, gut mit Menschen umzugehen, begleitete mich durch meine gesamte Karriere. Sie war und ist unverzichtbares Element meines Erfolgs.

» *Unsere Teams waren stets so zusammengestellt, dass alle Crew-Mitglieder sich mochten. Das machte nicht nur mehr Spaß, sondern verbesserte das filmische Ergebnis. Ein wesentlicher Teil des Erfolgs war und ist, wach zu sein für Neues, für die Chancen, die sich bieten – aber auch zu handeln, also rechtzeitig zuzugreifen.*

Später hatte ich das Privileg, parallel zu meiner aktiven Film-Tätigkeit als Präsident des Werbefilmproduzentenverbandes zu dienen. Diese Position hatte ich über elf Jahre inne, vor allem dank meiner Fähigkeit, zu vermitteln und Konflikte zu lösen. Natürlich gab es Spannungen, aber wir sind stets gestärkt daraus hervorgegangen, als eine geeinte Gruppe. Im Filmgeschäft ist es unabdingbar, dass man mit Menschen umgehen kann, für Regisseure ist es eine grundlegende Fähigkeit. Natürlich gab es Regisseure, die unnahbar ihre Anweisungen gaben und ansonsten zickig waren. Da war Vermitteln kaum möglich. Sobald ich solche Situationen erlebte, war klar, dass ich höchstens einmal mit ihnen arbeiten würde. Zwei schickte ich sogar während des Drehs nach Hause. Im Team habe ich getauscht, wenn unangenehme Personen dabei waren und wir einen längeren Dreh vor uns hatten. Dann waren sie eben nur für zwei Tage dabei, zum Wohle aller. Irgendwann wurde mir Interteam ‚zu normal' und ‚zu wenig'. Ich spürte den Drang nach etwas Aufregenderem. Also beschloss ich nach einigen Gesprächen mit meinen Interteam-Partnern, eine neue Firma zu gründen. Für mich war es die beste Entscheidung, komplett neu anzufangen. Vor allem wollte ich meine bei James Garrett erworbenen Fähigkeiten nutzen, um mehr international zu arbeiten.

Ich flog nach London und traf mich mit einem Freund und langjährigen Produktionsleiter, der meine Sichtweisen weitestgehend teilte. Gemeinsam gründeten wir die Production International. Bis dahin bestanden Filmproduktionen fast ausschließlich aus einem Produktionsleiter und einem Regisseur, gelegentlich einem weiteren Regisseur. Wenn eine Werbeagentur eine Filmproduktion zu einer Vorkalkulation aufforderte, war also bereits klar, dass sie lediglich deren einen Vertragsregisseur bekommen würden. Wir aber boten unseren Werbekunden etwas Einzigartiges an: Beratung, welcher Regisseur am besten geeignet war, und wir hatten eine Auswahl an talentierten Regisseuren aus England, Deutschland und den USA in unserem Portfolio. Wenn die Kunden von unseren Vorschlägen begeistert waren, setzten wir diese Regisseure ein – auch wenn es etwas teurer war, aber dafür mit garantiertem Erfolg. Zu dieser Zeit wurden Filmbudgets großzügig bemessen. Es war der Beginn von Springer & Jacoby und ähnlichen Agenturen. Sie hatten höchste Ansprüche und lebten Innovation. Wir konnten gleich zu Anfang mit ihnen arbeiten. Deshalb ging es für uns mit einem extremen Hype los. Sehr schnell waren wir ganz weit vorne, die Nummer drei in Deutschland als Filmproduktion. Ich hatte mit Reinhard Springer guten Kontakt, einem der Gründungsmitglieder von Springer & Jacoby. Er war damals ebenfalls Flieger, so wie ich – da wissen beide Seiten, dass Präzision inhärent ist. Irgendwann rief er an und sagte: „Bei uns geht gerade alles drunter und drüber. Wir haben mit Bacardi Probleme. Ich habe dem Kunden gesagt, Du machst das." Und so erhielten wir ein Millionen-Projekt, aus welchem die berühmte Bacardi-Rum-Werbung aus dem Jahre 1988 hervorging. Die meisten verbinden mit ihr den Ohrwurm Bacardi Feeling (Summer Dreamin'). Wir haben, wenn ich mich richtig erinnere, für drei Filme viereinhalb Millionen Mark erhalten, allerdings auch viel Geld ausgegeben, weil auf den Seychellen gedreht wurde, mit viel Aufwand in einem Land ohne filmische Infrastruktur. Allein die Darsteller haben eine Million gekostet.

_ Das Foto kennt man aus der Werbung.

Ja, genau. Voller Vorfreude begaben wir uns drei Monate im Voraus auf die Seychellen, um die ideale Kulisse für unseren Film zu erkunden. Nach intensiver Suche entdeckten wir die perfekte Bucht, von der aus man die Nachbarinsel und den atemberaubenden Sonnenuntergang im Hintergrund sehen konnte. Dieser Ort war für uns einfach magisch und genau dort wollten wir unser Filmset aufbauen: ein Haus auf Stelzen, zwischen den Felsen am Strand, über der Lagune und mit Schilf und Bananenblättern bedeckt. Doch es gab ein Problem. Die Bucht lag in einem Landschaftsschutzgebiet. Unser kanadischer Kontaktmann vor Ort, der schon lange auf den Seychellen lebte, schlug vor, direkt zum Präsidenten zu gehen, um eine Ausnahmegenehmigung zu erwirken. Gesagt, getan. Wir trafen uns mit dem Präsidenten. Fast wie in einem Film bedankten wir uns artig für das

Gespräch, übergaben ihm einen Koffer mit ein paar Gastgeschenken und gingen wieder. Etwa ein Vierteljahr später, mitten in den Dreharbeiten, wurde der Präsident höchstpersönlich mit einem Hubschrauber zu unserem Set geflogen – ein unerwarteter Besuch. Sein Adjutant gab mir meinen Koffer zurück und sagte: „Den haben Sie bei uns vergessen." Der Präsident hätte gern gesehen, dass wir unser Haus am Strand stehen lassen. Uns war aber klar, dass bald danach weitere Häuser den Strand gesäumt hätten. Also haben wir höflich abgelehnt mit dem Hinweis, dass das Haus den nächsten Sturm nicht überdauern würde.

Wir hatten beim Bau sehr vorsichtig agiert und darauf geachtet, nichts kaputtzumachen. Zum Beispiel hatten wir das Haus zwischen die Felsen geklemmt und mit Seilen festgespannt, um keine Löcher bohren zu müssen. Ich glaube, selbst Naturschützer konnten unserem Vorgehen am Ende zustimmen.

Durch Springer & Jacoby haben wir viel für Mercedes gedreht. Mit meiner Production International und neun weiteren Partner-Produktionen weltweit war ich rund dreißig Jahre am Markt. Wir hatten inzwischen mehrere Teams mit insgesamt 30 Personen. Das ist für eine Filmproduktion groß. Es ging uns gut, wir hatten viel zu tun, sehr illustre Kunden für damalige Zeiten. Ich achtete stets darauf, dass wir breit aufgestellt waren, um nicht von wenigen Auftraggebern abhängig zu werden. Mein Rekord war meine Übersicht 2002: Da hatten wir in den vorangegangen 24 Monaten Anfragen von 66 Werbeagenturen für 272 Filme. Wenn ich das jetzt sehe, empfinde ich es noch immer als viel. In der Hochphase der Filmproduktion war das völlig normal für uns.

Meine Nachfolgefirma hat die Domain www.werbefilm.de von mir übernommen. Wenn man auf die Webseite geht, findet man im Gegensatz zu früher ganz viele Services, die wir noch gar nicht kannten (Streamen, Social Media, digitale Bearbeitung etc.). Im Werbefilm-Bereich aber basieren 50 bis 60 Prozent der Arbeiten auf meinen Projekten.

_ Du hast als erster die Domain www.werbefilm.de gesichert?

Ja, genau. Daran sieht man, wie früh wir darüber nachgedacht hatten, niemand interessierte sich für das Internet – nur ein Vierteljahr später wären solch generische Web-Adressen vermutlich belegt gewesen. Bei Google ist die Werbefilm GmbH heute immer auf Platz eins in allen Bereichen. Meine Ex-Kollegen erhalten dadurch viele Anfragen.

_ Du hast es bereits kurz erwähnt – neben der Filmerei hast Du ein weiteres spannendes Hobby: das Fliegen.

Ja, dazu muss ich nochmals einen Schritt zurückgehen. Nach meiner Aufnahmeprüfung bei der Lufthansa zwang man mich zu der zuvor beschriebenen

Zeit beim Militär. Die Lufthansa versuchte zwar, mich von meinem Dienst zu befreien, da sie dringend Piloten benötigten, doch die Bundeswehr bestand darauf, dass ich bleibe. Es gab einen regen Schriftverkehr zwischen beiden Parteien, jedoch blieb ich im Militärdienst.

Während dieser Zeit hatte ich bereits zwei Informationsflüge im Cockpit absolviert, fand dies allerdings eher langweilig und war unsicher, ob ich wirklich als Pilot arbeiten wollte. Obwohl die Atmosphäre beeindruckend war, erschien mir der interkontinentale Flugbetrieb eintönig. Die Piloten im Cockpit sprachen ständig davon, wie sie ihre Wochenenden als Fluglehrer für Kleinflugzeuge verbrachten, was mich zunehmend anzog. Schon damals beschloss ich, meinen Flugschein zu machen – wenn nicht bei der Lufthansa, dann einfach später.

Während einer sechswöchigen Location-Suche für eine Serie in Amerika entschied ich mich spontan, statt eines Piloten einen Fluglehrer zu buchen. Wir waren viel in der Luft, er brachte mir in dieser Zeit intensiv das Fliegen bei, inklusive Basic Instrument Training über der Mojave-Wüste. Dabei erlebte ich eine lehrreiche Situation: Durch das Verdecken der Instrumente und das Tragen einer Haube ließ mein Lehrer mich quasi blind fliegen, während er Außensicht hatte. Ich sollte nur mal fünf Minuten ausschließlich nach Gefühl fliegen und ein paar einfache Manöver ausführen. Als ich die Haube abnahm, befanden wir uns im Sturzflug, die Wüste senkrecht vor uns – und ich hatte diesen Übergang nicht gefühlt – eine wichtige Lektion über die Bedeutung der Instrumentenfliegerei. Später, nach einem Zusatztraining und einer deutschen Prüfung, bekam ich den Schein in Deutschland anerkannt.

Mit einem Kollegen, der als Controller beim Tower in Hamburg arbeitete und mich das Fliegen lehrte, gründete ich eine Firma. Diese betrieb in Hamburg

kleine Flug-Simulatoren, damit man auch im Winter ein bisschen navigieren üben konnte. In den späten 80er-Jahren, als Europa die Einführung einer gemeinsamen Luftfahrtbehörde beschlossen hatte, waren mein Partner und ich Berater für die Joint Aviation Authority (JAA) in Brüssel. Zu dieser Zeit boomte das Simulator-Training, da man viele Übungsstunden statt in der Luft nun am Boden absolvieren konnte. Unser Unternehmen, Star Aviation, bot Pilotentraining für Kleinflugzeuge an. Die damaligen Simulatoren waren simpel – zwar echt aussehende Cockpits mit richtigen Instrumenten, aber primitiv und unzuverlässig. Wir erkannten die Notwendigkeit digitaler Instrumenten-Ansteuerung und reisten nach Boston, um eine Partnerschaft mit einem amerikanischen Simulator-Hersteller einzugehen. Zunächst skeptisch, stimmten sie schließlich einer gemeinsamen Neugründung zu. Ich brachte meine gesamten Ersparnisse ein, es fanden sich weitere Investoren, und wir begannen mit der FlightSim INC hochmoderne, digital gesteuerte Simulatoren zu konstruieren.

Dank unserer JAA-Verbindung und dem Fachwissen meines Partners definierten wir genau, was diese Geräte leisten mussten, um effektives Training zu bieten.

Die JAA setzte ein Datum fest, zu dem sämtliche europäischen Flugschulen Zugang zu einem solchen Gerät nachweisen und mit der Schulung darauf beginnen mussten. Und unsere Firma war die einzige weltweit, die diese baute. Ein sicheres Geschäft, dachte ich bei mir.

Ich hatte bei meinen US-Werbefilm-Kunden wie Procter & Gamble erfahren, dass US-amerikanisches Management sehr präzise und strukturiert arbeiten kann. Leider lief es bei der FlightSim gar nicht nach solchen Prinzipien, und ich musste als Director zwei Leute austauschen. Über 18 Monate lang verbrachte ich nahezu jedes zweite Wochenende in Boston. Wir kamen mit der Entwicklung gut voran und waren kurz vor der Musterzulassung, als der furchtbare Anschlag 2001 auf das World Trade Center in New York, heute bekannt als 9/11, die Welt erschütterte.

Es stellte sich heraus, dass die Attentäter auf Flugsimulatoren trainiert hatten, sodass die Nachfrage nach Flugsimulatoren schlagartig einbrach, und unsere Investoren zogen ihr Kapital ab. Ich kämpfte darum, die Firma zu retten. Trotz meiner Bemühungen musste ich sie rund ein Jahr später schließen, und mein persönliches Vermögen ging verloren. Es war ein trauriges Ende für ein Projekt, in das ich viel Herzblut gesteckt hatte.

_ **Mit einer Agentur oder Produktionsfirma ist man es gewohnt, dass man mal einen Job nicht bekommt. Aber wie bist du mit so einer Monster-Enttäuschung umgegangen? In diesem Projekt steckten Unmengen Arbeit und Finanzen.**

Es zeigte sich in Schritten.

_ **Wie geht man damit um?**

Indem man sich zum einen auf sein Kern-Geschäft besinnt. Zum Glück hatte ich ja mit der Production International immer eine gut laufende Film-Produktion. Allerdings machte mein Freund und Anwalt Andreas mir unmissverständlich klar: „Einziger Ernährer in Deiner Firmen-Familie ist die Filmproduktion! Vergiss das nicht!" Da hatte er vollkommen recht, und ich akquirierte fleißig, um neue Film-Jobs zu bekommen. Aber die Zeiten für Werbefilme wurden härter.

Und zum anderen, indem man sich umorientiert oder Neues anpackt! In diesem spezifischen Fall hatte ich mich umorientiert und ein Jahr lang versucht, die Simulator-Assets, die wir in Boston geschaffen hatten, mitsamt den dortigen Mitarbeitern nach Deutschland zu holen und die Organisation hier anzusiedeln. Das scheiterte letztlich daran, dass die deutschen Banken nicht bereit waren, eine aus ihrer Sicht kleine Summe von vier Millionen Euro aufzubringen. Zitat: „Wir wissen, es ist ein sicheres Geschäft. Aber Sie müssen das verstehen: Wir machen die gleiche Überprüfungsarbeit für vier Millionen wie für 20 Millionen. Wenn sie 20 Millionen haben wollten, bekäme ich das beim Vorstand leichter durch, denn daran verdienen wir natürlich mehr". Zitatende. Ich brauchte aber „nur" vier Millionen.

Apropos "Neues"… Für mich interessanter als Gespräche mit Banken war die Suche nach Investoren in den Vereinigten Arabischen Emiraten. Ich bekam über Airbus ein paar Kontakte dorthin. Trotzdem fand ich für das Simulator-Geschäft keine Investoren, lernte aber nach einer Weile ein paar Entscheider der DDIA (Dubai Development and Investment Authority) kennen, die direkt dem Herrscher des Emirats Dubai unterstellt ist.

Die DDIA hatte kein Interesse an Flug-Simulatoren, konnte aber meine Expertise für Dramaturgie, Gestaltung im Allgemeinen und für Simulation gebrauchen. Sie wollten, dass ich Entertainment-Parks entwerfe oder zumindest Ideen dafür liefere.

— **Und Du hast parallel immer gefilmt.**

Ja, in den Folgejahren drehte ich stets Filme in Hamburg, war aber nahezu alle 14 Tage einmal in Dubai.

Basis all meines Handelns ist und bleibt stets die Filmerei und die Beschäftigung mit den Regeln der filmischen Dramaturgie.

Selbst durch meine Tätigkeit in China – ich hatte dort für eine Münchener Bauplanungsfirma das Lichtdesign an einem 250 Meter hohen Hochhaus in Nanjing entworfen und mich ein bisschen um den Verkauf des Gebäudes an deutsche Investoren gekümmert – bekam ich später Film-Aufträge für Bosch: „Du kennst Dich doch in China aus, wir haben da ein größeres Projekt für Bosch in China". Das wurde letztlich ein 1,8 Millionen Film-Projekt, das sich über drei Jahre erstreckte.

Dasselbe Münchener Unternehmen sprach mich zu einer Kundenanfrage aus Abu Dhabi an. Sie sollten einen Entertainment-Park mit dem Schwerpunktthema Weltraum entwerfen und fragten, ob ich mitmachen würde.

Das war natürlich etwas, das mich faszinierte. Ich wusste aus meiner Zeit bei der DDIA, dass es dabei

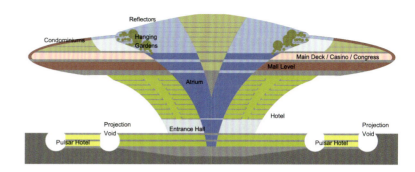

nicht nur um ein Gebäude ging, in dem der Weltraum vorgestellt werden sollte, sondern, und das hatte ich in Dubai selbst vorgeschlagen, dass passend dazu noch ein Space-Hotel entstehen müsse. Und dass es um das Erleben ging, nicht nur um Anschauen.

So präsentierten wir gemeinsam mit dem Kunden aus Abu Dhabi bei der DDIA unser Konzept. Ein Erlebnis-Park im wörtlichen Sinn: erleben, fühlen, riechen, schmecken. Äußerlich sieht alles wie ein gelandetes riesiges Raumschiff aus und das Hotel (Simulation machts möglich) steht nicht am Boden, sondern schwebt auf einer Umlaufbahn im Weltraum. Man schaut aus dem Fenster und sieht unten, neben, über sich unseren blauen Planeten. Mit Shuttle-Fliegern und richtiger G-Beschleunigung würde man dorthin und zurück zur Erde gebracht werden. Ich konnte mich mit meinen Ideen voll austoben, ein 1.3 Milliarden-Dollar-Projekt. Und ich hatte leichtes Spiel bei meinen ehemaligen Kollegen von der DDIA, sie fanden alles klasse! Wir gewannen gegen die Vorschläge von Disney und anderen Profi-Anbietern. Leider wurde aus alledem letztlich nichts, da der Auftraggeber aus Abu Dhabi und das Haus des Emirs von Dubai sich zerstritten hätten – so sagte man uns.

_ Wenn Du auf Dein Leben schaust, was macht Dich glücklich? Was ist für Dich Zufriedenheit? Wie würdest Du das mit all Deinen Erfahrungen – positiv wie negativ – definieren?

Also erstens: Nicht alles ist glücklich gelaufen. Ich glaube, dass das Ganze durchaus meine zweite Ehe gekostet hat. Meine damalige Frau, obwohl selbst sehr aktiv und international umtriebig, hat viel mitmachen müssen. Ich hatte nacheinander zwei glückliche Beziehungen, und ich habe immer noch eine, aber ich habe meinen Lebensgefährtinnen und meinem Sohn viel zugemutet. Meine stets lebendige Begeisterung für Neues machen es meinem Umfeld nicht leicht.

Mit meinem Sohn habe ich viel Glück, vor allem, weil er so selbstbewusst und selbstständig wurde. Er ist ein großes Glück für mich. Ich habe zwar versucht, ihm ein Vorbild zu sein, wann immer ich zu Hause war, leider aber war ich offenbar auch Vorbild bezüglich des beruflichen Engagements. Er ist in höchstem Maße erfolgreich als Projektentwickler im Immobilien-Bereich. Er lebt diesen Beruf, aber ich fürchte, auch bei ihm kommt die Familie zu kurz.

Und ich bin glücklich, dass ich so viele Menschen kennengelernt und ebenso viel Unterschiedliches erlebt habe. Meine Arbeit in China ist ein gutes Beispiel dafür, dass ich ungewohnte Welten kennenlernen durfte. Als ich 2003 nach China kam, ging es um Vorverhandlungen zur Planung dieses großen 250 Meter hohen Hochhauses, das unter anderem an Europäer vermarktet werden sollte. Wir wurden in ein Restaurant eingeladen, im Erdgeschoss voll mit Aquarien. Man konnte Fisch oder Krokodil auswählen, beides würde frisch geschlachtet und uns im nächsthöheren Stock in einem Separee serviert werden (nicht wirklich etwas für mich als jahrzehntelangem Vegetarier). Ich habe jedenfalls nicht viel gegessen. Es waren lauter schwarz gekleidete Chinesen anwesend. Jede Gruppe hatte offenbar eines dieser Separees. Dieses Separee hat irgendwo an der Ecke einen Tisch und eine Klappe, wo das Essen von außen hineingestellt wird. Im Inneren bedienen zwei Servicekräfte, die nie hinausgehen, sondern nur per Zettel oder Funk die Bestellungen weiterleiten. In die Vorräume schaute man durch diese durchbrochenen Sägearbeiten wie durch ein Gitter. Es erinnerte an einen James-Bond-Film. Überall diese Schwarzgekleideten, die, wie sich herausstellte, alle zu unserem Projekt gehörten. Ich denke, es waren sechzig Leute. Es ging um ein 220-Millionen-Dollar-Projekt, nämlich dieses Hochhaus, welches ein deutscher Architekt gestaltete. Obermeyer Planen + Beraten war die verantwortliche Planungsfirma.

Was ich mit diesem Beispiel sagen will: Ich habe so viele unterschiedliche Lebensformen und Menschen kennengelernt, darunter Regierungsbeamte, den Herrscher des Emirats in Dubai, in China waren wir mit dem Vize-Wirtschaftsminister Bier und Mai Tai trinken. Er war sofort betrunken. Ich konnte etwas länger durchhalten, weil ich beim Abendessen eine Stoffserviette behalten hatte, in die ich immer die Hälfte des Glasinhalts schüttete. Ein anderes Mal war ich eingeladen, mit dem Bürgermeister von Nanjing nach Hongkong zu fliegen, wo das Hochhaus-Projekt international vorgestellt wurde.
Ich war quasi die optische Darstellung der Internationalität. In Hamburg traf ich ihn Jahre später wieder, weil ich eine Chinesin kennengelernt hatte, die ihn in Hamburg betreute und mich einlud, dabei zu sein. Inzwischen war er Gouverneur des Bundeslandes geworden. Alles war so vielschichtig und unterschiedlich.

Filme drehen ist für mich ein ebenso positiv besetztes Thema. Es ist international und jedes Mal irgendwie neu, obwohl die Abläufe immer gleich sind: Jedes Filmteam arbeitet genauso wie hier, sei es in Los Angeles oder Südafrika. Das ist witzig und schön. Es findet sich sofort eine Gruppe, die sich versteht. Weil sie alle am gleichen Strang ziehen, Spezialisten sind, aber auch Spaß haben wollen und es allen gut geht dabei. Das ist ein einzigartiges Gefühl.

_ **Wenn man Dir zuhört, ist Glück für Dich der Kontakt mit den Menschen. Ist es das, was Dich zufrieden stimmt, all diese Projekte und Facetten?**

Und die Erlebnisse, die ich hatte. Die Reisen. Ich habe kürzlich einmal alle meine Pässe durchgeschaut. Das weckte viele Erinnerungen. Es waren 260 Reisen in Länder, wo ich Stempel bekommen habe. Da sind die europäischen nicht inkludiert.

_ **Würdest Du sagen, dass diese Erlebnisse, Begegnungen und Entdeckungen helfen, durch Krisen zu kommen?**

Irgendwie wurde ich mit einem positiven Denken beschenkt. Mir ist nichts zu groß, was ich anpacke. Ich denke, das hat mich die Filmerei gelehrt. Was immer man macht, es wird irgendwie funktionieren. Am Ende kostet es Geld, aber es ist machbar. Und so bieten sich immer neue Chancen. Doch es sind auch die kreative Entwicklung, Gestaltung und das Arbeiten an diesen Projekten, die mich euphorisch werden lassen. Die Begeisterung für eine Geschichte oder eine Idee. Ich bin sehr schnell euphorisch und enthusiastisch. Irgendwie auf eine besondere Art begeisterungsfähig. Neugier, Spontaneität, Kreativität und Begeisterungsfähigkeit sind der Motor meines Lebens.

_ **Du lebst mit den Geschichten und die Geschichten leben in Dir. Was sind Deine wichtigsten Erfahrungen und Interpretationen?**

» *Hört nicht auf, Hoffnung zu haben und versucht, immer weiter zu denken. Versucht zu sehen, wenn es positiv läuft. Macht das mit Freude und genießt diese Momente. Versucht, einen Tick mehr zu machen, als man von Euch erwartet. Dann seid Ihr einfach erfolgreich.*

Der Erfolg gibt Befriedigung. Ich habe immer überlegt, was wohl ein Auftraggeber von einem Projekt erwartet. Was kann ich on top machen? Was kann ich tun, damit er glücklich ist und sagt, das ist großartig? Meistens etwas, das er nicht erwartet hat.

Beispiele für Reinhards KI-Projekte

_ Die Extrameile.

Ja. Manchmal sind es Effizienzthemen. Über die Extrameile haben wir oft Jobs bekommen, beispielsweise für einen Auftrag, der eigentlich an der Nordsee gedreht werden sollte, während wir gerade ein Team in der Karibik hatten. Deshalb haben wir diese Sache vor Ort gleich mitgedreht. Der Auftraggeber hatte keine Mehrkosten und zügiger seinen Film. Und er war glücklich!

_ Wenn Du einen anderen Platz auf dieser Welt finden würdest, mit all Deinem Wissen: Was wärst Du gerne geworden, wenn es nicht das Filmen gewesen wäre?

Tischler vielleicht oder Buchautor oder das hier. (Reinhard zeigt das Bild rechts). Ich hatte bis vor Kurzem ein Grundstück in Colorado, da habe ich Westernreiten gelernt. Das ist ein Foto, das habe ich seit einer Woche auf meinem Handy als Hintergrund-Bild. Nein, ich wäre nicht Cowboy geworden. Aber ich glaube schon etwas Künstlerisches. Die Umgebung inspiriert. Die Kunstbuch-Gestaltung, mit welcher ich mich aktuell beschäftige. Aber Interesse hätte ich schon daran, da mehr zu machen. Oder die weitere Beschäftigung mit Kunst unter Nutzung von KI. Auf jeden Fall wäre es vielschichtig. Wenn Du fragst, was man als Lehre mitnimmt. Wenn etwas nicht läuft, zu schauen, welche Alternativen es gibt. Was interessiert mich darüber hinaus?

_ Du meinst weitermachen?

Externe Einflüsse können sowohl förderlich als auch hinderlich sein, wenn es darum geht, Lebensentscheidungen zu treffen. Diese Einflüsse kommen nicht nur von außen, sondern können mitunter durch familiäre Verpflichtungen oder persönliche Konflikte entstehen. Rückblickend erkenne ich, ich sagte es schon, dass ich meinen Sohn in gewisser Weise vernachlässigt habe, besonders durch meine häufige Abwesenheit. Glücklicherweise ist er ein offener Mensch. Als er Mitte zwanzig war, habe ich ihn für zwei Wochen nach Amerika mitgenommen, und wir haben viel Zeit miteinander verbracht. Bei einer weiteren Reise haben wir unsere Beziehung vertieft, viel miteinander gesprochen und alte Wunden geheilt. Heute sind gemeinsame Unternehmungen zumindest einmal pro Jahr normal. Er sagte mir, dass er heute ein besseres Verständnis für meine damaligen Entscheidungen hat, da er selbst ähnliche Erfahrungen macht. In seinen späten Vierzigern erkennt er, dass er die Bedeutung von Zeit für sich selbst und den Wunsch nach Familie erst jetzt wirklich begreift, nachdem er in ähnlichen Situationen war.

Als Selbstständiger oder Unternehmer ist es unumgänglich und notwendig, Geld zu verdienen. Ich orientiere mich an meinen Interessen und beobachte, was andere tun. Manchmal denke ich: „Das könnte ich eigentlich mal probieren." Dieser Prozess erstreckt sich über Jahrzehnte. Ideen, die mich vor zehn Jahren interessierten, kommen jetzt wieder zum Vorschein. Ich krame sie hervor und versuche es einfach. Es erfordert auch eine Portion Glück, zur richtigen Zeit am richtigen Ort zu sein und kreative Einfälle zu haben. Früher fand ich Filmstoffe auf ähnliche Weise. Ich schaute mich um, blätterte durch Magazine wie den Stern, der damals weitaus inspirierender war als gegenwärtig, und ließ mich von den Bildern ansprechen. Abseits der Story fragte ich mich, was die Bilder mir sagen und welche Assoziationen sie in mir hervorrufen. Auf diese Weise fand ich Inspiration für Filmthemen. Ich glaube, dass durch Übung und Erfahrung unser Blick geschärft wird und wir mehr Möglichkeiten erkennen können.

Selbst Kunstbuchprojekte, wie das Schnitzen von Skulpturen aus alten Büchern, waren für mich eine Herausforderung. Ich fand sie faszinierend. Inspiriert von Vorbildern in Amerika und Kanada glaubte ich, es sei einfach, solche Kunstwerke zu schaffen. Doch die Realität der Werkzeuge und das Schaffen der Objekte erwiesen sich schwieriger als erwartet. Trotz aller Hindernisse blieb Durchhaltevermögen ein zentrales Thema. Besonders wichtig war es, die Meinungen der Umgebung auszublenden, die oft gegen solche kreativen (meist auch umständliche) Vorhaben waren. Beispielsweise fragte mein Sohn mich, was ich denn davon hätte, und er meinte sicherlich, was ich finanziell davon hätte. Aber kreatives Machen geht zunächst nicht davon aus, wie man davon seinen Lebensunterhalt bestreitet. Etwas später kommt es allerdings wie selbstverständlich zu Vermarktungsgedanken. Und wenn man in der Kunstwelt keinen renommierten Vermarkter hat (das ist zumeist eine bekannte Galerie), dann hat man es – selbst bei der Nutzung moderner Social-Media-Kanäle – nicht leicht, überhaupt gesehen zu werden.

Ich muss gestehen, dass die Buchkunst inzwischen bei mir etwas ins Hintertreffen gerutscht ist, so schön ich z. B. die Haptik der bearbeiteten Bücher auch empfinde.

Seit Anfang 2023 ist eine besondere Art der Kunst, nämlich die Verschmelzung von Kreation und Technologie in meinen Fokus gerückt: Die Herstellung von Bildern und Bildwelten mithilfe künstlicher Intelligenz (KI). Damit arbeite ich inzwischen für mehrere Werbeagenturen und hatte bereits eine beachtete Ausstellung in Köln. Aber bitte nicht missverstehen: Basis all meines Handelns ist und bleibt stets die Filmerei und die Beschäftigung mit den Regeln der filmischen Dramaturgie, auch wenn ich Kunstobjekte schaffe. Hier gibt es genügend Leute, die die KI-Arbeiten für unsinnig oder „künstlich" halten und sie ablehnen. Mir macht es einen enormen Spaß, zwar mit erheblichem Zeitaufwand, aber für das fertige Ergebnis gesehen, doch in recht kurzer Zeit ein Bild gestalten zu können, das man nach diesem Entwicklungsprozess durchaus als fertig ansehen kann.

Man sollte sich nicht von der Meinung anderer bremsen lassen, finde ich. Es ist wichtig, sich davon nicht beeinflussen zu lassen, wenn man seine Ziele erreichen möchte. Ob man seinem Umfeld damit eventuell wehtut und ob man genug Durchhalteenergie hat, das ist eine ganz andere Frage.

_ Welche Menschen inspirieren Dich?

Das sind einige. Es gibt Macher, also Menschen die in die Umsetzung gehen, und Plaudertaschen, also Menschen, die nur reden, aber keine Taten folgen lassen. Ich mag die Macher. Gerhard Richter ist so ein Beispiel – ein variationsreicher Maler, Gestalter, vielseitigster Künstler. Er betont, dass es das Wichtigste sei, zu spüren, wann man bei einem Kunstwerk aufhören muss, daran zu arbeiten. Ich finde das superpassend für meine Arbeiten mit der künstlichen Intelligenz.

Ich habe eine gute Freundin in Köln, sehr kunstsachverständig mit eigener Galerie, die sich immer über meine neuen Sachen freut. Obwohl wir eher selten telefonieren, organisierte sie mehrmals Ausstellungen mit meinen Werken.

Inspirieren ist für mich gleichbedeutend mit Fördern und wahrhaftes Interesse zeigen. Und neue Ideen nicht frühzeitig als verrückt und spleenig zunichtemachen, sondern sich dafür interessieren – das kann die Umwelt dafür tun, einem regen Menschen zu helfen, rege zu bleiben.

Das erfahre ich bei dieser Freundin aus Köln oder z. B. bei meinem ehemaligen Firmen-Partner, der unsere frühere gemeinsame Film-Produktion inzwischen allein weiter führt.

Beide finden meine Sachen oftmals inspirierend. Sie haben ein echtes Interesse an dem, was ich mache, und kommen hier und da mit ergänzenden weiterführenden Hinweisen. Das wiederum inspiriert dann mich.

_ Vielen, vielen Dank für Deine Zeit und den Blick auf Dein wirklich spannendes und bewegtes Leben.

....

→ **Website:** www.gedack.art
→ **Website:** www.buchskulpturen.com
→ **Website:** www.werbefilm.de/unternehmen

STEPHANIE DÖRING

> *You don't have to see the whole staircase, just take the first step.*
>
> Martin Luther King, Jr.

STEPHANIE DÖRING

Bescheidenheit trifft Weltklasse.

Wer sie ist.
Weinbotschafterin

Was sie tut.
Gastgeberin ohne Dresscode

Was sie auszeichnet.
Internationale Erfahrung. Feingefühl.
Selbstlosigkeit. Soziale Kompetenz.

MUTMACHER > STEPHANIE DÖRING

Mit wenig Unterstützung vom Elternhaus und einem kühnen Sprung ins Ungewisse – direkt aus der Schule hinein ins Berufsleben – begann sie ihren Weg.

Sie hatte das Glück, in der Hotelausbildung einen Mentor zu finden, der ihr ein Ticket in die Welt gab, das sie zu nutzen wusste: Mit Bescheidenheit, einem Grundvertrauen in die eigenen Fähigkeiten und Kampfgeist hat sie die härtesten gastronomischen Schulen in Hamburg und London absolviert, bis hin zur Weiterbildung als Sommelière.

Nach einer Weiterbildung in Südafrika führte sie der Weg zurück nach Hamburg, wo sie Erfahrung im Wein-Großhandel sammelte und sich erfolgreich selbstständig machte. Heute darf sie sich über die Auszeichnung als beliebteste Weinhändlerin Deutschlands freuen.

__ **Wie bist Du die Stephanie geworden, die Du heute bist?**

Bei einer solchen Frage realisiert man, dass man echt alt geworden ist. (Lacht) Kindheit und Jugend waren nicht so das Beste. Ich komme nicht aus dem besten Elternhaus und habe mit Teilen der Familie gebrochen. Darüber konnte ich eine Zeit lang gar nicht sprechen. Aber das ist vielleicht das Gute am Älterwerden, dass man sich solchen Situationen stellen muss. Es ist nicht immer alles ‚heile Welt und alles super', sondern es war das komplette Gegenteil. Der erste wichtige Punkt in meinem Leben war das Schülerbetriebspraktikum in einem Hotel im neunten Schuljahr. Hotels faszinierten mich von jeher. Sie verkörperten eine besondere Welt, obwohl ich noch nie dort gearbeitet hatte.

__ **Wo hast Du damals gelebt?**

Ich komme aus Warendorf in Nordrhein-Westfalen. Der Ort, der für Pferde bekannt ist. Dort habe ich das Schülerpraktikum absolviert. Es war das Größte für mich. Man nahm mich ernst. Ich habe es einfach geliebt. Natürlich musste ich in der Küche arbeiten und Zimmer sauber machen, um alles einmal zu durchleben. Auf Augenhöhe angesprochen zu werden, war etwas ganz Besonderes für mich. Ich bekam gutes Feedback. In der Gastronomie bekommt man in der Regel direkt Rückmeldung. Arbeiten fand ich spannend. Es hat mir Freude gemacht und damit war meine Schulkarriere beendet.

__ **Warum war das die Konsequenz?**

Mein damaliger Chef machte mir das Angebot, neben der Schule zu arbeiten. Es war stets viel los: Beerdigungen, Hochzeiten, Meetings der Stadtverwaltung. Zunächst habe ich das nur am Wochenende gemacht und mit vierzehn Jahren schon sehr viel Geld verdient. Das hat mir die Möglichkeit gegeben, mich unabhängig zu machen. Ich habe schnell verstanden, dass man Geld braucht, um sein Ding zu machen. Folglich habe ich viel gearbeitet, und dem Chef gesagt, dass ich keine Schule hätte. Dies führte dazu, dass ich nach häufigem Schwänzen von der Schule flog.

_ **Das kann schon mal passieren. (Lacht)**

Ich war auf einer bischöflichen Schule. Es war richtig uncool, konservativ und weltfremd, nicht liberal. Ein weiterer kritischer Punkt für mich war, dass es überhaupt nicht international war. Es gab nur Katholiken. Am schlimmsten war für mich das konservativ-weltfremde Aufwachsen. Religionsunterricht stand ganz oben auf der Tagesordnung zusammen mit dem täglichen Gebet. Und das bewog mich, meinem Chef zu sagen, dass ich nicht mehr zur Schule gehe. Er schlug mir eine Ausbildung vor. Es war zum Glück Sommer und so war ein reibungsloser Übergang von der neunten Klasse in die Lehre möglich. Früher habe ich mich nicht wohlgefühlt, offen über diesen Schritt zu sprechen, aber mittlerweile ist es mir egal. Das darf man nicht falsch interpretieren, für mich ist dieser Teil kein Statement, aber ich habe gelernt, offen damit umzugehen. Heute weiß ich, dass man nicht BWL studieren muss, um erfolgreich zu sein. Da zählen andere Sachen. Ich erachte es als richtig wertvoll, eine Ausbildung zu machen. Wir bilden in meiner Firma Jugendliche aus, und es ist großartig, wenn junge Menschen erst einen Beruf erlernen.

_ **Das war der Beginn Deiner Ausbildung zur Hotelfachfrau?**

Ja, die Berufsausbildung war klasse. Ich hatte Spaß und war die Beste in der Berufsschule in Münster. Das Thema hat mich interessiert und war motivierend. Mein damaliger Chef und sein Vater haben mich unterstützt, sodass ich die Lehrzeit verkürzen konnte

und im Alter von 17 direkt meinen Ausbilderschein im Anschluss machen konnte. Es war ein Hotel in zweiter Generation mit angeschlossener Weinhandlung. Das beste Hotel am Platz. Ich habe viel gelernt und bin nach meinem Abschluss noch ein weiteres Jahr geblieben. Damals war ich davon überzeugt, dass ich Hoteldirektorin werde.

_ Hast Du zu diesem Zeitpunkt noch zu Hause gewohnt?

Nein, ich bin im ersten Lehrjahr nach zwei Wochen von zu Hause ausgezogen, in ein Mini-Zimmer für 190 DM. Und so lebte ich in einer neuen Welt. Während der Arbeit beobachtete ich den Seniorchef immer, dass er viel Zeit in seinem großen Weinkeller verbrachte. Jeden Mittwoch hat er mit einer Handvoll Buddys ein paar Gläser genossen. Da ich mit 16 die Ausbildung begann, hatte ich bis dahin keine Erfahrung mit Wein oder Alkohol und durfte nur an ein paar Verkostungen teilnehmen. Die älteren Herren unterhielten sich über die Sorten, ich durfte mal probieren. Das war großartig. Es faszinierte mich. Auf einmal war Wein für mich nicht mehr nur ein Getränk.

_ Dein Interesse war geweckt.

Kurz darauf habe ich mir die ersten Weinbücher gekauft, aber ohne genauen Plan, was man machen kann. Sommelier war mir zwar ein Begriff, aber mehr auch nicht zu diesem Zeitpunkt. In der Berufsschule gab es einen Wein-Kurs, den ich natürlich belegte. Und dann kam ein ganz entscheidender Punkt in meinem Leben: Ich wollte raus aus diesem Dorf. Der Seniorchef ermutigte und unterstützte mich weiter, indem er mit mir über einen nächsten, möglichen Entwicklungsschritt sprach. Das war damals bei Hendrik Thoma, dem Chefsommelier im Fünfsternehotel Louis C. Jacob in Hamburg. Hendrik Thoma ist eine bekannte Gastronomie- und Weingröße, aber der Name sagte mir damals nichts. Es gab keine sozialen Medien. Ich hatte kein Smartphone und kein Internet zu Hause. Eine andere Welt. Eigentlich war ich damals schon froh, dass ich wusste, wo Hamburg war, entsprechend kannte ich das Hotel natürlich auch nicht. (Lacht)

Es war naiv, würde ich heute sagen. Aber wenn man in der Kindheit nicht mitbekommt, was außerhalb der Grenzen passiert, wo soll es herkommen? In der Lehrzeit ist man noch fokussiert, mit 18 hat man den ersten Freund und ist zum ersten Mal betrunken in der Dorf-Disco. Münster war damals gefühlt eine große Stadt, man blickte in der Berufsschule zu anderen respektvoll auf, die in einer der bekannten Hotelketten arbeiteten. Und heute weiß man, dass es um die kleinen, feinen Hotels geht, die den Unterschied machen.

_ Ein Klassiker, dass man dort sein möchte, wo man nicht ist ...

Und tatsächlich hat der Seniorchef meines damaligen Ausbildungsbetriebs Hendrik Thoma angerufen und mich zum Vorstellungsgespräch angekündigt. Und so bin ich nach Hamburg gefahren. Ein Zugticket in der Tasche. Kein Lebenslauf, keine Bewerbungsmappe, da zwischen dem Telefonat und dem Gespräch nur eine Woche lag.

Die Zugfahrt nach Altona war unproblematisch. Schwieriger wurde es, als ich dem Taxifahrer erklärte, ich müsse in die Elbchaussee. Als er mich nach der Hausnummer fragte, lachte ich und sagte ihm, er solle mich doch einfach in der Elbchaussee rauslassen – nichts ahnend, dass es Straßen mit einer Länge von 8,6 km gibt. In meiner Welt existierte es das nicht. Doch ich hatte Glück. Der Taxifahrer war nett und sagte, das Taxi koste rund 16 Euro, der Bus nur 5 Euro. Und so fuhr ich schlussendlich mit dem Bus fast direkt bis zum Hotel.

Aus heutiger Sicht muss ich sagen, dass ich so eine grundlegende Naivität und Vertrauen hatte. Ich habe nichts recherchiert, weder über den Betrieb noch über Hendrik Thoma. Und natürlich beeindruckte mich das Hotel: Pagen, eine große Terrasse, Tanker, die vorbeifuhren. Man fragte sich: Was passiert hier? Airbus gegenüber. Ich war beeindruckt.

_ Wie lief Dein Gespräch mit Hendrik Thoma?

Uns verband ein heimatlicher Aspekt. Er kommt ursprünglich aus Gütersloh und brach das Eis mit den Worten: „Ja, wir Westfalen müssen zusammenhalten. Wir haben es nicht so einfach. Nenne mir doch einmal die 13 Weinanbaugebiete in Deutschland." Ich wusste fünf. Sechs Wochen später startete ich den neuen Job. Die Personalabteilung teilte mir mit, dass es im Personalhaus keine freien Zimmer gibt, und ich auf jeden Fall ein Auto brauche, um flexibel zu sein. So habe ich mein letztes Geld zusammengekratzt, einen Ford Fiesta gekauft, meine Sachen gepackt und wurde Hamburgerin. In den ersten vier Wochen wohnte ich bei Bekannten meines Ausbildungsbetriebs in Sasel, und das war rund 24 km vom Hotel entfernt. Natürlich ohne Google Maps und ohne Navi zu dieser Zeit. Eine echte Erfahrung. Über meinen ehemaligen Arbeitgeber habe ich ein Zimmer gefunden. Für die Vermieterin wurde ich so etwas wie eine zweite Tochter. Und damit ich den Weg überhaupt finde, ist sie zweimal mit mir hin- und hergefahren. Eine Strecke dauerte anfangs rund zwei Stunden. Ich war wahnsinnig aufgeregt und weiß heute nicht mehr, wie ich es an meinem ersten Arbeitstag überhaupt gefunden habe.

_ Was ist Dir noch im Kopf geblieben aus dieser Zeit?

Die Teildienste. Das bedeutet, man arbeitet von 9.30 Uhr bis 14.30 Uhr und von 18 Uhr bis zum Ende. Eine Pause gab es nicht wirklich. Es war schnell klar, dass man als Kommis Sommelier bei Hendrik Thoma keine Pause hat. Morgens bereitet man das Restaurant vor, mittags und abends ist man im Service und dazwischen räumt man die Keller auf. Das Hotel hat fünf Weinkeller, die man organisiert. Wir waren für alles rund um den Wein verantwortlich: Bankett, Bar, Keller. Es waren in der Regel 16-Stunden-Tage. Danach lagen eineinhalb Stunden Rückfahrt vor mir. Dann hatte ich Glück. Nach drei Wochen bei meiner netten Vermieterin habe ich über einen Hotelkollegen eine Ein-Zimmer-Wohnung gefunden. Kellerloch für 600 Euro wäre wohl die bessere Beschreibung. Im Hotel hat sich schnell herausgestellt, dass Hendrik Thoma sehr genau weiß, was er will. Perfektion ist das, was er erwartet. Lernen war so ein Thema. Nach einem 16-Stunden-Tag wurde man über österreichischen Wein abgefragt und hat etwas verkostet. Wenn man etwas nicht wusste, musste man nachts lernen. Im Nachhinein war es gut. Es war eine harte Schule. Ich habe viel geweint und viel gelernt in den zweieinhalb Jahren.

Er war das, was man heute als „Old School" bezeichnen würde – aber, es war großartig.

Nun wollte ich den nächsten Schritt gehen und sprach mit Hendrik darüber. Er reagierte selbstbewusst, als er sagte: „In Deutschland geht nichts mehr. Da hast Du das Beste schon gesehen." Im Ausland gab es nur drei Orte, wo er mich vermitteln konnte: New York, Villa Joya Portugal oder London zu Gordon Ramsay. London klang für mich großartig. Hendrik hat mir die Wahl gegeben, aber irgendwie hatte ich das Gefühl, er hatte für mich entschieden. Und es lief wie zuvor: Ein Anruf von Hendrik in London, keine Bewerbung. Eine Woche später war ich dann für zwei Tage in London und weitere zwei Wochen später begann die neue Tätigkeit. Und wieder bin ich ein bisschen naiv hineingestolpert: Wo wohnt man in einer teuren Stadt wie London die erste Zeit? Wir hatten in Hamburg nicht viel verdient. Das Auto, die Wohnung, Blusenwaschen im Personalhaus hat den Verdienst komplett aufgefressen. Festangestellt hatten wir 900 Euro bekommen. Es ist gut, zu sehen, wie sich die Gastronomie heute weiterentwickelt, denn dafür arbeitet heute keiner mehr 16 Stunden am Tag. Damals wollte ich dort arbeiten, denn es war eine großartige Adresse für den Lebenslauf und die Zeugnisse.

_ Und Du hast entdeckt, was Du gut findest.

Ja. Und ich habe nicht darüber nachgedacht, ob das viel oder wenig ist. Ich wusste einfach, ich kann im Monat mit diesem Gehalt nur einmal feiern gehen. Das war's. Das habe ich akzeptiert.

_ Hast Du dort Deine wahre Berufung für den Wein entdeckt?

Als ich nach Hamburg kam, dachte ich, dass ich schon ganz viel weiß. Durch Hendrik Thoma erfuhr ich, dass ich nichts wusste. Ich war Kommis, also kleiner Sommelier, und habe viele Kurse belegt. Dort habe ich den ersten richtigen Schub gemacht, weil ich mich nur auf den Wein konzentrieren konnte. Das war großartig damals. Witzig ist, dass meine damalige Chefin, eine großartige Powerfrau, heute mit uns arbeitet. Sie kümmert sich um die Artikelpflege im Weinladen. Das ist eine schöne Entwicklung: Früher war sie die Chefin, man hatte Angst und Respekt. Jetzt arbeiten wir gemeinsam Hand in Hand.

— **Wie ging es in London weiter?**

In London bin ich mit einem Koffer und 1200 Euro gestartet. Mein Gedanke war, irgendwie über die Runden zu kommen. Meine Vor-Ort-Recherche hat ergeben, dass man am günstigsten in einem Hostel wohnen kann. So bin ich in einem Vierbettzimmer gelandet. Da man in London wöchentlich Miete zahlen muss, und ich noch die Fahrkarte für meinen Weg zur Arbeit brauchte, hatte ich am Ende der Woche kein Geld mehr.

Im ersten Monat bei Gordon Ramsay habe ich mich überwiegend von altem Brot ernährt, das wir mitnehmen durften. Ich hatte kein Geld für Essen, nicht einmal für einen Kaffee. Wenn ich Kaffee kaufe, denke ich an diese Zeit zurück. Heute kann ich mir am Ende des Monats Kaffee leisten. Damals nicht.

Es war eine verrückte Zeit. Wir hatten einen Tag pro Woche frei. Diesen freien Tag wollte ich nicht nur in diesem Vierbettzimmer verbringen. Da ich die Fahrkarte hatte, bin ich tagsüber mit dem Bus durch London gefahren. Und ich sehnte mich immer so stark nach einem Kaffee. Das wäre das Größte gewesen. Mittlerweile ist das unvorstellbar. Aber aus heutiger Sicht ist völlig klar: Du trittst in Vorleistung, bis das erste Gehalt kommt. Darüber hinaus muss mit der Bank alles geregelt werden.

Fachlich dachte ich wieder, durch Hendrik Thoma schon sehr viel zu wissen. Aber London ist eine ganz andere Herausforderung. Ein internationales Team, viele französische Kollegen, Englisch als Sprache und das Weinwissen forderten mich.

Hendrik hat mir die Welt gezeigt, aber dort ist sie viel größer. Es ist wie ein Spielplatz für Sommeliers. Die ganze Welt scheint nach London zu kommen, weil England keinen eigenen Wein produziert. Es ist darüber hinaus wichtig für den Markt, da es viele Handelshäuser gibt. In Hamburg hatten wir keinen Wein aus Chile und Argentinien.

Ich war dort mit vielen Dingen gleichzeitig konfrontiert: Arrogante Franzosen, der Verkauf von hochexklusiven Weinen. Ich war als Sommelière angestellt und nicht mehr als Kommis Sommelière. Damit lagen die Erwartungen an mich in anderen Dimensionen. Das Herz schlägt höher, wenn man eine Flasche im Wert von 1000 britischen Pfund in der Hand hält und sie öffnen muss. In Hamburg hätte mich damit niemand allein gelassen.

Es hat sich zeitweise angefühlt, als ob ich eine absolute Anfängerin bin. Und diese ganzen zusätzlichen Belastungen, ohne Geld klarkommen zu müssen, und im Vierbettzimmer mit Kakerlaken zu wohnen, waren richtig hart.

— **Hast Du jemals daran gedacht, aufzugeben?**

Wohin zurück? Ich hatte keine Wahl, keine Möglichkeit und keine Familie. Vielleicht hätte ich zurück ins Jacob gehen können, aber das war keine Option.

__ **Also war die Devise durchhalten?**

Auf jeden Fall. Es war krass.

__ **Hattest Du Unterstützung von Deinen Eltern?**

Nein. Meinen Vater kenne ich erst seit zehn Jahren so wirklich. Seither haben wir wieder Kontakt. Mit meiner Mutter war es seit jeher schwierig. Sie ist eigen und stark mit sich selbst beschäftigt. Ich habe ihr während meiner Ausbildung immer Geld geschickt, damit sie mich in Ruhe lässt.

__ **Du hast Deine Mutter unterstützt?**

Ja. In London habe ich später viel Geld verdient und konnte sie entsprechend unterstützen. Aber irgendwann bin ich zu dem Ergebnis gekommen, dass jeder für sich selbst verantwortlich ist.

__ **Was für eine Aufgabe: Sich selbst managen, gegen alle Widerstände und ohne Unterstützung in einer fremden Umgebung durchhalten, um zusätzlich noch jemandem finanziell zu helfen. Das ist fast übermenschlich.**

Das zum einen. Dazu kommt die Umgebung. Das Jacob war schon radikal. Hendrik war sehr hart zu uns und hat uns Sachen um die Ohren gehauen wie: „Du weißt gar nichts", „Du bist dumm", „Mach schneller". Er war cholerisch. Aber bei Gordon Ramsay kommt man in die Hölle. Nur Krawall. Es wurde rumgeschrien, Leute wurden verletzt. An der Kochjacke genommen, an die Wand gedrückt, Messer geworfen. Das war 2003. Er war ein Megastar. Im Jahr 2024 ist das unvorstellbar. Aber damals war das so. In der Gastronomie war das anders. Alle wollten bei Gordon Ramsay arbeiten. Man war ein bisschen ein Superstar, wenn man bei ihm war, und Mitarbeiter waren leicht zu ersetzen.

Jedenfalls war ich froh, als der erste Monat rum war. Ich hatte dann ein Bankkonto bei Lloyds. Zu diesem Zeitpunkt wusste ich nicht, dass man in den ersten drei Monaten Schecks bekommt. Und es dauerte wiederum sieben Tage, bis das Geld auf dem Konto gutgeschrieben war. Ich habe den Vermieter aus dem Hostel mit der Zahlung vertröstet und nach drei Monaten bin ich dort in ein Einzelzimmer gezogen. Nach sechs Monaten kam der Durchbruch mit einer Ein-Zimmer-Wohnung. Die Toilette war auf dem Gang.

Ich habe viele Leute vom Jacob nach London gezogen. Dort war man irgendwann nicht mehr gut auf mich zu sprechen. Wir haben zu viert in der Ein-Zimmer-Wohnung geschlafen, damit sie nicht denselben schwierigen Weg durchlaufen müssen. Das wollte ich ihnen nicht zumuten.

Meine Laufbahn begann in Gordon Ramsays 3-Sterne-Michelin-Restaurant in der Royal Hospital Road. Die Arbeit mit den Franzosen war eine echte Herausforderung. Vor jedem Service wurde ein Meeting abgehalten, ausschließlich auf Französisch und unter Männern. Es herrschte ein belastendes Mobbingklima. Ein Stammgast bestellte einmal eine Flasche Wein vorab, doch ich vergaß die Bestellung und musste nachfragen. Danach wurde ich von meinen Kollegen unfreundlich behandelt. Trotzdem kämpfte ich mich durch. Durch harte Arbeit, Freundlichkeit und Hilfsbereitschaft erwarb ich mir Respekt. Irgendwann wurden die Meetings auf Englisch umgestellt und kurz darauf kam mein Durchbruch: Gordon sprach mich wegen einer Neueröffnung mit Jason Atherton an, einem aufstrebenden Star in London. Gordon, klug wie er war, erweiterte sein Imperium weltweit und förderte seine Mitarbeiter, indem er ihnen eigene Projekte ermöglichte. So entstand „Maze by Gordon Ramsay", bei dem Jason maßgeblich beteiligt war. Jason war ein ähnlicher Chaot wie Gordon, aber es war ein cleveres Modell, das die Chaoten und Gordon erfolgreich machte.

Die Neueröffnung war ein aufregendes Kapitel in meiner Karriere. Als sie anstand, hatte das Restaurant noch keinen Stern. Von einem Drei-Sterne-Lokal kam ich dorthin und wurde Chef-Sommelière – eine bemerkenswerte Veränderung. Es war eine faszinierende Herausforderung, ein eigenes Team zu leiten, besonders in einem riesigen Restaurant mit über 300 Sitzplätzen. Maze entwickelte sich zu einer wahren Erfolgsgeschichte. Ein Grund dafür war Jasons beeindruckende Vergangenheit als Schüler von El Bulli – er war der erste aus dem Vereinigten Königreich, der dort gearbeitet hatte. Sein Einfluss und seine Erfahrung prägten das Restaurant, und machten es zu einem Hotspot der Gastronomieszene.

Wir hatten ein Tapas-Sharing-Konzept – das war absolut revolutionär. Heute findet man das häufig, aber damals war es bahnbrechend. Maze war ein überwältigender Erfolg und Teil der Gordon Ramsay Holding. Dadurch konnten wir nicht nur in New York, Prag, Paris und Kapstadt expandieren, sondern ich konnte zahlreiche Eröffnungen begleiten. Ich hatte das Privileg, bei diesen Eröffnungen dabei zu sein. Parallel dazu war ich in London tätig und kümmerte mich um die Suche nach Lieferanten und das Training neuer Mitarbeiter. Es war eine intensive Zeit, aber ich genoss es, so viele Möglichkeiten zu haben und sowohl links als auch rechts aktiv zu sein.

Währenddessen absolvierte ich meinen Master-Sommelier-Kurs, der aus verschiedenen prüfungsrelevanten Modulen bestand. Jedes Modul erforderte eine bestandene WSET[1]-Prüfung, bevor man zum nächsten übergehen konnte.

---

[1] WSET steht für den Wine and Spirit Education Trust. Es handelt sich um weltweit standardisierte Kurse.

Dabei lernte ich, dass das Sommelier-Dasein weit mehr bedeutet als nur das Verkosten und Analysieren von Wein. Es erforderte ein tiefgreifendes Wissen über Appellationen, Rebsorten, Klimaböden und Weinherstellungstechniken aus verschiedenen Ländern. Von den 190 American Viticultural Areas (AVAs), also den Weinbaugebieten in Amerika, bis zu den Einzellagen in Deutschland – es gab viel auswendig zu lernen. Ich erinnere mich daran, wie ich mir sogar an die Dusche außen Karteikarten mit Weininformationen klebte. Das Multitasking war ein wesentlicher Bestandteil meines Lernprozesses. Trotz des hektischen Zeitplans arbeitete ich hart und effizient, um meine Ziele zu erreichen.

Vor einiger Zeit realisierte ich, dass ich nie diese typische Partyphase erlebt habe, die viele Leute in ihren 20ern durchmachen – mit wilden Nächten und exzessivem Alkoholkonsum. Schon früh hatte ich das Gefühl, Verantwortung übernehmen zu müssen. Ein paar Jahre später wurde mir klar, dass ich in dieser Zeit erwachsen werden musste.

_ Du hast es geschafft und genießt es im Nachhinein?

Manchmal fühle ich mich mit 40 Jahren immer noch ein wenig verrückt. Ich denke darüber nach, erwachsen zu werden, zumindest in einigen Bereichen. Nicht in Bezug auf meinen Job, aber ich verlasse oft als Letzte eine Party und frage mich im Nachhinein, ob das sein musste. Ich könnte früher gehen. Vielleicht liegt es daran, dass ich in meiner Jugend nicht so viel erlebt habe? Vermutlich ist es genau das.

_ Dein Leben war sehr intensiv. Wie sah es mit freien Zeiten zur Erholung aus?

Zum Glück gab es diese. In Kapstadt half ich bei der Eröffnung eines Restaurants mit. Südafrika ist ein faszinierendes Land, mit Höhen und Tiefen, aber es hat mich einfach in den Bann gezogen. Bei der Eröffnung war Marc Kent anwesend, ein beeindruckender Typ mit einem unglaublichen Verständnis für Weinmarketing.

Er ist ein Multitalent und einfach ein großartiger Mensch. Während meiner Ausbildung und meiner Zeit bei Jacob habe ich meine Urlaube oft auf Weingütern verbracht, wo ich sogar bei der Lese mitgeholfen habe. Das habe ich bei Gordon Ramsay nicht wirklich erlebt.

_ Du hast in Urlauben und freien Zeiten auch gearbeitet?

Es war großartig, auf einem Weingut zu arbeiten. Während meiner Zeit bei Gordon Ramsay hatte ich kaum Urlaub, außer einer vierwöchigen, eher arbeitsbezogenen Reise nach Kalifornien. Auf einmal sehnte ich mich danach, wieder auf einem Weingut zu arbeiten. Die letzte Eröffnung war zwar cool, aber ich fragte mich, was noch möglich war. Als Chef-Sommelière verdiente ich ausgezeichnet, und wir hatten eine tolle Wohnung in London-Stockwell, wo ich mit zwei Freunden wohnte, die auch im Jacob gearbeitet hatten.

Es kam der Moment, als ich von Leuten hörte, die Sabbaticals machten oder reisten. Viele Sommeliers bei Gordon Ramsay, vor allem das Stammteam, plante solche Auszeiten zwischen den Projekten. So war es möglich, unbezahlten Urlaub zu nehmen. Das klang nach einer interessanten Idee. Also fragte ich nach, und es wurde genehmigt. Bald war mir klar, dass ich nach Südafrika wollte, insbesondere um dem Londoner Winter zu entgehen. In Südafrika war gerade Sommer und die Weinlese stand bevor. Sie beginnt im Februar. Also im November schrieb ich Marc Kent, den Winzer, an. Er sagte sofort zu, dass ich kommen könne, um dort zu arbeiten. Im Januar war ich dann in Südafrika für etwa ein halbes Jahr, bevor ich nach England zurückkehren wollte. In London wurde mir klar, dass eine längere Zeit bei Gordon Ramsay nicht nur die Möglichkeit bietet, dortzubleiben, sondern international Karrierechancen eröffnet. Man kann nach New York, Prag oder an andere Orte innerhalb der Firma wechseln. Also beschloss ich, ein Jahr lang auf dem Weingut zu arbeiten, mit der festen Absicht, zurückzukehren. Die Zeit auf dem Weingut war eine positive Überraschung. Marc und ich verstanden uns gut. Südafrika war während der WM 2010 sehr beliebt, mit vielen Restaurants und Besuchern, die wir als Sommeliers betreuten. Das Weingut erwarb sogar Land in Portland mit alten Reben, das wir gemeinsam aufräumten. Es war eine unglaubliche Zeit.

Irgendwann kam der Moment, in dem ich mich fragte: Warum eigentlich? Es war ein großartiges Leben, aber ich begann zu hinterfragen, ob das wirklich das Leben war, das ich führen wollte. Morgens aufstehen, sich anziehen und sich für die Gastronomie aufopfern – körperlich anspruchsvoll, und von verrückten Leuten und ihrer Extravaganz geprägt. In London, besonders vor der Bankenkrise, gab es die City Boys, die den teuersten Wein bestellten und ihn mit Cola mischten. Eine verrückte Welt, in der ich nur der Narr für sie war. Ja, sie zahlten viel, aber ich begann zu erkennen, dass es vielleicht mehr gibt als das, obwohl ich nie dachte, dass ich die Gastronomie jemals verlassen würde. Sie war immer mein Rückzugsort, weil ich nie das Gefühl hatte, studieren zu können. Die Gastronomie war und ist ein Ort, an dem Menschen zusammenkommen können, unabhängig von ihrer Herkunft oder ihren Sprachkenntnissen. Ja, Alkohol und Drogen spielen oft eine Rolle, aber es gibt auch viel Potenzial. Die Geschichte vom Tellerwäscher zum Millionär hat hier ihren Ursprung.

Diese New Yorker Erfolgsgeschichten sind faszinierend, oder? Jemand fängt als Tellerwäscher oder Bäcker an und hat jetzt eine eigene erfolgreiche Bäckereikette. Die Gastronomie ist wertvoll, und deshalb möchte ich mich in Zukunft mehr dafür engagieren, junge Leute für eine Ausbildung im Hotelgewerbe zu begeistern. Egal, aus welchem Umfeld man kommt, in der Gastronomie lernt man wertvolle Dienstleistungsprinzipien und Problemlösungsverhalten, denn ein ‚Nein' gibt es nicht. Wenn ein Gast eine graue Serviette möchte, muss man sie besorgen, und findet einen Weg, sie zu organisieren. Ich habe einen Freund, der in Las Vegas arbeitet. Teilweise erhält er absurde Anfragen. Aber das ist eben die Gastronomie – es gibt keine Grenzen.

_ Ist das nicht eher spezifisch für die Top-Gastronomie?

Kleine Aufgaben sind bedeutungsvoll, egal, ob Top oder Durchschnitt. Du lernst, Dich zu organisieren und mit Menschen umzugehen. Man entwickelt vorausschauende Fähigkeiten, die ein Leben lang von Nutzen sein können, egal, in welchem Bereich man tätig ist. In der Gastronomie erfährt man nicht nur viel über Essen und Trinken, sondern auch über zwischenmenschliche Beziehungen. Man lernt, wie man ein guter Gastgeber ist, wie man Gerichte anrichtet und wie sie präsentiert werden sollen. Die zweieinhalb Jahre sind eine Investition in die eigene Zukunft. Ich kann es nur empfehlen. Wenn ich jemals Kinder haben sollte, würde ich ihnen sagen: „Das Einzige, was ich von Euch erwarte, ist eine Ausbildung im Hotelgewerbe." Gerne verkürzt auf zweieinhalb Jahre, aber danach werden sie klüger und reifer sein.

_ Kommen wir nochmals zu Deiner Reise. Von Kapstadt ging es zurück nach Deutschland. Und dann sogar in die Unternehmenswelt.

Richtig, ich wollte wieder nach Deutschland. Von Hawesko hörte ich, dass sie einen Weg suchten, „jünger" zu werden, d. h. jüngere Zielgruppen anzusprechen. Ich wurde engagiert, um außergewöhnliche Konzepte und Formate zu entwickeln, abseits der klassischen doppelseitigen Anzeige in der Zeitung. Man muss ihnen zugutehalten, dass sie wirklich Neuland betreten wollten. Und der Ansatz war, einen jungen, frechen ‚Wein-Hotspot' zu starten, eine Mischung aus Weinbar und Verkauf, und das auf dem Kiez auf St. Pauli. Das fand ich großartig. Wir starteten mit einem coolen Design, Kooperationen, frecher Kommunikation auf verschiedenen Kanälen, alles unter dem Label „TVINO". Es war nicht perfekt, aber der Zuspruch der Gäste in Hamburg war enorm.

_ Und Hawesko stand bedingungslos dahinter?

Während meiner Zeit bei Hawesko erlebte ich einen regelrechten Kulturschock. Manche Leute hatten eine sehr begrenzte Perspektive, wie „Das haben wir noch nie so gemacht." oder „Das wird nicht funktionieren." Und das, obwohl sie fundierte betriebswirtschaftliche Hintergründe hatten, im Marketing arbeiteten und neue Wege gehen wollten. Es klang in meinen Ohren falsch und war frustrierend. Ich hatte in meiner Karriere gelernt, dass es immer eine Möglichkeit gibt, um Probleme zu lösen und Ziele zu erreichen. Die Einstellung ‚Geht nicht, gibt's nicht' war ja meine Maxime.

Hawesko wollte wissen, ob das Konzept auch in anderen Städten funktioniert. So gingen wir mit TVINO zunächst nach Köln in die Südstadt. Es funktionierte, aber bei mir änderte sich etwas: Ich merkte, dass ich von den Entscheidungen anderer nicht mehr abhängig sein wollte – genauso wenig wie von deren Sortiment oder der Art, wie ich Hospitality vermitteln wollte.

_ Klingt nach einer Trennung.

Trennungen sind grundsätzlich schwierig, aber ich habe mit Hawesko eine sehr gute Lösung gefunden. Final haben sie mir den Weg geebnet, mich mit dem Abenteuer eines Weinladens selbstständig zu machen.

Ursprünglich hatte ich nie den Wunsch, selbstständig

zu werden. Mein Vater führte eine kleine Bio-Metzgerei, während meine Mutter stets darauf bestand, dass er ein Versager sei. Als er Konkurs anmeldete und meine Eltern sich trennten, prägte mich das stark. Selbstständigkeit war eigentlich keine Option für mich – ein Leben lang Schulden, ständiger Geldmangel, Gerichtsvollzieher und ähnliche Sorgen waren in meinem Kopf damit verbunden.

Der Erwerb des Weinladens von der Firma Hawesko war für mich ein gewaltiges Erwachen. Der gesamte Prozess war eine enorme Herausforderung auf allen Ebenen. Obwohl ich bei Hawesko gut verdient und keine Schulden hatte, fand ich mich plötzlich in der Bank vor einem 29-jährigen Anzugträger wieder, der mir sagte: „Wenn nicht einmal Hawesko an Sie glaubt, warum sollten wir es tun?"

_ Ein Klassiker in der Erfahrung mit Banken.

Schließlich stand ich vor der Tatsache, dass ich nicht das Erwartete erhielt und sogar von meinen engsten Freunden Geld leihen musste – eine unangenehme Situation. Doch ich beschloss, mich nicht entmutigen zu lassen. Schließlich kaufte ich das Unternehmen mit dem festen Entschluss: „Jetzt ziehe ich das durch."

_ Mutig.

Bis heute bereue ich meine Entscheidung kein bisschen. Der Start verlief fantastisch. Ich entwickelte die neue Marke "weinladen" und der neue Name kam nach TVINO gut an. Menschen strömten herein – nicht nur aus der Nachbarschaft, internationale Gäste aus Städten wie London und Kopenhagen besuchten uns. Es war eine faszinierende Mischung. Unsere Geschichte fand ihren Weg in die Medien, sogar in Podcasts. Obwohl wir nur ein kleiner, cooler Weinladen waren, zogen wir die Aufmerksamkeit auf uns. Mit unserer einzigartigen Haltung, der besonderen

Auswahl an Weinen – auch von jungen Winzern – und unserer etablierten Position in der Gegend, trafen wir genau den Nerv der Kunden.

_ Und als alles in die richtige Richtung ging, kamen Einschläge, die es zu bewältigen galt.

Gefühlt kamen alle Krisen, die man sich vorstellen kann: empfindliche Anwohner, Personalmangel und Corona.

_ Ein großer Einschnitt für die Gastronomie.

Das traf uns völlig unvorbereitet. Am 15. März 2020, einem Samstag, verabredeten sich meine Freunde aus der Gastronomie. Wir sind wie eine große Familie, teilen denselben Steuerberater und unterstützen einander. Die Zusammenarbeit ist von gegenseitigem Respekt und Ehrlichkeit geprägt. An diesem Tag, der kalt und ungemütlich war, mussten wir draußen stehen, Abstand halten und froren. Es war ein Schock, als plötzlich die Anweisung kam, dass wir schließen sollten. Wir alle hatten gut laufende Geschäfte und Restaurants, bis alles zusammenbrach. Stornierungen erreichten uns. Am Sonntagmorgen wurde der Lockdown ausgerufen.

Inmitten der Verzweiflung fühlte ich dennoch eine gewisse Erleichterung darüber, nicht zu viel Geld von der Deutschen Bank erhalten zu haben. (Lacht) Mit einem großen Bestand an Wein im Hintergrund dachte ich mir: „Wenn alles schiefläuft, verkaufe ich einfach den Wein und wir sind aus dem Schneider. Alles ist gut."

_ Schnell umgeschaltet.

Wir machten uns Gedanken darüber, wie wir unseren Wein verkaufen könnten. Am Sonntag erhielten wir bereits viele Emails von Kunden, die uns unterstützen wollten. Die Solidarität war überwältigend. Wir reagierten sofort, bestellten neuen Wein von unseren Winzern und lieferten ihn an unsere Kunden aus. Bald stellte sich heraus, dass wir als systemrelevant galten und unseren Laden für den Verkauf offen halten konnten. Die Leute tranken während der Pandemie viel. Sie standen täglich Schlange vor unserem Geschäft, und es war ein Highlight, dort zu sein. Wir organisierten schnell ein erstes Online-Tasting, indem wir uns mit anderen Gastronomen zusammentaten. Wir verkauften Pakete von sechs Flaschen, lieferten sie aus und veranstalteten am Samstag gemeinsame Verkostungen über einen Live-Stream. So verlief eines der ersten Wochenenden im Lockdown.

_ Die Gegenwart kreativ gestaltet.

Es geschah einfach, wie aus dem Nichts. Plötzlich gingen 400 Bestellungen ein. Tag und Nacht waren wir im Einsatz, um sie abzuarbeiten und auszuliefern. Meine Gastronomiefreunde liehen mir ihre Autos, und ihre Mitarbeiter halfen beim Ausliefern der Pakete. Es war eine wahre Teamleistung, und die Atmosphäre war elektrisierend! Unsere legendären Verkostungen wurden mit Leidenschaft durchgeführt, auf eine eher unkonventionelle Weise. Unsere Live-Streams waren improvisiert und ohne Drehbuch. Im April sprang sogar SAP auf den Zug auf und organisierte gemeinsame Verkostungen mit ihren Mitarbeitern. Es war, als ob sich alles wie von selbst entwickelte. Wir mussten nicht einmal Kurzarbeit anmelden; unsere Mitarbeiter waren weiterhin voll im Einsatz. Während die Bars geschlossen waren und das Thema Gastronomie am Boden lag, konnten wir – dank unserer Kunden und Geschäftspartner – überleben.

_ Und jetzt ist der Weinladen 10 Jahre alt.

Unglaublich. Er kostet weiterhin viel Kraft. Es war nicht immer einfach, die richtigen Leute für das Team zu finden, sich gegen schwierige, teils nicht-nachvollziehbare, behördliche Auflagen zu stemmen, aber die Kombination aus großartigen Gästen und zufriedenen Endkunden, die wir jetzt aus unserem großen Lager schnell und effizient in ganz Deutschland beliefern – das treibt mich an.

_ Definierst Du so Glück?

Jeden Morgen wache ich auf und gehe gerne zur Arbeit. Manchmal sind die Tage herausfordernd, aber ich fühle mich erleichtert, wenn ich nach Hause komme und alles erfolgreich hinter mich gebracht habe. Existenzängste habe ich nicht, im Gegensatz zu einigen meiner selbstständigen Freunde. Ich kann durchweg gut schlafen, egal wo – das ist meine Superkraft. Ich bin dankbar für mein Leben, und wie weit ich gekommen bin, besonders, wenn mein Vater mir sagt, wie stolz er auf mich ist. Natürlich gibt es Momente, wo ich denke, ich hätte Dinge anders machen können. Aber insgesamt bin ich zufrieden und dankbar für das, was ich erreicht habe. Manchmal denke ich an ein Monatsende in meiner Anfangszeit in London zurück, wo ich mir keinen Kaffee leisten konnte.

_ Was würdest Du jungen Menschen empfehlen?

Einfach machen. Loslegen. Ungeduldig sein. Ungeduld mag sich negativ anhören, aber ich betrachte es bei Mitarbeitern als positive Eigenschaft. Mich beeindrucken Menschen, wie unser damaliger Auszubildender Okan, der aus religiösen Gründen keinen Alkohol trinkt. Seine Eltern sind großartig, aber er ist in einer ganz anderen Welt aufgewachsen. Trotzdem kennt er sich erstaunlich gut mit Wein aus und faszinierte mich damit. Ich schätze solche Dinge und zeige meine Anerkennung auch finanziell. Allerdings kann ich streng sein, wenn jemand seine Arbeit nicht richtig macht oder Vereinbarungen nicht einhält. Das finde ich nicht fair und handle dementsprechend.

Je älter man wird, desto reflektierter betrachtet man seine eigenen Schwächen. Lange Zeit habe ich mich nicht gefragt, warum ich so bin, wie ich bin. Doch in solchen Gesprächen wird mir bewusst, dass Selbstreflexion ein täglicher Prozess ist, und ich kontinuierlich an mir arbeite.

_ Gibt es noch einen anderen Platz zum Leben, den Du Dir vorstellen könntest?

Das ist eine gute Frage. Vielleicht wäre ich irgendwo Hoteldirektorin, aber wer weiß schon, was die Zukunft bringt? Ein kleines Bed & Breakfast zu führen und Gastgeberin zu sein, wäre schön. Man kann nie wissen, wie sich die Dinge ändern werden. Vielleicht ist ein Weinladen nicht mehr zeitgemäß, oder wir müssen uns fragen, ob wir mit unserem Sortiment konkurrenzfähig bleiben. Doch darüber mache ich mir keine Sorgen, denn ich weiß, dass ich kein Geld verschwende oder Schulden mache. Wenn es Zeit ist, weiterzuziehen, dann ist es so.

_ Du umarmst, was kommt und damit die Veränderung. Was für eine zuversichtliche Perspektive. Vielen Dank für Deine Zeit.

→ **Website:** www.weinladen.de

SVEN JACOBI

> **The world is full of magic things, patiently waiting for our senses to grow sharper.**
>
> W. B. Yeats

SVEN JACOBI

Vom Unternehmer zum Meeresschützer.

Wer er ist.
Ozeanumarmer

Was er tut.
Er rettet die Meere

Was ihn auszeichnet.
Energiegeladen. In kritischen Situationen lösungsorientiertund pragmatisch. Selbstreflexion.

Als Enfant terrible hat er so manche Schule von innen gesehen. Erst als junger Mann an der Universität und durch den Einfluss seiner Frau entfaltete er seine unternehmerische Persönlichkeit. Der Weg aus dem Schatten des berühmten Vaters wurde frei.

Sein Wille zum Unternehmertum mündete in die Gründung unterschiedlicher Unternehmen und endete mit dem Verkauf seiner letzten Firma. Entspannt im Urlaub, entdeckte er eher durch Zufall einen der größten Missstände auf der Welt und bekämpft diesen seither mit einer globalen Initiative.

_ Beginnen wir mit einem Rückblick auf Deine Lebensreise und erkunden die prägenden Meilensteine, die entscheidend für Deine Entwicklung waren. Erzählst Du uns von den Momenten und Erfahrungen, die Deinen Werdegang geformt haben?

Ich bin ein echter Hamburger Junge. Geboren und aufgewachsen in dieser Stadt, waren Hamburg und die Insel Sylt von Kindesbeinen an meine zentralen Ankerpunkte. Hier besuchte ich den Kindergarten sowie die Schule und formte meine ersten Erinnerungen. Die Nähe zum Wasser war von Anfang an prägend für mich. Ob beim Surfen, Segeln oder Angeln, ich fühlte mich stets mit diesem Element verbunden. Diese Verbundenheit mit dem Wasser und meiner Heimatstadt Hamburg bildete den Grundstein meines Lebensweges und prägte meine frühesten Erfahrungen. Die Schulzeit war für mich ein wahrer Albtraum. Täglich plagten mich Bauchschmerzen, wenn es darum ging, zur Schule zu gehen. Es war ein Leidensweg. Im Laufe der Jahre wechselte ich insgesamt viermal die Schule. Zudem musste ich zweimal eine Klasse wiederholen, bis meine Eltern schließlich entschieden: „Es kann so nicht weitergehen. Du musst auf ein Internat." So landete ich in Louisenlund. Dieser Lebensabschnitt gehört zu den Erinnerungen, die ich bis heute sehr deutlich vor Augen habe. Die zwei Jahre dort haben mich stark geprägt, denn ich lernte dort Disziplin und den respektvollen Umgang mit anderen. Es war eine intensive Zeit, in der ich lernen musste, mich anzupassen, teilweise unterzuordnen und gleichzeitig meine Meinung zu vertreten. Es war das erste Mal, dass ich selbstständig entscheiden musste, welchen Weg ich einschlagen wollte. In dieser Zeit bewarb ich mich unter anderem bei der Feuerwehr.

— **Bei der Feuerwehr?**

Es gab eine Art Gemeinschaft in Louisenlund, die Gilde der freiwilligen Feuerwehr. Dort realisierte ich zum ersten Mal, dass mein Engagement für etwas eine Wirkung hat. Mein Ziel war es, sofort zum Leiter der Feuerwehr ernannt zu werden. Doch das scheiterte, da ich vorzeitig die Schule verließ. Als zweite Gilde entschied ich mich damals für die Näh-Gilde. Das sorgte für belustigte Reaktionen: „Herr Jacobi, was treiben Sie denn da?" Aber ich hatte einen klaren Plan und es zahlte sich aus. Denn wer war in der Näh-Gilde? Nur die attraktivsten Frauen. Das werde ich nie vergessen. Ich war der Star.

Nach meiner Zeit im Internat kehrte ich nach Hamburg zurück. Meine Schulnoten waren weiterhin katastrophal, und ich hatte eine regelrechte Abneigung gegen die Schule entwickelt. Das Abitur schien in weiter Ferne zu liegen. Dennoch drängte mein Vater darauf, dass ich mich bereits jetzt an Universitäten bewerben sollte. Ich zweifelte dran, das überhaupt schaffen zu können. Trotzdem habe ich es versucht. Doch auch die Universitäten in den USA lehnten mich alle ab. Die Boston University sagte sogar: „Das wird vorerst nichts. Mach erst Dein Abitur und bewirb Dich dann." Sie schlugen dann jedoch vor, dass ich schon vor dem Abitur kommen könnte, wenn ich einen halbjährigen Kurs absolvierte. Das war mein Ausweg aus dem Schuldschungel. „Ja, das mache ich sofort", dachte ich. „Dann brauche ich kein Abitur, und bin schon an der Universität. Das ist der Weg für mich." Einige im Bekannten- und Freundeskreis argumentierten dagegen: „Aber dann hast Du kein Abitur." Ob ich nun das Abitur hatte oder nicht, hat mich nie beeinflusst, weil ich über diesen Zugang an einer Universität studierten konnte. In Boston war alles so fremd, die Räume riesig. Als junger Mann von 18 Jahren musste ich erst einmal verstehen, wie alles funktionierte. Es war schwierig für mich, mich dort einzuleben.

— **Bist Du allein in die USA gegangen?**

Ich ging allein dorthin. Sie warfen mich buchstäblich ins kalte Wasser, ich sprach nur Schulenglisch und musste mein Zimmer finden. Ich hatte keinen einzigen Freund, einfach niemanden, mit dem ich reden konnte. Das war hart. Fast zu hart, anfangs fand ich mich kaum zurecht. Das war eine bequeme Entschuldigung für meine schlechten Noten. An der Universität war es

genauso wie in der Schule. Bis zu dem Punkt, an dem ich dachte: „Die Boston University ist großartig, aber es ist Zeit zu wechseln." Viele meiner Freunde entschieden sich für London, und ich überlegte: „Ich bin hier allein in Amerika. Alles ist fremd, die Kultur ist fremd. Vielleicht sollte ich nach England gehen?"

Und so wechselte ich zur European Business School in England, wo zwei oder drei meiner Freunde studierten. Mit den ersten ‚Credits' konnte ich problemlos wechseln. Dort habe ich meine jetzige Frau kennengelernt. Sie war es, die plötzlich den Knoten in meinem Kopf löste und das meine ich rein akademisch. Plötzlich begann ich zu lernen und fand Freude daran. Alles wurde persönlicher. Interessant war, dass bei Arbeiten, die man geschrieben hatte, nicht der eigene Name darauf stand, sondern eine Nummer, die bewertet wurde. Plötzlich wurde nicht mehr meine Person subjektiv beurteilt, sondern nur eine Nummer und das, was dahinter stand. Das gefiel mir. Ich war oft polarisierend, entweder mochten mich die Leute oder eben nicht. Bei den Professoren war das meistens nicht der Fall. Während dieser Phase an der Universität platzte der Knoten endgültig. Ich kann sagen, dass ich als drittbester Student, der jemals dort studiert hat, meinen Abschluss gemacht habe. Das muss man sich vorstellen: Zweimal sitzen geblieben, kein Abitur, aber dann als drittbester Student die Universität abgeschlossen.

_ **Damit konntest Du alles hinter Dir lassen – nicht abgestempelt als derjenige, der die Schule nicht schafft oder zu wenig leistet.**

Genau. Wie oft habe ich diesen Satz gehört: „Der versteht das nicht." Doch ich wusste, dass es in mir schlummerte, und irgendwann würde der Moment kommen. Manchmal gibt es Trigger, kleine Auslöser, die den Schalter umlegen. Und dann, plötzlich, passiert etwas. Der Unterschied ist enorm. Während der Universitätszeit begann sich mein Interesse am Unternehmertum langsam zu entwickeln. Gemeinsam mit einem Freund gründete ich meine erste Firma: Uni Consult. Wir waren eine Unternehmensberatung von Studenten. Mit unserem Wissen und den Ressourcen der Hochschule konnten wir anderen Unternehmen Beratungsdienste zu einem Bruchteil der üblichen Kosten anbieten.

Bald darauf formte sich die Idee für eine weitere Firma: Glow Science. Diesmal schlossen sich zwei weitere Partner an. Unser Konzept war innovativ. Wir wollten Wirtschaft, Wissenschaft und Lehre kombinieren und im aufstrebenden Internetbereich aktiv werden. Doch leider lief es nicht wie erhofft.

_ **Ihr habt es probiert.**

Wir wagten es, genau das taten wir. Das war entscheidend. Nach meinem Universitätsabschluss stand ich plötzlich vor der Herausforderung, meinen Lebensunterhalt selbst zu bestreiten. Ich bewarb mich bei verschiedenen Unternehmen, darunter auch bei Burda. „Warum?" – diese Frage werde ich nie vergessen. Ich saß mit meinem Vater zusammen, nachdem wir gemeinsam zu Abend gegessen hatten, und er fragte mich: „Was sind Deine Pläne?" Ich schaute ihn an, wissend, dass ich eine Antwort geben musste, aber keine parat hatte. Das Studium war vorbei, und ich war verloren. Ich fühlte eine Leere in mir. Also antwortete ich: „Papa, ich weiß es nicht. Was soll ich tun?" Ich hatte Angst, dass er enttäuscht sein würde, dass er sagen würde: „Es kann nicht sein, dass Du nicht weißt, was Du willst." Doch stattdessen sagte er einfach: „Überleg Dir, was Dir Freude bereitet. Wenn man etwas gerne macht, ist man oft gut darin."

Diese Worte ließen mich lange nachdenken, doch ich hatte Schwierigkeiten, eine Antwort zu finden. Schließlich dachte ich an den Medienbereich, der mich schon immer fasziniert hatte. Ob ich es mögen würde, wusste ich nicht, aber es interessierte mich. Also beschloss ich, es einfach zu versuchen. Ich bewarb mich bei den renommierten Verlagen wie Gruner & Jahr und Springer und hoffte auf das Beste.

_ **Dein Vater (Claus Jacobi) war *der* Journalist schlechthin. Hat es ihn gefreut, dass Du eventuell in dieselbe Richtung gehst?**

Nein. Von Anfang an war mir klar, dass ich nicht einfach in seine Fußstapfen treten würde. Das war keine Option, seine Spuren waren zu tief. Also entschied ich mich, nicht den journalistischen Weg einzuschlagen, sondern mich in Richtung Betriebswirtschaftslehre zu orientieren. Mein Einstieg bei Burda erfolgte über ein Trainee-Programm, das sich als äußerst bereichernd erwies. Ich beendete es als jüngster Vertriebsmitarbeiter bei Burda und begann dann meine Tätigkeit im Mediengeschäft in Offenburg, Frankfurt und München. Dort sammelte ich Erfahrungen an verschiedenen Standorten, betreute Kunden und führte Kundengespräche. So tauchte ich immer tiefer in die Medienwelt ein. Gleichzeitig hatte ein Freund die Idee, ein Medienunternehmen aufzubauen, ein digitales Medienunternehmen namens Neo Advertising. Das war im Jahr 2003. Die Grundidee war, digitale Plakate am Point of Sale zu verwenden. Anstatt herkömmliche Poster aufzuhängen, sollten dort Bildschirme installiert werden, über die wir immer aktuelle und bewegte Werbung schalten konnten. Diese Idee begeisterte mich, und ich hatte den Plan, sie in Deutschland umzusetzen.

_ **Der Ursprung der Idee war woanders?**

Der Freund startete das Unternehmen in der Schweiz, während ich bei Burda anfing. Ich konnte nicht sofort in Deutschland durchstarten; ich musste noch mehr lernen und die Entwicklung in der Schweiz beobachten. Dort lief es großartig, und sie expandierten in andere Länder. Nach meinem Trainee-Programm gründete ich dann Neo Advertising in Deutschland. Wir waren später insgesamt in 14 Ländern aktiv. Es war ein großer Erfolg, bis die große Lehman-Krise 2009 hereinbrach. Das traf uns hart. Von den damals 14 Ländern überlebten nur drei: Deutschland, die Schweiz und Spanien. Es war ein regelrechtes Horrorszenario.

_ **Mit Entlassungen.**

Ja, leider. Es war eine Zeit, in der ich mir buchstäblich vor Verzweiflung die Haare raufte, da ich nicht wusste, wie es weitergehen sollte. Doch dann trafen wir eine mutige Entscheidung in Deutschland. Jeder unserer damals 20 Mitarbeiter musste dem Unternehmen einen Teil seines Gehalts als Darlehen zur Verfügung stellen, um unser Überleben zu sichern. Ohne diese Maßnahme wären unsere Zukunftsaussichten düster gewesen. Wir versprachen, die Darlehen mit Zinsen zurückzuzahlen. Erstaunlicherweise haben alle mitgeholfen und sich solidarisch gezeigt. Wir haben es geschafft, unser Geschäftsmodell anzupassen, indem wir nicht nur auf Werbung setzten, sondern mitunter auf den Verkauf von Technologie. Durch diese Neuausrichtung konnten wir nach ungefähr anderthalb Jahren sämtliche Darlehen an unsere Mitarbeiter zurückzahlen. Alle blieben an Bord, und wir konnten wieder wachsen. Schließlich gelang es uns im Jahr 2014, das Unternehmen erfolgreich mit Gewinn an den Branchenführer Stroer zu verkaufen.

_ Klingt nach einer Achterbahnfahrt. Es ist mutig, etwas zu gründen. Noch beeindruckender ist die Entscheidung, bis zum Ende zu kämpfen und alles zu geben.

» Als Gründer muss man ein gewisses Maß an Naivität mitbringen. Wenn ich alles im Voraus gewusst und mir darüber Gedanken gemacht hätte, hätte ich mich vielleicht nie auf diese Reise begeben. Mut ist sicherlich ein wichtiger Faktor, aber oft gerät man in Situationen, in denen es so brenzlig wird, dass man entweder davonläuft oder sagt: „Jetzt erst recht."

Glücklicherweise habe ich mit Menschen zusammengearbeitet, die dasselbe „Jetzt erst recht"-Gefühl hatten wie ich. Diese Gruppendynamik hat uns letztendlich aus der Insolvenz gerettet.

_ Teams durch Transparenz mitreißen.

So war es. Es ist seltsam, wie sich die Dinge entwickeln können. In einem Moment fühlt man sich am Boden zerstört und denkt: „Morgen ist alles vorbei, alles bricht zusammen." Alle Wünsche, Träume und Errungenschaften scheinen in sich zusammenzufallen. Man fühlt sich am Ende seiner Kräfte. Doch rückblickend ist es erstaunlich, welche Lehren man daraus zieht. Für mich war es eine unvergleichliche Erfahrung, aus der ich unglaublich viel gelernt habe und die ich nicht missen möchte.

_ Gab es da bestimmte Persönlichkeiten, die Dir geholfen haben?

Es ist interessant, wie sehr ich immer versucht habe, alles selbst zu bewältigen. Zu der Zeit der Krise war mein Vater leider nicht mehr da, daher konnte ich ihn nicht um Rat fragen. Ich hatte viel mit mir selbst zu kämpfen und wollte meinen eigenen Weg gehen. Doch es gibt eine Person, die ich besonders hervorheben möchte: Jürgen Abraham. Bei der Gründung von Neo in Deutschland hat er mir den Kontakt zu Edeka Struve vermittelt. Heute zähle ich Robin Struve, einen seiner Söhne, zu meinen besten und langjährigsten Freunden. Dank dieser Verbindung entstand ein Edeka-Netzwerk mit über 1.000 Werbeträgern. Für Jürgen mag es nur eine kleine Geste gewesen sein, aber ohne diesen Anfang und seine Hilfe weiß ich nicht, wie alles weitergegangen wäre.

» *Es gibt Momente im Leben, die für unscheinbar gehalten werden, aber aus denen sich unglaublich viel entwickeln kann. Dafür bin ich sehr dankbar.*

— Dankbarkeit und Wertschätzung sind zentrale Werte – für den Einzelnen und die Gesellschaft als Ganzes.

Ja. Ich wuchs in einem Elternhaus auf, in dem ich von meinen Eltern verwöhnt wurde. Es fehlte mir an nichts, das ist sicher. Doch letztendlich habe ich mir meine Position, in der ich mich heute befinde, selbst erarbeitet. Das kann ich mit Überzeugung sagen. Aber das war ein Prozess, den ich erst durchlaufen musste.

» *Wenn man einen dominanten Vater hat, ist es anfangs schwierig, sich von seinem Schatten zu lösen. Es scheint, als ob er immer über einem steht. Doch sobald man akzeptiert, dass dies Teil des Weges ist, öffnet sich die Tür zur eigenen Freiheit, um unabhängig und frei den eigenen Pfad zu gehen.*

— Du hast Neo verkauft. Was kam dann?

Es ging alles schnell weiter. Der Neo-Verkauf brachte eine dreijährige Buy-out-Phase mit sich, und ich begann, mich meiner Leidenschaft zu widmen: der Natur und dem Wasser. Hierzu gehörte insbesondere das Fliegenfischen auf Island, wo ich früher oft mit meinem Vater war. Doch etwas hat mich immer gestört: die fehlende Nachhaltigkeit in der Lachszucht auf Island. Das wollte ich ändern. Mein Ziel war eine nachhaltige Zucht von Atlantiklachsen in isländischen Flüssen, anstatt im Meer mit Antibiotika und Pestiziden. Ich gründete eine Firma in Island und kaufte einen Fluss und Land, um dort eine nachhaltige Fischzucht aufzubauen. Doch dann wurde das Gebiet unter Naturschutz gestellt, und ich musste mein Vorhaben aufgeben. Das war bitter. Aber ich ließ mich nicht entmutigen und suchte nach einem neuen Fluss. Es war ein riesiges Unterfangen, 14 Bauern zu überzeugen, ihre Ländereien und Fischereirechte an mich abzutreten. Wir hatten mit der Mehrheit Vorverträge geschlossen, doch der letzte Bauer verlangte plötzlich das Dreifache. Ich dachte, das sei ein Missverständnis, aber er blieb hart. Das war ein herber Rückschlag. Letztendlich musste ich mich von der Insel zurückziehen. Es war eine unglaublich zeitaufwendige und emotionale Erfahrung, aber eine, aus der man lernt und wächst. Man stößt an seine Grenzen und muss akzeptieren, dass nicht alles nach Plan verläuft.

— Es ist entscheidend zu erkennen, wann man aufhören sollte. Das kann eine Herausforderung oder eine Stärke sein. Manchmal bleiben wir zu lange an etwas haften, weil wir emotional zu stark involviert sind.

Ja. Ich zog die Notbremse. Jeden Tag könnte ich nach Island fliegen. Ich liebe dieses Land und die Menschen, obwohl die Isländer unglaublich gierig sind. Ich habe zweimal versucht, weiterzumachen. Vielleicht hätte es irgendwann funktioniert, aber für mich war es vorbei. Besonders, wenn man eine Familie hat und Island nicht um die Ecke ist. „Ich höre auf", entschied ich. Dann kam mein Urlaub, der persönliche Wendepunkt meines Lebens. Wir waren auf den Malediven in einem wunderschönen Resort, weil meine Frau meinte, nach Neo und Island hätten wir einen schönen Urlaub verdient. Es war herrlich.

Ich sah eine einsame Insel in der Ferne, zu der ich irgendwie gelangen wollte. Ein Einheimischer brachte mich hinüber, wenngleich etwas ungläubig. Als ich die Insel umrundete, konnte ich keinen Schritt tun, ohne auf Plastik zu treten. Es war erschreckend. Die Insel war komplett von Plastik überflutet, alles von der Meeresströmung angeschwemmt. Ich war schockiert. Der Einheimische erklärte mir, dass jeden Morgen zwischen vier und fünf Uhr auf der Insel des Hotels alles aufgeräumt wird. Auf dieser kleinen Insel jedoch, bleibt der Müll für die nächsten hunderte Jahre liegen. Als ich zurückfuhr, trank ich ein paar Gin Tonics am Pool, doch die Bilder ließen mich nicht los. Ich erkannte, dass ein Problem vorliegt und etwas unternommen werden muss. Das war der entscheidende Moment. Ich bin weder ein Samariter noch ein Umweltkrieger. Aber ich bin wirtschaftlich denkend, und überlegte mir, dass man beides kombinieren könnte. Meine Idee war es, den Müll aus dem Ozean zu holen – nachhaltig und nicht nur auf Spenden angewiesen, sondern durch ein Geschäftsmodell unterstützt.

Das war die Geburtsstunde von MBRC[1] The Ocean, gegründet von einem Freund aus den Niederlanden und mir im Jahr 2019. Das war mein persönlicher Wendepunkt. Manchmal braucht es einen Ruck, ein Erlebnis, das einen umhaut und nicht mehr loslässt. Erst später merkt man, dass genau das der entscheidende Moment war.

[1] MBRC – sprich: EMBRACE The Ocean.
Übersetzung: Umarme den Ozean.

_ Dann ging es wieder los: gründen, gestalten, Leute mitreißen.

Genau. Das Beste aus beiden Welten – die Möglichkeit zu gründen und aktiv zu handeln. Der Ozean war schon immer meine Leidenschaft, meine Verbundenheit mit ihm ist tief verwurzelt. Als ich sah, was in den Meeren vor sich ging, wollte ich nicht passiv bleiben. Ich fühlte mich verantwortlich, etwas dagegen zu unternehmen. Für mich war klar: Zwei Generationen haben das Plastikproblem verursacht, und ich wollte nicht vor meinem Kind stehen und sagen: „Ich war Teil des Problems." Stattdessen kann ich nun sagen: „Ich bin Teil der Lösung." Die Verantwortung als Elternteil verstärkte diesen Wunsch, die Welt zu verbessern. Mit MBRC starteten wir eine Initiative zur Beseitigung von Plastik aus den Meeren und dessen Wiederverwertung. Gleichzeitig brachte ich mein unternehmerisches Know-how ein. Doch von Anfang an war auch Bildung ein zentraler Aspekt, mit dem Gedanken an eine Akademie. Wir gehen in lokale Gemeinschaften und an Hochschulen, um Aufklärungsarbeit zu leisten: „Plastik hat Vor- und Nachteile. Deshalb ist es wichtig, einen verantwortungsvollen Umgang zu erlernen und Alternativen zu finden. Wenn überhaupt, dann sollte es Recycling-Plastik sein." Es geht nicht nur darum, eine bessere Welt für unsere Kinder zu schaffen, sondern die Kinder besser für diese Welt auszubilden. Mit diesem Bildungsansatz wollen wir etwas zurückgeben und sicherstellen, dass die nächste Generation entsprechend sensibilisiert wird.

_ Dein Hintergrund in der digitalen Welt kommt Dir zugute. Wenn man sich MBRC ansieht, strahlt es Modernität aus. Das Design ist ansprechend und frisch. Es spricht unterschiedliche Generationen an. Darüber hinaus seid Ihr auf Social Media aktiv und offen für neue Wege. Letztlich zählt, dass Ihr die Menschen erreicht.

Richtig. Es ist uns besonders wichtig, die junge Generation zu erreichen. Heutzutage wird sich so sehr um unseren Planeten gekümmert wie noch nie. Mit MBRC möchten wir das Positive betonen: Schaut her, wie schön es sein könnte. Aufräumen kann Spaß bringen. Wir wollen nicht nur die negativen Nachrichten zeigen, sondern das Positive hervorheben und mit positiver Energie vorangehen. Auf TikTok haben wir bei einer Aktion bereits 30 Millionen Viewer erreicht, was zeigt, dass die Menschen sich für das Thema interessieren. Das ist wirklich ermutigend. Mittlerweile haben wir fast 10.000 Freiwillige, die jeden Tag an den Cleaning-Hubs von MBRC teilnehmen und aufräumen.

Eine kleine Geschichte verdeutlicht unsere Herangehensweise: Wir gehen in lokale Gemeinschaften und sagen ihnen: „Wenn Ihr uns Plastik gebt, bekommt Ihr dafür Geld." Der Grund dafür ist, dass die Einheimischen verstehen sollen: „Wenn ich das Plastik abgebe, hat es einen Wert." Ein Objekt mit Wert wirft man nicht so leicht weg. In Indonesien haben wir über 30 Cleaning-Hubs, einer davon auf der Insel Komodo. Eine Frau auf Komodo hat außergewöhnlich viel gesammelt und entsprechend viel Geld verdient. Bei einem Treffen hat sie mir erzählt, dass sie dank unseres Programms ihr Kind nun an die Universität in Jakarta schicken kann. Das ist nur ein kleines Beispiel, aber es bedeutet viel. Tatsache ist: Wir konnten das Leben einer Person positiv beeinflussen, und das zählt.

_ **Jede Person kann sich engagieren oder Vorschläge einbringen?**

Absolut. Was als einfacher Wunsch begann, Gutes zu tun, hat sich mittlerweile zu einer regelrechten Bewegung entwickelt. Ich muss sagen, dass dies außergewöhnlich ist. Selten war ich in meinem Arbeitsleben so glücklich. Es fällt einem leicht zu arbeiten, und es ist bemerkenswert, wie sich das bewahrheitet, was mein Vater immer sagte: „Wenn etwas Spaß macht…" Das tut es, denn es macht mich glücklich. Wenn man Gutes tun kann und dafür positive Rückmeldungen erhält, macht es einfach Freude. Die Möglichkeit der Teilnahme scheint weitläufig Anklang zu finden.

_ **Helfen macht nachweislich glücklich.**

Ja. Es ist fast paradox. Manchmal frage ich mich, ob es nicht fast schon egoistisch ist, weil es einen selbst so glücklich macht.

_ **Positive Nebeneffekte soll man bewusst erleben. Es ist wichtig, sich über Erfolge zu freuen und nicht sofort zum nächsten Thema überzugehen.**

» *Klar. Man mag immer die Motive hinterfragen, aber letztlich ist eine plastikfreie Ozeanlandschaft meine Vision. Das ist eine große Herausforderung. Es ist unwahrscheinlich, dass ich das allein in meinem Leben erreichen werde, aber ich kann zumindest den Anfang machen.*

_ **Wer inspiriert Dich oder woher bekommst Du Deine Ideen?**

Die wertvollsten Inspirationsquellen sind Gespräche mit Freunden und Bekannten. Der Austausch unterschiedlicher Meinungen und Sichtweisen inspiriert mich ungemein. Daher ist es für mich von entscheidender Bedeutung, regelmäßig Zeit mit Freunden zu verbringen und mich auszutauschen. Mein soziales Umfeld ist entscheidend für meine Inspiration. Ich kann nicht sagen, dass es ein oder zwei Mentoren gibt, die mich besonders inspirieren. Ehrlich gesagt sind es viele Menschen, insbesondere meine Freunde und natürlich meine Frau.

_ **Eine neue Idee bedeutet für Dich, gleich mit der Umsetzung zu beginnen?**

Ja. Aber ich denke, ich habe meine Berufung gefunden und fühle mich damit erfüllt. Es gibt derzeit keine Pläne für eine neue Gründung. Momentan konzentrieren wir uns darauf, unsere bestehende Marke weiterzuentwickeln und Gutes zu tun. Das bereitet mir so viel Freude, dass ich derzeit kein Verlangen verspüre, etwas Neues zu gründen. Im Gegenteil, ich denke darüber nach, unser aktuelles Projekt noch weiter auszubauen. Vielleicht werden neben MBRC The Ocean auch bald MBRC The Children oder MBRC The Forest Realität. Wir können das Gute multiplizieren.

_ **Spielen die Außenwelt und das, was andere denken, eine Rolle für Dich?**

Es hat mein ganzes Leben lang eine immense Rolle gespielt, das ist mir mittlerweile klar. Leider war es früher viel zu dominant, aber das hat sich einfach geändert. Denn das, was ich heute tue, ist untypisch für mein übliches Umfeld. Einige Bekannte verstehen es vielleicht nicht, aber das ist okay. Ich glaube, je älter

man wird, desto unwichtiger wird die Meinung der Außenwelt. Natürlich hängt es u. a. davon ab, was man gerade macht. Wenn ich im Bankwesen wäre, wäre es vielleicht wichtiger, sich an das Umfeld anzupassen. Das möchte ich nicht leugnen. Aber das Schöne ist, dass ich in meiner aktuellen Tätigkeit einfach ich selbst sein kann. Das ist ein unglaublicher Vorteil, ein enormer Luxus.

— **Gibt es trotzdem irgendeinen Widerspruch in Deinem Leben?**

Darüber muss ich nachdenken. Das ist eine super Frage. Anfangs war für viele der Widerspruch schwer zu verstehen, da ich als ‚Kapitalist' angefangen habe. Einige mögen sich fragen: „Was tust Du jetzt? Du rettest die Umwelt? Woher kommt das?" Das ist verständlich. Früher versuchte ich, das Maximum aus der Firma herauszuholen. Business, Business, Business. Obwohl ich mich privat immer engagiert habe, wird das häufig nicht wahrgenommen. Dieser Kontrast mag für einige schwer zu akzeptieren sein, aber für mich nicht. Mein scheinbarer Widerspruch ist kein echter Gegensatz, aber ich muss mich dennoch verbessern. In Deutschland oder Europa haben wir ein sehr gutes Abfallmanagement-System, in dem das Trennen und alles funktioniert. Hier haben wir nicht den Druck, Dinge schneller zu ändern. Geografisch gesehen könnte ich noch mehr tun und besser werden. Das ist eher eine Idee zur Optimierung als ein echter Widerspruch.

— **Gibt es Momente, wo Du Dich von der Außenwelt abriegelst, um Du Dich oder die Familie zu schützen?**

Absolut. Ich setze bewusste Grenzen, und das ist mir wichtig. Es gibt Verpflichtungen im Geschäft, aber sie dürfen nur bis zu einem gewissen Punkt gehen,

denn ich habe eine Frau, Kinder und ein Privatleben. Das alles muss in Einklang gebracht werden. Deshalb nehme ich mir bewusst Zeit, schalte am Wochenende mein Handy aus und widme mich ausschließlich meinen Kindern oder anderen privaten Aktivitäten. Die Freude und Erfüllung, die ich bei der Arbeit empfinde, versuche ich bewusst ins Private mitzunehmen.

_ **Mit welchem Kurvenverlauf hast Du in Deinem Leben nicht gerechnet?**

Es gab einige Wendepunkte. Einer der bedeutendsten war, als der Knoten während meiner Universitätszeit platzte. Das war eine dramatische Veränderung, ein echter Gamechanger. Und dann natürlich das Auf und Ab mit Neo: vom Aufstieg zur Insolvenz und dann wieder zum Erfolg. Das hätte ich niemals erwartet. Das waren die beiden größten Kapitel in meinem Leben.

_ **Vater werden wahrscheinlich auch, oder?**

Ja, das war immer Teil meiner Planung. Natürlich war es eine extreme Veränderung, wie es wahrscheinlich bei den meisten der Fall ist. Niemand kann behaupten, dass Kinder und Erziehung nebenbei laufen. Das ist eine massive Umstellung. Ich bin sehr dankbar, dass es funktioniert hat, denn das ist nicht selbstverständlich.

Aber ich darf sagen: Es gibt Menschen, für die Kinder keine Priorität sind, und das ist völlig in Ordnung, denn es gibt verschiedene Lebenswege und -modelle. Ich respektiere, wenn jemand keine Kinder haben möchte. Es war immer mein Wunsch, Kinder zu haben. Und ich genieße alles, was damit verbunden ist: jede Erfahrung, jeden Höhepunkt und jede Herausforderung.

_ **Was kannst Du Dir noch für die Zukunft vorstellen?**

Aktuell bin ich sehr glücklich. Ich engagiere mich dafür schon seit fast sechs Jahren und möchte keinen Tag missen. Ich habe gefunden, was ich machen und womit ich mich beschäftigen möchte. Und persönliche Anhäufung von Geld ist nicht mehr das Motiv.

_ **Du hast etwas gefunden, das Dich erfüllt. Etwas Gutes, das Dir erlaubt, Leute mitzunehmen und mitzureißen. Letztlich die Chance, sich aus der Welt des hochkommerziellen, digitalen Medien-Business wieder den Wurzeln der Natur zuzuwenden. Dein Arbeitsleben ist heute vermutlich völlig anders als der klassische Bürojob?**

Stimmt. Das haben wir bisher nicht erwähnt. Ich lebe in der Schweiz, genauer gesagt in Genf. Unser Büro befindet sich in Hamburg, und wir haben Niederlassungen in den Niederlanden, Belgien und

Luxemburg. Darüber hinaus betreiben wir Cleaning-Hubs in Afrika und Indonesien, und unser Community Management befindet sich in Indien. Das Arbeiten gestaltet sich vollkommen anders. Jeder arbeitet autonom, aber dennoch als Teil einer Gruppe. Es ist unglaublich faszinierend und macht enorm viel Spaß.

— **Vermutlich musst Du die Mitarbeiter oder Freiwilligen gar nicht überzeugen.**

Nein, sie kommen von allein. Sie rufen an und fragen, ob sie mithelfen können, oder schicken eine Email und bieten Unterstützung an. Das ist unglaublich. Es ist eine Bewegung, die sich ausbreitet: Immer mehr Menschen möchten sich beteiligen und teilnehmen.

— **Und es sind zunehmend Unternehmen, die Euch unterstützen.**

Ja, das ist fantastisch. Das zeigt sich u. a. an den 30 Millionen Aufrufen auf TikTok seit 2019. Eine Bewegung hat sich entwickelt, und sie wollen Teil davon sein. Natürlich ist es wichtig, die Werte eines Unternehmens zu prüfen, und welcher Beitrag zu unseren Ideen geleistet werden soll. Einfach mitzufahren, ohne sich zu engagieren, funktioniert nicht. Es erfordert ein gewisses Engagement. Bisher haben wir jedoch starke Partner, die sich tatkräftig für unsere Ziele einsetzen.

— **Erweckt das bei Managern den Wunsch, gleiches zu tun, wenn sie davon hören?**

Das gibt es vermutlich, obwohl ihn bisher niemand so klar ausgesprochen hat. Es ist ermutigend zu wissen, dass wir Unterstützung von MBRC-Botschaftern erhalten, die uns auf unterschiedliche Weise fördern. Unter ihnen sind einige sehr erfolgreiche Unternehmer, die uns durch ihre Partnerschaft deutlich unterstützen.

Dennoch dürfen wir nicht vergessen, dass Geld nach wie vor eine treibende Kraft in unserer Gesellschaft ist. Viele möchten helfen, Geld bleibt jedoch einer der Hauptantriebe im Handel. Das ist für viele von uns Realität. Wir haben Familien und tragen Verantwortung. Ehrlich gesagt, wer weiß, wie mein Leben verlaufen wäre, wenn ich Neo nicht erfolgreich verkauft und kein Geld zum Investieren gehabt hätte? Der Verkauf von Neo hat mir den Luxus verschafft, zu investieren. Ohne dieses Geld und mit der Sorge, wie ich meine Familie ernähren soll, wäre ich vielleicht einen anderen Weg gegangen. Jetzt läuft alles wie von selbst, und ich bin dankbar für die Möglichkeiten, die sich mir bieten.

— **Jeder für sein Leben, jeder für seine Situation.**

Das kann ich unterschreiben.

_ Nach dem Verkauf hättest Du die Option gehabt, die nächsten zehn Jahre frei zu nehmen.

Oder, ich hätte woanders noch mehr Geld verdienen können.

_ Es ist definitiv eine mutige Entscheidung. Besonders in einer Gesellschaft, die oft skeptisch reagiert, wenn jemand einen unkonventionellen oder neuen Pfad einschlägt.

Ja. Einige Menschen aus der älteren Generation haben oft Schwierigkeiten damit, meinen Weg nachzuvollziehen. Sie wurden von einer Zeit geprägt, in welcher der Fokus stark auf der Maximierung von Gewinnen und dem Kapitalismus lag. Doch diese Einstellung hat sich im Laufe der Zeit gewandelt, und das gibt mir Hoffnung. Es ist ermutigend zu sehen, wie Menschen zunehmend bereit sind, Verantwortung zu übernehmen und einen Teil ihrer Zeit und Energie für wichtige Anliegen wie den Umweltschutz einzusetzen. Man muss sich nicht zwangsläufig vollständig opfern, aber jeder Beitrag zählt und kann andere dazu inspirieren, Ähnliches zu tun. Das ist es, was ich besonders schätze.

_ Vielen, vielen Dank.

→ **Website:** mbrctheocean.com/de

Nachwort

Nach dieser Reise durch mutige Lebensgeschichten hoffen wir, dass Sie ebenso erfüllt und angeregt sind wie wir. Diese Erzählungen haben uns eindrucksvoll vor Augen geführt, wie facettenreich, kreativ und herausfordernd das Leben sein kann. Sie zeigen, wie wichtig es ist, neugierig zu bleiben und mutige Entscheidungen manchmal sehr bewusst zu treffen – Entscheidungen, die nicht immer leichtfallen, aber unerlässlich sind, um ein authentisches und erfülltes Leben zu führen. Sie öffnen Türen zu Welten, die sonst verschlossen geblieben wären.

Wir hatten das Privileg, in die Lebenswege dieser Menschen einzutauchen und mitzuerleben, wie sie durch Selbstreflexion, Engagement, Neugierde und Vertrauen ihren eigenen Weg gefunden haben. Es ist beeindruckend, wie Erfahrung diese Persönlichkeiten formte. Erfahrungen, die in der Situation schmerzhaft erscheinen, sich rückblickend jedoch als wertvoll erweisen – Momente, für die man schließlich dankbar sein darf. Diese Geschichten erinnern uns daran, dass es manchmal notwendig ist, Risiken einzugehen, alles auf eine Karte zu setzen oder einfach weiterzugehen – mit Zuversicht in den eigenen Weg und das Vertrauen in die eigene Stärke.

Unsere Interviewpartner haben nicht nur ihre Erfahrungen mit uns geteilt, sondern auch wertvolle Ratschläge und zentrale Erkenntnisse, wie man in schwierigen Situationen handeln kann. Sie gaben uns Entscheidungsgrundlagen an die Hand, die ihnen selbst geholfen haben, ihren Weg weiterzugehen.

Diese Einblicke bieten eine wunderbare Gelegenheit, die eigene Lebensreise weiter zu gestalten und individuell zu bereichern. Sie verdeutlichen jedoch, dass es keine allgemeingültigen Lösungen gibt, sondern dass jedes Leben eine einzigartige, persönliche Reise ist – eine, die es verdient, in ihrem eigenen Licht zu erstrahlen.

Selbstfindung und persönliche Erfüllung bedeuten auch, sich selbst zu erkennen und den Mut zu haben, authentisch zu sein – mit all den Facetten, die einen Menschen ausmachen, selbst wenn diese der direkten Umwelt fremd oder schwer nachvollziehbar erscheinen. Diese Lebensreisen sind ein lebendiges Zeugnis dafür, wie wertvoll es ist, sich auf diesen Prozess einzulassen.

Jedes Kennenlernen und jedes Interview war für uns eine einzigartige Erfahrung. Wir sind tief beeindruckt von der Offenheit und der Tiefe, mit der unsere Interviewpartner ihre Geschichten mit uns geteilt haben. Ihr Mut, private und persönliche Einblicke zu gewähren, hat diese Sammlung erst möglich gemacht und uns selbst auf vielfältige Weise bereichert.

Mit diesen Geschichten in Ihrem Gepäck hoffen wir, dass Sie die Kraft finden, ein Mutmacher und Wegbereiter zu sein – für sich selbst und für andere. Mögen Sie Ihren ganz persönlichen Weg finden und ihn mit Überzeugung und Leidenschaft gehen. Unser herzlicher Dank gilt abschließend allen Mutmachern dieses Buches, die uns begleitet und unterstützt haben.

Mutige Lebensreisen

Wir wünschen auch Ihnen eine erfüllende Lebensreise und dass Sie Ihren persönlichen Weg finden.

Von Herzen alles Gute!

Delf und Sabine